现代商务礼仪

华洁芸　滕　晗　滕燊蕤　编著

首都师范大学出版社
CAPITAL NORMAL UNIVERSITY PRESS

图书在版编目(CIP)数据

现代商务礼仪 / 华洁芸，滕晗，滕燊蕤编著. — 北京：首都师范大学出版社，2018.10

　　ISBN 978-7-5656-3999-9

　　Ⅰ.①现… Ⅱ.①华… ②滕… ③滕… Ⅲ.①商务－礼仪－高等学校－教材 Ⅳ.①F713

中国版本图书馆 CIP 数据核字(2017)第 269457 号

XIANDAI SHANGWU LIYI
现代商务礼仪

华洁芸　　滕晗　　滕燊蕤　编著

| 责任编辑 | 孙　琳 |

首都师范大学出版社出版发行

地　　址	北京市西三环北路 105 号
邮　　编	100048
电　　话	68418523（总编室）　68982468（发行部）
网　　址	http://cnupn.cnu.edu.cn
印　　刷	三河市博文印刷有限公司
经　　销	全国新华书店
版　　次	2018 年 10 月第 1 版
印　　次	2018 年 10 月第 1 次印刷
开　　本	710mm×1000mm　1/16
印　　张	14.25
字　　数	248 千
定　　价	42.00 元

版权所有　违者必究
如有质量问题　请与出版社联系退换

目　录

第一章　商务礼仪概述 ……………………………………（1）
　第一节　礼仪的基本概念 ……………………………………（1）
　第二节　现代商务礼仪的基本特征与基本原则 ……………（7）
　第三节　现代商务礼仪的作用 ………………………………（11）

第二章　商务形象礼仪 ………………………………………（17）
　第一节　仪容仪表礼仪 ………………………………………（18）
　第二节　仪态举止礼仪 ………………………………………（25）
　第三节　服装佩饰礼仪 ………………………………………（34）
　第四节　语言谈吐礼仪 ………………………………………（51）

第三章　商务办公礼仪 ………………………………………（62）
　第一节　办公环境管理礼仪 …………………………………（62）
　第二节　办公场所人际关系礼仪 ……………………………（67）
　第三节　办公区域的使用礼仪 ………………………………（76）
　第四节　办公设备的使用礼仪 ………………………………（79）

第四章　商务会议礼仪 ………………………………………（89）
　第一节　商务会议主办方礼仪 ………………………………（89）
　第二节　出席会议礼仪 ………………………………………（99）
　第三节　一些特殊会议的礼仪规范 …………………………（103）

第五章　商务宴请礼仪 ………………………………………（111）
　第一节　宴请形式与准备 ……………………………………（111）
　第二节　用餐礼仪 ……………………………………………（122）
　第三节　饮品礼仪 ……………………………………………（132）

第六章　商务交往礼仪 ………………………………………（140）
　第一节　拜会引见礼仪 ………………………………………（140）

第二节　商务接待礼仪 …………………………………… (147)
　　第三节　商务馈赠礼仪 …………………………………… (149)
　　第四节　商务差旅礼仪 …………………………………… (153)

第七章　商务谈判礼仪 ………………………………………… (159)
　　第一节　商务谈判概述 …………………………………… (159)
　　第二节　商务谈判的原则和程序 ………………………… (162)
　　第三节　商务谈判现场礼仪 ……………………………… (169)

第八章　商务公关礼仪 ………………………………………… (172)
　　第一节　新闻发布会礼仪 ………………………………… (172)
　　第二节　企业社会赞助礼仪 ……………………………… (176)
　　第三节　贸易展览会礼仪 ………………………………… (182)
　　第四节　庆典仪式礼仪 …………………………………… (185)

第九章　应聘入职礼仪 ………………………………………… (188)
　　第一节　求职礼仪与艺术 ………………………………… (188)
　　第二节　求职材料写作礼仪 ……………………………… (195)
　　第三节　商务人员的见习礼仪 …………………………… (199)

附录 …………………………………………………………… (205)
　　附录一　古今称谓 ………………………………………… (205)
　　附录二　100条电话营销礼仪 …………………………… (209)
　　附录三　中国传统节日及礼俗 …………………………… (213)
　　附录四　花语大全 ………………………………………… (217)
　　附录五　颜色的寓意 ……………………………………… (222)

第一章 商务礼仪概述

第一节 礼仪的基本概念

礼仪是人类文明和社会进步的标志,是处理人际关系和公共关系的学问。它是人们在长期的社会交往过程中积累形成,又不断扬弃,最终约定俗成,为人们共同接受和认同的行为规范和准则。

《荀子·修身篇》中对"礼"的表述是"人无礼则不生,事无礼则不成,国无礼则不宁",意思就是:对个人而言,礼是定名分、排长幼的参照物;对社会活动而言,礼是约束行为、协调关系的润滑剂;对国家治理而言,礼是处理争端、化解矛盾的辅助手段。

一、"礼仪"的含义

(一)"礼"的含义

古人视"礼"为"敬神",现引申为"敬意"。礼的含义就是尊敬他人,友善待人,为他人着想。随着时代的发展,社会活动日益丰富,"礼"的含义也日渐丰富。今天,从不同的角度,我们发现它有不同的指向,具体包括四个方向:

1. 表达敬意。指表达礼貌时的动作,如敬礼。
2. 表达敬意或为了表达敬意而举行的仪式,如各种典礼。
3. 社会约定俗成的道德规范,指制度、品节,如规章制度、公序良俗等。
4. 为表达敬意而赠送的物品,如礼品。

(二)"仪"的含义

"仪"的含义为人们准则、行为的依据。具体包括五个方面:

1. 准则规范或行为的规矩。《墨子·天志》中有表述:"置此为法,立此以为仪。""法"与"仪"都是准则的意思。
2. 典范、表率。古语有"上者,下之仪也",指上级应该做下级的表率。

3. 形式或某种固定的程序，指仪式，如司仪。

4. 人的容貌和外形。《诗经》有"令仪令色，小心翼翼"，指人的仪表、风度。

5. 表达敬意而赠送的物品，如谢仪。

综上所述，一般意义的礼仪，是指人们内心有对他人的尊敬之情，通过美好的仪表和规范的仪式表达出来。遵从礼仪，就是内心对交往对象含有尊敬之意，在程序和谈吐举止上懂得约定俗成的规范，外表上注重仪容、仪态和仪表，在正式场合讲礼。它既包含外在的形式，又涉及内在的修养。

人类从出现那天起，就踏上了追求文明、追求美的征程，中国是历史悠久的文明古国、礼仪之邦，人们一向明礼、学礼、懂礼、守礼，讲究以礼立身。现代社会，礼仪早已成为衡量个人修养和文明程度的标准。

二、"礼貌"的含义

"礼貌"一词，最早出自《孟子·告子下》："礼者，接之以礼也；貌者，颜色和顺，有乐贤之容。"就是说，施行各种礼节，是为了在姿态容貌上表现出内心对他人的敬意。内心有敬意，外在形态上就要遵守礼节。如见面问候，见长者端坐，看人平视，面带微笑等，都是有礼貌的表现。

今天说到礼貌，要求人们互相尊重并且表里如一。无论是生活还是工作，礼貌已成为调整人们的关系、维持社会生活正常秩序的道德规范和行为准则，是人们交往时和谐相处的行为，是争取对方好感的具体表现。礼貌是礼仪的重要组成部分。礼貌是各种礼节的内在基础，"诚于中而形于外"，内心对他人尊敬，才会施礼。礼貌具体包括六项基本内容：

1. 和善的态度。君子讲究温良恭俭让，温即温和、温顺，良即善良、善意，恭即恭敬、恭顺，俭即节俭、勤俭，让即礼让、谦让。总体来说，人们推崇好的态度。

2. 端庄的仪表。指人的外表，主要是人的形体、仪容、服饰、要端正整洁，不随意邋遢。这是对他人在意的表现。

3. 合规的行为。表现为遵纪守法、遵守社会秩序、维护社会公德、遵从公序良俗。

4. 绝对的诚信。言必信，行必果，这是对自身人格的尊重和珍惜，也是对他人敬重的表现。

5. 良好的道德。主要在尊老爱幼、重贤惜才、尊敬女性等方面，反映出良好的风尚。

6. 环境的整洁。卫生整洁既是文明的标志，也是对他人健康应尽的道德责任，是守礼的表现。

三、"礼节"的含义

礼节是礼貌的具体表现，是具体的动作、语言和仪式。《荀子·非十二子》有"遇友则修礼节辞让之意"，节指节制、适度。礼节是人们在相互交往过程中表示友好和敬意的惯用形式，是人们在日常生活中表现出来的行为举止的规矩。

礼节在礼仪学中处于最表层，是礼仪的重要组成部分，是礼貌的具体表现。今天，世界通行的见面礼节点头、握手、鞠躬，欧美国家的拥抱、接吻，一些地区的合十、贴面、抚胸，等等，都是礼节的表现形式。

四、"现代商务礼仪"的含义

随着社会的发展，礼仪的内容和方式有了巨大的变化，人们的礼仪素质和操办礼仪活动的能力要求也有了相应变化，全球经济一体化和信息共享的网络化，使人们进入了无限伸展的认知空间，在数亿人共同生存的大千世界，沟通日益频繁，现代商务礼仪也已成为社会活动不可或缺的组成部分。

商务礼仪以礼仪为基础和内容，是人们在商务活动中应该遵循的礼仪原则和方法，是商务人员在商务活动中，为塑造个人和组织的良好形象而对交往对象表示尊敬与友好的规范和程序，是礼仪在商务活动中的运用与体现。

1. 从现行规范来看，现代商务礼仪有社会通用礼仪和专项礼仪两大类。社会通用礼仪用来约束每一个社会人，体现社会文明和个人道德修养程度，本书定义为个人礼仪。专项礼仪是商务工作中的各项规范，体现不同性质事务的特殊需要，用来约束商务交往合法、合规、合惯例，主要指规范的仪式、程序和标准，本书定义为仪式礼仪。

2. 从表现形态来看，现代商务礼仪既指比较正式的商务场合举行的仪式，又泛指人们职场交往中使用的礼节、礼貌。礼仪是礼貌、礼节和仪式的统称。其中，礼貌是礼仪的基础，礼节是礼仪的基本组成部分。礼仪在不同层面上有不同的表现形态：

从个人修养的角度看，礼仪是个人修养和素质的外在表现，是商务人士的总体形象展示。

从社会交际的角度看，礼仪是人际交往的习惯形式，是商务活动中必须严格执行的准绳。

从传播角度看，礼仪是人际沟通的技巧，关系到商务活动的成败。

从审美的角度看，礼仪是内心美的外化形式，体现商务礼仪实施主体所代表的组织的企业文化、发展理念、价值导向、办事效率、作风水平等。

现代商务具体包括：商业洽谈、约见迎送、商务谈判、商务差旅、商务典礼、公关礼仪、涉外商务、商务会议、办公环境、公共空间等专项礼仪规范。

五、现代商务礼仪的实际内容

礼仪的内容丰富驳杂，现代商务礼仪的内容至少包含三个层面。

1. 现代商务礼仪是特定的、专门的、具体的动作和形式，它表现为各种礼节和仪式。

在个人礼仪上，现代商务礼仪是个人素质的体现，可以称为形象设计，有容貌、形体、举止表情、谈吐、服饰、气质、风度等要求。它具体涉及商务人士的穿着打扮、仪容仪表、言谈举止，是对现代职场人士的礼仪修养提出的具体要求，是其自尊自爱的具体表现形式。

礼仪形象向来被视为个人素质的重要组成部分。形象体现于细节，细节展示素质。衣着打扮、言谈举止、待人接物，其实都是素养问题。现代形象礼仪是一种文明行为标准，是社会个体的生活行为规范与待人处世的准则，是个人仪表、仪容、言谈、举止、待人、接物等方面的特别规定，是个人道德品质、文化素养、教养良知等精神内涵的外在表现。

在仪式礼仪上，现代商务活动礼仪中，有迎来送往、接待规格等规矩；在涉外商务活动礼仪中，有国际通行，又兼具文化特色的惯例和原则；在现代公关礼仪中，有长幼亲疏的各种社交规则；在现代驳杂的不同行业礼仪中，也有各自内部的礼仪特点程式。

2. 现代商务礼仪是社会道义的体现。礼仪是社会成员之间相互尊重、彼此友好的表现，是一个人的公共道德修养在社会活动中的体现。现代个人礼仪作为一种社会文化，不仅涉及个人，而且事关全局，足以影响社会组织乃至国家和民族的整体形象。由此可见，现代个人礼仪不仅是衡量一个人道德水准高低和有无教养的尺度，而且也是衡量一个社会、一个国家文明程度的重要标志。

从源头上说，商务礼仪规范是在历史的演变中逐渐形成，在岁月的淘洗中约定俗成的，它是社会秩序的规定，处于这个社会中的个体与组织，都应该遵循这些规定。约定俗成的、特别的行为和特殊的形式，表达着礼仪施行者的心意和愿望，体现着平等互敬、尊人自尊的内在意义。今天，现代商务礼仪不仅是一些行为和形式，还是一种社会道德，这是礼仪的深层次内容，是现代礼仪概念的意义层面。遵从现代商务礼仪，已经不是纯粹的个人行为和行业行为，而是社会道德行为。

3. 现代商务礼仪不仅是条框限制的他律，还是自我约束的自律。

现代礼仪具有强制力量，它在约束人性的同时，也促成了人性的提升。合乎人性的礼仪行为只有被看作人格的自然体现，礼仪才能转化成人的自觉行为。优雅的举止、得体的服饰、潇洒的风度、合规的程式，实质上都是人格的外在体现。遵从现代商务礼仪，表面上是形式规范，实际上是人格的外化显现，是人格的自律。现代商务礼仪的道义体现，决定了它内在的价值层面。商场如战场，商场礼节就是人们在商务活动中为表示尊重而采取的规范形式，而仪式是按程序进行的礼节形式，这说明，商务礼仪既有礼节方面的规范要求，也有如何做、做到什么程度、从何处着手做、做的先后顺序等规范化要求。

商务活动中，言行合情合理、大方得体、讲究礼貌、规矩办事、执行程序等，既是对自我的约束，也是对他人的约束，既是自律也是他律。

案例分析

李嘉诚的逆袭

李嘉诚成功前曾偶遇某五金厂厂长李嘉茂，得以到厂里做推销员。一开始，李嘉诚瞄准的都是香港的大酒店，但这类使用五金件较多的酒店，基本不买小厂的产品。有一次，李嘉诚去五星级酒店君悦酒店推销，酒店门口有门童守候，他们见了汽车才会笑脸相迎。李嘉诚要想见到酒店经理谈业务比较困难。

果然，李嘉诚想方设法进了门，夹着皮包壮着胆，刚到了三楼经理办公室外的接待厅，女秘书就拦住了他，"对不起，经理肯定不会接待你的，我也不敢进去通报。"

李嘉诚只好退出接待厅。他蹲在厅外的走廊里，一等就是一个小时。女秘书发现他守在外面，心中不忍，破例向经理通报。经理一口回绝。

李嘉诚无奈下楼，又坐在大堂沙发上等待时机。一上午经理都没下楼，直到下午一点，女秘书意外发现李嘉诚还没走，于是再次向经理通报。

总算见到了经理,李嘉诚刚提到五金厂的小铁桶,经理就客气地打断他的话头,表示君悦酒店不会进他们五金厂的任何产品。

李嘉诚只好礼貌地致意告辞,出门到楼下忽然又转身上了三楼。面对惊愕的经理,他谦和地说:"我刚才就这样匆忙下楼是不礼貌的。因为我还没有征求您对我推销方式的意见呢。我年轻,刚做这种生意,难免有些不谙此道。我对您并无其他所求了,只求您能以长辈的角度,给我的推销方式提一点儿宝贵意见。"

经理对李嘉诚刮目相看:"年轻人,你是个很会做事的人,当推销员很称职。只是你们五金厂太小,产品不能登大雅之堂。我们大酒店一般都从有名气的大厂进货。请你原谅。"

李嘉诚非常通情达理:"没关系,如果是我处在先生的位置,也会这么做。""如果我没猜错,贵店从名气很大的凯腾五金厂进过小铁桶?"

经理很意外:"年轻人,你怎么知道这些?"

李嘉诚笑了笑:"都是做五金生意的,我们当然不会没有耳闻。"

经理说:"坦率地说,凯腾和我们合作好几年了,他们生产的镀锌小铁桶,用起来很顺手,所以不需要另外进货了。"

李嘉诚笑着说:"先生有可能对小铁桶的生产工艺不太知情。据我所知,凯腾虽然在香港享有很高的声誉,但他们的产品质量很值得怀疑啊。因为他们用的不是进口镀锌板,而是我们五金厂不用的边角料。他们的产品以进口镀锌板的名义上市,其实很多买主都被蒙在鼓里。"

经理大吃一惊:"竟有这样的事?年轻人,你的风度气质让我折服,不过你为了推销产品就随便中伤同行,这可不好啊。"

李嘉诚不慌不忙地说:"我本不应该说出同行的秘密,只是我感觉您的人品好,也是读书人,才忍不住说了实话。无意失言了,对不起。请相信我,最好不要上当才好。"

李嘉诚走后,经理请人查验,发现确实如李嘉诚所言。鉴于李嘉诚的厂家用料好,产品好,价格低,经理一下就订了 500 只。从此,君悦酒店订单不断,李嘉茂的五金厂迈进了大商户的门槛。

思考题

李嘉诚靠什么推销成功了?除了言谈得体外,他身上还有什么东西让人刮目相看?

第二节 现代商务礼仪的基本特征与基本原则

一、现代商务礼仪的基本特征

现代商务礼仪作为一种行为规范和准则，自身具有一些独有的特征，具体表现为五个方面：

1. 社会规范性

礼仪不是空想出来的，而是人们在长期的社会实践中约定俗成的规范和准则。它约束着人们在现代社会活动中的言辞行为、工作程式，使人们尽量合乎规范，既衡量他人，也判断自己，是共同遵守的行为准绳。这个准绳有共同认可的标杆，反映的尺度和标准是通用的、规范的。如商务礼仪中，很多规则是以欧美文化做标杆的，国际上以右为尊的定位原则，就是西方礼仪固有而中国传统礼仪恰恰相反，但已经被中、西方共同认可的现代礼仪规范。正是因为现代礼仪具有规范性，国家之间、民族之间、地区之间的商务往来才有了通行的基础和条件。

2. 历史继承性

任何国家的礼仪都有自己鲜明的民族特色，现代商务礼仪不是横空出世的，是古代礼仪传承、丰富、删除、最后积淀下来的，它经过代代认同，具有继承性。礼仪不是僵化不变的，随着时代的前进，其形式和内容都会发生变化。其变化可能来自于文化的传递、政治的改革或器物的沿革。例如，随着信息化时代的到来，电子、网络逐渐成为商务人士问候、求职、处理业务的主要沟通方式，与之相应的电子科技礼仪也应运而生。

3. 表现差异性

礼仪因时间、地域、对象、场合的不同而产生差异，有些商务礼仪所表达的内容，在不同国家或地区可能截然相反，甚至在一个国家的不同地区也可能有不同的含义。例如，竖起大拇指的动作，在中国的含义是称赞，在美国是顺利的意思，而在有些国家却是搭车的意思。商务宴请中的主位安排、餐具摆放和使用等都有不同形式和意味，我们应该灵活运用各种礼仪规范，不能忽略礼仪的差异性，以免闹出笑话。

4. 实际操作性

礼仪是各种规范，没有操作性就得不到落实。现代商务礼仪必须实用可行、规则简明、易学易会、容易上手，才能切实有效。传统礼仪中的一些繁文缛节，在快节奏的现代社会，必然被舍弃。如中国古代的跪拜礼过于烦琐和流于形式,在讲求实效性的今天,不具备可行性,因而基本没有人使用。今天见面的握手礼更具操作性,已成全球通行礼。

5. 发展变动性

随着社会的发展与文明的进步,礼仪与时俱进,推陈出新。现代礼仪的内容和方式有了巨大的变化,人们的礼仪素质和操办礼仪活动的能力要求也有了相应变化。全球经济一体化和信息共享的网络化,加上中、西方文化的进一步交融,使不同礼仪规则不断相互影响、相互渗透、取长补短,现有的礼仪变动日益明显,同样的礼仪行为在不同的环境下,也出现了变化。如餐饮礼仪中,中、西餐礼仪都有部分改变,并已被大家接受。

二、实施商务礼仪的要素

礼仪的内涵深广,其基本组成部分是礼节和礼貌。礼节和礼貌无法分割,就像一张纸的正反面,礼仪从发起到实施,具备四个要素,即礼仪主体、礼仪客体、礼仪媒介、礼仪环境。

1. 礼仪主体:指的是礼仪活动的操作者和实施者,它既可以是个人,也可以是组织。

2. 礼仪客体:指的是礼仪活动的指向者和承受者,它既可以是人,也可以是物;既可以是具体的物质,也可以是抽象的观念;既可以是有形的,也可以是无形的。

3. 礼仪媒介:指承载礼仪活动的媒介,包括口头语言(问候、演讲、交谈、电话等)、书面语言(信件、请柬等)、界域语言(座位、座次、人与人之间的体位距离等)、形体语言(表情、姿态、动作等)、物体媒介(礼品、赠品等)、事体媒介(宴请、聚会、赞助等)。

4. 礼仪环境:指礼仪行为和礼仪活动实施的特定时间与空间,它包括自然环境和社会环境。礼仪环境主要对礼仪行为起制约作用,如庆典仪式,需要根据规模确定场地的大小,同时要考虑阴晴冷暖,举行的时间还要根据文化、习俗、社会整体喜乐悲愁等确定规格、礼仪以及实施礼仪的具体方法。

三、现代商务礼仪的基本原则

根据现代礼仪的基本特征及要素,可以看出现代礼仪包括的内容非常广泛,涉及各国、各地区、各行业的礼仪。在日常工作、生活中,学习现代礼仪、学会运用现代礼仪,有必要掌握普遍性和共性的相关原则,商务活动中,现代礼仪以现代文明为基础,以尊敬他人为核心,以平等真诚贯彻始终。大体有以下原则：

1. 平等真诚原则

平等真诚是现代礼仪的首要原则，是现代礼仪原则的核心。平等既是人的尊严的平等，也是现代礼仪与之对应的表现。可以从三方面理解：

(1) 平等的态度。无论商务活动对方身份贵贱、能力大小、外貌美丑、财富多寡，都予以尊重。

(2) 平等的人格。无论商务活动对方所属国家强弱、肤色黑白、种族如何，都给予同等礼遇，不卑不亢，一视同仁。

(3) 平等的反应。注重礼尚往来，一方对另一方回应的礼数等。

案例分析

投之以桃，报之以李

很多年前，有对老夫妻在风雨交加的夜晚走进一家旅馆要订房，但是不巧房间都被参加会议的团体包下了，看着这对老夫妻一脸遗憾，服务生不忍心，于是让这对夫妻住到了自己的房间。

第二天一早，老夫妻来付房费，服务生却婉言谢绝了，只说希望老夫妻两人住得舒心。老先生非常感动，对服务生说："希望有一天我能为你这样的好人盖一座旅馆，以表感谢。"服务生当时只当老先生客气，没有记在心里。

过了几年，某天，服务生突然收到一封老先生的来信要求见面，还随信附上了去曼哈顿的往返机票。见面后，老先生指着路边一座气派的旅馆对服务生说："这就是我专门为你盖的旅馆。"从此，这个服务生成了这家旅馆的第一任总经理。

这位服务生怎么也不会想到，自己做的一件微不足道的好事，换来了他人生巨大的转变，并由此创立了一番崭新的事业。

思考题

服务生的"不忍心"，仅仅是因为善良吗？他的行为印证了平等真诚原则中的什么内涵？

2. 自律宽容原则

现代商务礼仪规范是互动过程，所谓来而不往非礼也。现代商务礼仪强调自我约束、自我反省，将良好的礼仪规范转换为个人素质的一部分，处处用礼仪规则规范自我言行。通常表现为行为不出格，举止不失态，言语不失礼，细节不苟且。

同时，要宽以待人，宽容对方、理解对方、多做忍让、多多体谅，绝不斤斤计较，绝不咄咄逼人，要心胸宽广，容得下不同思维、不同习惯、不同行为、不同性格。

3. 遵时守信原则

现代交往中，凡是懂得尊重他人也尊重自我的人，都会遵时守信，做到慎许诺、兑承诺、言必信、行必果。即不轻易承诺，一旦承诺，就要兑现。遵守自己的承诺，严格遵守与他人约定的时间，约见中不迟到早退，约定事务不随便变动或取消，不提前赴约打乱别人的计划，确有变动，要提前通知对方，并致歉解释，不可失信于人，自毁形象。

4. 尊重隐私原则

个人隐私，是指一个人出于个人尊严或其他考虑，不愿、不便或不能公之于众的个人信息。尊重隐私，是保护个人自由选择生活方式的权利，是法律明文规定的戒条。

现代礼仪中，一般认为涉及以下七个方面的问题，不宜按传统习俗打探深究。

(1)个人收支。如薪水多少、存款金额、住房面积、汽车价格、服饰品牌等反映个人经济状况的信息。

(2)年龄。

(3)婚姻状况。这个问题普遍被认为是个人信息中的机密问题。

(4)健康状况。健康是个人资本，类同于无形资产。

(5)学历、经历。一般情况下，人们不希望他人过于关注自己的过往。

(6)家庭住址。家庭为私人生活空间，一般忌讳别人干扰。

(7)宗教信仰。这是比较严肃而敏感的问题，交谈中容易产生意见分歧、误解，造成矛盾和麻烦。

5. 女士优先原则

尊重女性是美德，女士优先是现代礼仪的一条重要礼仪原则。在现代商务活动中，遵从女士优先原则，是男士良好教养的表现，彰显男士的绅士风度。具体表现为尊重女性、照顾女性、体谅女性、关心女性、保护女性，对所有女性一视同仁。哪怕对方是商务谈判对手，也一样以礼相待。

6. 不宜先为原则

商务活动面广量大，各方面的规范比较烦琐。有时候，尽管提前做了准备，也难免出现未曾预见的新问题。应对那些令人措手不及和难以应付的难题，可以采取不宜先为原则。

不宜先为原则，也叫不为先原则，即在商务活动中，面对自己一时难以应付或不知如何应付的情况时，不要急于采取行动，特别是不要第一个采取行动，而应当按兵不动，静观他人行动后，再依样仿效，与他人采取一样的举动，以防因无知又冒昧行事而出错，造成失礼。

7. 交往适度原则

商务活动中要注意与工作伙伴和对手的社交距离，特别要把握沟通的感情尺度。所谓适度，是指感情、谈吐、举止都要适度，即适当保持距离，这个距离，包括空间距离和心理距离。要彬彬有礼，但不要不分彼此；要热情大方，但不要讨好对方。

距离产生美，君子之交淡如水。心理与空间的接近，要做到"六不"：

不影响对方，不妨碍对方，不给对方添麻烦，不令对方不快和不便，不干涉对方私生活，不妨碍对方私生活和个人尊严。

第三节　现代商务礼仪的作用

一、商务礼仪对个人形象的作用

现代商务礼仪对于塑造良好形象、提升个人修养、扩大社会交往、促进沟通、增加组织凝聚力等，都发挥着积极作用。具体表现为：

1. 塑造良好形象，提升个人修养

礼仪可以塑造礼仪主体的形象，提升礼仪主体的品位，对礼仪主体的形象塑造有四大作用：

（1）塑形（健康优美的外形）

礼仪是塑造形象的重要手段。在商务活动中，交谈讲究礼仪，可以变得文明；举止讲究礼仪，可以变得高雅；穿着讲究礼仪，可以变得大方；行为讲究礼仪，可以变得美好。只有讲究礼仪，事情才会做得恰到好处。一个人讲究礼仪，就可以变得充满魅力，使对手愿意接近，在职场中让人觉得理性，头脑清醒，有条不紊，利于顺畅交流。

（2）塑行（在合适规范的范围内掌握合适的举止、规范行为）

礼仪最基本的功能就是规范各种行为。在商务交往中，人们相互影响、相互作用、相互合作，如果不遵循一定的规范，双方就缺乏协作的基础。在众多商务规范中，礼仪规范可以使人明白应该怎样做，不应该怎样做，哪些可以做，哪些不可以做，有利于确定自我形象，尊重他人，赢得友谊。

(3) 塑性（学习礼仪的过程就是塑造性格的过程）

礼仪可以通过对个人习惯的培养，进一步改变个人的性格。人有不好的习惯、不良的行为、不雅的姿态，会对与他人交往产生不利的影响。礼仪的作用，体现在知礼、懂礼、守礼、行礼本身，就是持之以恒的长期约束，是努力纠正与改变不良的行为、姿态和习惯。礼仪可以反复加深印象，使人养成新的习惯，静心而养性，最终克服焦虑，养成好性格。

(4) 塑心（内心对生命的敬意，和大自然中的敬重）

礼仪的建立有利于塑造完美的人格魅力，加强思想道德建设，净化内心世界，培养一颗热爱生命、热爱社会、热爱大自然的心。礼仪能激发人对美的认识，对美的向往，对美的敏感，使人争取更高的标准，塑造更美的自我，在追求中陶冶情操、美化心灵。

2. 增进友谊，促进沟通

礼仪是一种信息，通过这种信息可以表达出尊敬、友善、真诚等感情，使别人感到温暖。在商务活动中，恰当的礼仪可以获得对方的好感、信任，进而有助于事业的发展，增进感情。随着交往的深入，双方可能会产生一定的情绪体验。它表现为两种情感状态：一种是感情共鸣，另一种是情感排斥。礼仪容易使双方互相吸引，增进感情，促进良好的人际关系的建立和发展。反之，如果不讲礼仪，粗俗不堪，就容易产生感情排斥，造成人际关系紧张，给对方留下不好的印象。

3. 增加内聚力，提升美誉度

礼仪是社会文明进步的载体，需要继承弘扬祖国优秀的文化传统，加强社会主义精神文明建设。礼仪是人们在社会交往中共同遵守的行为举止规范。它要求人们在商务交往中要文雅、自尊并尊重他人，从而创造出令人愉快的交际环境，以良好的整体形象，扩大组织在社会中的影响力。这个影响力可以鼓舞士气，激发向心力和凝聚力，激励员工的责任心和进取心。同时，通过一系列专项商务礼仪活动，可以吸引社会关注，扩大组织的知名度，提高组织的美誉度。

案例分析

奥古斯丁的两声口哨

小处随便的人往往不受欢迎，在某些特殊的场合甚至会造成致命的后果。这方面最典型的例子大概是 18 世纪的法国公爵奥古斯丁。1876 年，法国国王路易十六的王后玛丽·安托瓦内特到巴黎戏剧院看戏，全场起立鼓掌。放荡不羁的奥古斯丁为了引起王后的注意，面向王后吹了两声很响的口哨。当时吹口哨被视为严重的调戏行为，国王大怒，把奥古斯丁投入监狱。而奥古斯丁入狱后似乎就被遗忘了，既不审讯，也不判刑，就被日复一日地关着。后因时局变化，他也曾有过再次出狱的机会，但阴差阳错，终究还是无人过问。直到1836年，老态龙钟的奥古斯丁才被释放，当时他已经72岁。两声口哨换来50年牢狱之灾，实在是天大的代价。

思考题

此案例能否印证"人无礼则不生"的道理？

二、商务礼仪的实际功能

1. 礼仪展示个人的形象与教养。

2. 礼仪是商务人士工作的专项技能（用公关手段处理工作）。在与外部世界的交往中，礼仪是一个窗口，从中可以窥得一个企业的精神面貌和经营品质，这是许多社会组织重视礼仪工作的原因之一。即使在不成功的谈判与合作中，坚持有理、有利、有节的原则，从大局出发，从长远出发，或可以做到买卖不成友情在，或可以用原则和礼仪击退交往中的不正常行为。

三、商务礼仪禁忌

(一)工作越位

在定位和换位过程中如果出现错误，比如不能摆正自己的位置，不能准确认识自己角色，就有可能出现越位的情况。

工作中典型的越位表现有以下几种：决策越位，表态越位，工作越位，社交越位。

1. 越位的表现

(1)上司尚未下命令、做指示便抢先表态或擅做决定。

(2)未经上司授权直接指挥部门或同事，传达指令，发号施令。

(3)擅自代表上司布置任务，下达上司指示时随意解释或承诺。

(4)到基层调研时把自己当成上司，对基层工作指手画脚。

(5)不遵守保密原则，透露行业信息。

(6)自我膨胀，盛气凌人，表现出自大优越感。

2. 越位的原因

(1)热衷于权力，把商务买卖平等关系当作强势权力随意发挥和利用。

(2)对顾客或合作伙伴缺乏尊重，对权力缺乏敬畏，认为有能力就应该展示出来，有个性就可以表现出来，为所欲为。

（3）不会换位思考，不能准确领会对方意图，不了解对方的内心感受。

（4）凭热情鲁莽行事，无视职场规则和制度。

（5）不善于处理人际关系，凭本能行事。

（6）功利主义，片面追求短期利益和有形效益，忽视甚至无视长期利益和无形效益。

（7）缺乏自信，因而处处都要证明自己的聪明，以显示自己的价值。

3．越位的后果

如果出现越位行为，轻者与领导和同事出现沟通障碍，令人生厌；重者影响企业领导的权威，破坏企业的形象，危及企业或组织的声誉。因此，商务人士应有意识地调适心态，提高职业素养和工作能力。要正确认识自己的角色，既不能因处于配角地位而被动畏缩，也不能因强调主动发挥而跨线越位。要掌握商务工作规律，拿捏好分寸，明白什么情况下什么事应该先行动，什么情况下什么事不可先行动，什么情况下什么事不用团队协作就可以自行解决。也就是明确什么条件下自己是配角，什么条件下自己可以是主角或代理主角。

（二）不修边幅

从事商务工作时，必须注重个人的仪容仪表。

首先，女士在商务活动中，发型发式应该美观、大方，发型不能夸张。在选择发卡、发带的时候，式样也应是庄重大方的。

其次，女士在正式的商务场合，面部化妆应以淡妆为主，不需要浓妆艳抹，也不能不化妆。而在着装方面，应整洁干净，着装时应严格区分职业套装、晚礼服及休闲服，不同场合应着不同类型的服装。女士在着正式商务套装时，尽量不要选择无领、无袖、领口开得太低或者太紧身的衣服。衣服要合身，款式要恰当。而在选择丝袜与皮鞋时，需特别注意的细节是：所选的丝袜长度一定要高于裙子的下摆。应该尽量避免选择鞋跟过高、过细的皮鞋。在选择佩戴饰品时需谨记：商务礼仪的首要目的是体现你对他人的尊重。戒指等饰品应尽量避免过于奢华。

礼仪故事一

令人感动的东方酒店

曾入住泰国东方饭店的余先生，回到台湾三年后因收到来自饭店的生日祝福而备受感动。

余先生因公务经常到泰国出差，并下榻东方饭店。第一次入住时，良好的饭店环境和服务就给他留下了深刻的印象。当他第二次入住时，几个细节更使他对饭店的好感迅速升级。

一天早上，当他走出房门准备去餐厅的时候，楼层服务生恭敬地问道："余先生是要用早餐吗？"余先生很奇怪，反问："你怎么知道我姓余？"服务生说："我们饭店规定，晚上要背熟所有客人的姓名。"这令他大吃一惊，因为他频繁往返于世界各地，入住过无数高级酒店，但这种情况还是第一次遇到。

余先生高兴地乘电梯来到餐厅所在的楼层，刚刚走出电梯门，餐厅的服务生说："余先生，里面请。"他更加疑惑，因为服务生并没有看到他的房卡。于是他问："你知道我姓余？"服务生答："上面的电话刚刚下来，说您已经下楼了。"如此高的效率让余先生再次大吃一惊。

余先生刚走进餐厅，服务小姐微笑着问："余先生还要老位子吗？"他的惊讶再次升级，心想：尽管我不是第一次在这里吃饭，但最近的一次也有一年多了，难道这里的服务小姐记忆力那么好？看到余先生惊讶的目光，服务小姐主动解释说："我刚刚查过电脑记录，您在去年的6月8日在靠近第二个窗口的位子上用过早餐。"余先生听后兴奋地说："老位子！老位子！"

小姐接着问："老菜单？一个三明治，一杯咖啡，一个鸡蛋？"余先生现在已经不再惊讶了："老菜单，就要老菜单！"余先生已经兴奋到了极点。

上餐时餐厅赠送了他一碟小菜，由于这种小菜他是第一次看到，就问："这是什么？"服务生后退两步说："这是我们特有的××小菜。"服务生为什么要先后退两步呢？他是怕自己说话时口水不小心落在客人的食品上，这种细致的服务不要说在一般的酒店，就是在美国最好的饭店他也没有见过。这一次早餐给他留下了终生难忘的印象。

后来，由于业务调整的原因，余先生有三年的时间没有再到泰国去。在他生日的时候，他突然收到了一封东方饭店发来的生日贺卡，里面还附了一封短信，内容是：亲爱的余先生，您已经有三年没有来过我们这里了，我们全体人员都非常想念您，希望能再次见到您。今天是您的生日，祝您生日愉快。

余先生当时激动得热泪盈眶，发誓如果再去泰国，一定要住在东方饭店，而且要说服所有的朋友也像他一样选择。余先生看了一下信封，上面贴着一枚六元的邮票。六块钱就买到了一颗心，这就是客户关系管理的魔力。

东方饭店非常重视培养忠实的客户，并且建立了一整套完善的客户关系管理体系，使客户入住后可以得到无微不至的人性化服务，迄今为止，世界各国约 20 万人曾经入住东方饭店，用他们的话说，只要每年有十分之一的老顾客光顾饭店就会永远客满。这就是东方饭店成功的秘诀。

礼仪故事二

清代商人乔致庸曾借款 8 万两银子给吴东家使其渡过经济危机。到了约定还款时间，吴东家试图赖账，谎称没有其他财产，只有一只箩筐。乔致庸就让其以箩筐抵账，并将箩筐挂在店里最显眼的地方，标价 8 万两。很多生意人进店看见箩筐，弄清原委后，自此不愿和吴东家做生意，吴东家的生意因此一落千丈，无奈只得还清欠款。

思考题

1. 为什么曾入住泰国东方饭店的余先生，回到台湾三年后收到来自饭店的生日祝福而备受感动？
2. 从故事二中你得到什么启示？

思考提示：

1. 故事体现出东方饭店对客人的体贴关爱，饭店礼待宾客做到了细致周全。现代社会的商业组织、生存之道离不开知礼、懂礼和施礼。礼仪在内容、方式、方法、要义、细节等方面更加完善，并且成为商业活动的准则、要领。商务礼仪是驰骋商场的制胜法宝。

2. 故事体现诚信对商家的重要性。诚而有信是商务礼仪基本准则，也是商务活动得以延续的保证。越真诚守信，越容易建立良好的商务关系，取得商业成功的概率也越高。反之，商务活动寸步难行。

思考题

1. 什么是礼仪？什么是礼貌？什么是礼节？三者有怎样的关系？
2. 礼仪的内涵是什么？它有哪些表现形态？
3. 礼貌的内容是什么？职场从业者如何讲礼貌？
4. 简述商务礼仪概念，说明其包含的实际内容。
5. 商务礼仪的基本原则是什么？商务礼仪的特征是什么？
6. 实施商务礼仪涉及哪些因素？
7. 商务礼仪有什么作用？
8. 如何学习商务礼仪？

第二章　商务形象礼仪

哈佛心理学证实，人与人之间的影响力和信任度，来自于语言、语调和个人形象，三者之间关系符合一个公式：100％的信任度＝7％的语言＋38％的语调＋55％的视觉形象。个人形象是决定一个人影响力和信任度的最重要因素。

传播学认为，人与人初次见面，一个人对对方印象的评价，从进入视线的瞬间就启动，大致在 7 秒钟内就有了自我判断，也就是说，在很短的时间内形成看法，并且这样的看法很自信、很坚定，此后难以改变。这种现象在心理学上称为"首因效应"。因此，个人的形象礼仪极为重要，直接影响后续交往。

商务形象礼仪是商务活动中个人行为的具体规范，一般包括仪表礼仪、举止礼仪、谈吐礼仪等几个方面。

仪表指人的外表，主要包括仪容、仪态和服饰三个方面，是个人面貌的外观。

其中，仪容是人的容貌，指人体所有没有被服饰遮掩的部分，从上到下有发型、颜面，裸露的脖颈、手、臂膀、脚踝等，相关规范称为仪容仪表礼仪。

仪态包括举止、动作、姿势、表情等，相关规范称为仪态举止礼仪。

服饰包括着装和佩饰，相关规范称为服装佩饰礼仪。

案例分析

首因效应

美国前总统尼克松 1961 年参加总统竞选败在肯尼迪手下，就是"第一印象"失利的最好例证。当时，尼克松被大多数美国人认为是仅次于艾森豪威尔的政治人物，他反应敏捷，善于表达，富有经验，又具有坚强的毅力。在竞选前夕的民意调查中，尼克松以 50％（肯尼迪 40％）的多数票遥遥领先，但竞选结果却出人意料。竞选过程中，尼克松和肯尼迪要面对美国

7000万名电视观众展开辩论，尼克松因车祸撞伤膝盖导致身体消瘦。因此，屏幕上的尼克松看上去眼窝深陷，疲惫憔悴，萎靡不振。而肯尼迪恰好相反，他高大魁梧，健康结实，衣着得体大方，精神饱满，器宇轩昂。结果，肯尼迪以49.9%：49.6%的微弱之优势赢得胜利。

不难看出，仪表是导致尼克松失败的原因之一，尽管尼克松在其他方面比肯尼迪略胜一筹，但对于电视观众来说，与形象的差异相比，辩论观点的分歧已经显得不是那么重要了，美国人民更希望有个神采奕奕、具有领袖风度的总统。

（选自杨萍、詹荣菊：《社交礼仪与形体训练》，中国科技出版社，2007）

思考题

一个人给人的第一印象，外表跟内心哪个更重要？

第一节 仪容仪表礼仪

"30岁之前的面貌是父母给的，而30岁之后的面貌是自己养成的。"人的外形美丑与否，不仅看五官身形、着装佩饰，还要看气质和风度。气质与风度是需要后天培养的，往往内里修养会展现在外表，所谓腹有诗书气自华。一位成功的商务人士，往往会让人感受到优雅和书卷气。人虽然不分三六九等，但气质的高雅或者猥琐却自然地把人分层。

周恩来的母校南开中学有一个著名的"四十字镜铭"："面必净，发必理，衣必整，纽必结；头容正，肩容平，胸容宽，背容直。气象：勿傲、勿暴、勿急。颜色：宜和、宜静、宜庄。"这则镜铭从仪容、穿着、气象和神情方面规范了个人需要养成的从容优雅的形象。

美好的仪容包括三方面：

一、自然美

指仪容先天条件好，面容姣好、精致，身体比例协调，审美上大体符合黄金分割，皮肤光洁、健康，令人赏心悦目。

虽然职场中以貌取人比较浅薄，但端正秀丽的容貌确实容易取得好印象，为首因效应加分。

长得好是遗传基因决定的，每个人都有自己的特征，这是区别于他人的形象要素，不必趋同。因此，每个人都应该爱惜身体发肤，尽力维护，以体现自身的自然美。

(一)保养

具体注意以下部位的保养,其基本要求是干净。

1. 脸部保养:温水清洗后,再用冷水洗脸,切勿带妆过夜,否则伤皮肤。要多喝水,少喝饮料,保持心情愉悦。如果脸上偏油,鼻尖出黑头,两颊痘痘偏多,需要注意少吃甜食和烧烤油炸食物,可以多喝炖煮的汤。适当补充胶质,可吃一些猪蹄、鸡爪。

2. 颈部清洁:虽然在日常洗漱中颈部很容易被遗忘,但这却是非常关键的部位。不只应在洗澡时清洁,还应该在洗脸时注意清洁。清洗时最好选用纯天然纤维制造的毛巾,不要用化纤织物直接接触皮肤。

3. 手、臂清洁:和颈部清洁一样,不仅要在洗澡时注意,平时也要注意清洁,臂膀应该清洗到肘关节。

4. 口腔牙齿清洁:因为与人交谈便会露牙齿,所以口腔卫生也很重要。虽然现在有烤瓷牙,但是还是平日护理最为重要。养成习惯,一天至少刷两次牙,起床后、睡觉前各一次,保持口气清爽。

5. 头发护理:干净,清爽,不黏腻,不染色。

6. 手部护理:指甲圆整、清洁光滑、保湿涂油。

7. 脚部护理:勤剪指甲,保持皮肤平滑。

(二)护肤

护肤的基本步骤始于选择合适的护肤品,内服外敷可以达到事半功倍的效果。

1. 选择植物类护肤品

从天然植物中汲取护肤成分制作而成的护肤品可以更加亲肤,更容易被肌肤吸收,给肌肤的细胞提供能量,使肌肤变得更加健康。植物类的护肤品比人工合成的护肤品更安全,性质温和不刺激。

2. 多喝叶绿素饮料

叶绿素是植物进行光合作用的主要色素,它具有造血、提供维生素、抗病等功效,可以让身体和肌肤都保持清洁。而且叶绿素饮料口感清新爽滑,拥有薄荷味。多喝叶绿素饮料既可享受美味,又可看到肌肤的改变。

3. 重点防护角质

去角质是最好的促进肌肤新陈代谢的方法。很多女性会忽略这个步骤,或者认为不重要。其实不然,正确去角质不仅不会伤害肌肤,反而会促进肌肤对护肤品的吸收,使护肤品的效果发挥到极致。

4. 鳄梨润肌肤

鳄梨超高的营养价值使它成为高级护肤品和 SPA 的原料之一。它含有丰富的维生素、不饱和脂肪酸和植物营养素等成分，这些都可以让肌肤变得更加水润。

5. 沐浴之前先"干刷"

在沐浴之前，先用沐浴刷按摩背部、手臂、大腿内侧等部位，可以促进血液循环，去除老化角质，加强身体的新陈代谢，从而提升肌肤的弹性。这个方法十分有效，需要长期坚持。

二、修饰美

指适度化妆，改善形象视觉，以增强自信心。这也是重视职场、在意工作对象的表现。修饰的基本原则是美观得体，扬长避短。应注意以下几点：

（一）清除面部多余毛发

伸出耳孔、鼻孔外的汗毛要及时清理，眉毛修整有型。男士剃须，以保持面部清爽整洁。

（二）正确洗脸

1. 选择清洁用品要选择清洁度适中的产品，若过度洗去油脂，常常会导致皮肤太过干燥和敏感。当发现脸部出现发红、脱皮，对于平常惯用的保养品也会过敏时，就要检查一下洗脸用品是否太过刺激。过度清洁不但无益于肌肤健康，过于干燥的肌肤还容易生成小细纹。

注意：发泡性并不等于清洁力。一般人常有错误的观念，以为洗面皂比洗面乳洗得干净，其实清洁产品的形态很多，无法单就清洁产品形态的不同来区分清洁力的强弱，泡沫的多寡或泡沫触感的绵细与否也与清洁力或刺激性并无直接相关，所以，依清洁产品的成分来区分清洁力的强弱才是正确的方式。有时，泡沫过多可能是因为皂性太强，甚至会对肌肤产生伤害。

2. 预防青春痘

夏天天气热，容易出汗，汗水会带出较多油脂分布到脸上，这正是青春痘生成的原因。预防青春痘生成可从基础的洗脸做起，所以油性肌肤可选择清洁力中等的洗脸产品，一天最多使用洗面剂洗脸三次。如果油脂太多，可以用温水洗脸，减少油腻，温水洗净后再用冷水洗一洗收缩毛孔。但还是要小心不要清洁过度，否则表皮的弱酸性保护膜被洗净，会导致抵抗力变差，使细菌容易侵入，青春痘可能因此更猖獗。

3. 洗脸步骤

洗脸时可从较油的T字部位洗起，动作要轻柔，不要过度按摩，免得刺激肌肤。使用洗面乳清洁脸部肌肤时，可将洗面乳在干净的手掌中搓揉起泡后，均匀按摩至脸上，让洗面乳在脸部停留1～2分钟就可冲洗干净，洗得太久反而会造成过度清洁的反效果。

注意：洗脸时的水温以微温或冷水较为适当，水温过高会刺激油脂的分泌，反而造成越洗越油的效果。

(三)化妆准备

化妆准备：洗面奶、护肤类(防晒霜、润肤霜、保护手脚的甘油)用品、粉底、唇线、笔、口红、唇膏、眉笔、眼影和腮红。

1. 先清洗面部，可以用洗面奶或者温清水清洗。
2. 涂上滋润霜：打圈，拍打。
3. 外出可以涂上防晒霜，选择防晒指数稍高的产品，目前SPF60为最高。注意防晒霜如果不洗干净会伤害皮肤。外出如果打伞，戴帽子、墨镜防晒，可涂上防晒指数稍低的产品。BB霜集多种功能于一身，是简单化妆的首选，SPF一般不超过30。
4. 擦粉底和遮瑕霜。

(四)化妆的礼规

1. 勿当众化妆。应在专用化妆间进行。当众化妆有表演之嫌。
2. 勿妨碍他人。如妆容过浓或香气过浓，不合礼规。
3. 勿出现残妆花面。
4. 勿借用化妆品。这是极不卫生的。
5. 勿议论他人妆容。化妆是个人之事，不要加以评论。
6. 勿当众照镜子。

(五)化妆步骤

按照审美标准，面部宽与长的比例达到黄金分割比例0.618，是视觉的完美比例。化妆尽量扬长避短，向黄金分割比例靠近。

1. 打粉底。取与皮肤颜色相近或稍暗色粉底，用粉扑按印，将额头、鼻梁、面颊、下颌依次涂抹均匀。
2. 涂眼影，突出眼睛的立体感。眼尾应位于发际至嘴角的中间，两眼间距应恰好等于眼睛的长度；如果眼睛过高，可以强调下眼线；如果眼睛过低，应强调上眼线及眼尾部分。
3. 描眉毛。女性眉形要柔和，细眉往上走；男性要求眉形有阳刚之气，眉峰呈山形或剑形。
4. 画眼线。
5. 勾鼻梁，使鼻梁挺拔。

6. 上腮红。皮肤白净选浅红色，皮肤暗黑选浅棕色。苹果肌涂上腮红，有似有似无的立体感；腮帮涂蓝色或咖啡色，在视觉上可以瘦脸。

7. 定妆。用粉扑蘸干粉，轻轻地、均匀地扑在妆面上，以起到定妆作用。

8. 涂口红，如果唇部干裂可先涂润唇膏。唇膏颜色不要太另类，可以选择淡粉、西瓜红、玫红、大红等。

(六)化妆的注意事项

1. 化妆要自然，妆成有却无，没有明显的痕迹，给人一种天然的感觉。有人认为化妆就是要给别人看的，这是不对的。局部化妆要与整体融合在一起。

2. 化妆不能过分前卫，要符合大众审美标准。

3. 睡前一定要卸妆，彻底地清洁面部，以免影响皮肤的正常呼吸与排泄，堵塞毛孔。

4. 化妆用品及工具要保持清洁卫生，过期或变质的化妆品不可再用。

(七)不同脸型的化妆技法

脸部化妆一方面要突出五官最美的部分，使其更加美丽；另一方面要掩盖或矫正缺陷或不足的部分。

经过化妆品修饰的美有两种：一种是趋于自然的美，另一种是艳丽的美。前者是通过恰当的淡妆来实现的，它给人大方、悦目、清新的感觉，最适合在家或平时上班时使用。后者是通过浓妆来实现的，它给人庄重高贵的印象，可出现在晚宴、演出等特殊的社交场合。无论是淡妆还是浓妆，都要利用各种技术，恰当使用化妆品，通过一定的艺术处理，才能达到美化形象的目的。

1. 椭圆脸形化妆法

椭圆脸可谓公认的理想脸形，化妆时应注意保持其自然形状，突出其可爱之处，不必通过化妆去改变脸形。腮红，应涂在颊部颧骨的最高处，再向上、向外揉开。唇膏，除嘴唇唇形有缺陷外，尽量按自然唇形涂抹。眉毛可顺着眼睛的轮廓修成弧形，眉头应与内眼角对齐，眉尾可稍长于外眼角。因为椭圆形脸无须太多修饰，所以化妆时一定要突出脸部最动人、最美丽的部位，以免给人平平淡淡、毫无特点的印象。

2. 长脸形化妆法

长脸形的人，在化妆时力求达到的效果是增加面部的宽度。腮红，应注意离鼻子稍远些，在视觉上拉宽面部。可沿颧骨的最高处与太阳穴下方所构成的曲线部位，向外、向上抹开。若双颊下陷或者额部窄小，应在双颊和额部涂以浅色调的粉底，造成光影，使之变得丰满一些。修正眉毛时应使其成弧形，切不可有棱角。眉毛的位置不宜太高，眉毛尾部切忌高翘。

3. 圆脸形化妆法

圆脸形予人可爱、玲珑之感，若要修正为椭圆形并不困难。腮红可从颧骨起涂至下颌部，注意不能简单地在颧骨突出部位涂成圆形。唇膏，可在上嘴唇涂成浅浅的弓形，不能涂成圆形的小嘴状，以免有圆上加圆之感。粉底可用来在两颊造阴影，使圆脸削瘦一点儿。选用暗色调粉底，从额头靠近发际处起向下窄窄地涂抹，至颧骨下可加宽涂抹的面积，使脸部亮度自颧骨以下逐步集中于鼻子、嘴唇、下巴附近。眉毛可修成自然的弧形，可作少许弯曲，不可太平直或有棱角，也不可过于弯曲。

(八) 发型修饰

1. 选择发型原则

选择发型的最基本要求是整洁。可以根据脸形、发质、年龄、气质、爱好等选择适合自己的发型，发型应与职业、身份、出席场合相称。一般初入职场者，以干练发型为好。男士适合短发板寸；女士适合盘发，也可以扎丸子头。职业稳定的女士，可披散长发。

从健康角度考虑，不提倡戴假发套；从审美角度考虑，直发不如卷发，发以曲为美，但是曲发显得老气。

2. 选择与脸型相配的发型

人类的脸型有很多种不同的类型。每一种脸型都有一款特定的发型与之相配。无论你想选择什么发型，首先都要考虑到头发的厚度与发质，然后利用这些条件选择一款最适合你的发型。

(1) 适合大额头脸型的发型

大额头没什么不好，但是假如你想让它看起来不那么突出，可以尝试两种方法——用刘海儿遮挡或者使头发有一定的层次。第一种发型适合头发较薄的人，刘海儿的部位也不能有卷。而第二种发型是所有"大额头"的福音，打薄的头发能让脖子、肩膀等部位更突出，从而转移人们对大额头的注意。

(2) 适合心形脸的发型

刘海儿在心形脸这种面部构形上依旧能发挥很好的作用。对于大多数人来说，留齐刘海儿都很好看，如果你不适合齐刘海儿，可以考虑将头发修剪得比较有层次感，梳成偏分，自然地环绕在脸的四周。

(3) 适合鹅蛋脸的发型

假如你的脸型是鹅蛋脸，那大多数发型都适合你，但是一定要记住，不要把头发梳得太高。鹅蛋脸的美女非常适合头发有质感地向下垂的感觉，而不是朝上梳的造型。

(4) 俏皮活泼的发型

总有一些人，生得小巧可爱，精致俏皮。假如你具备这些特点，那就留一款既时髦又活泼的短发吧。这种发型有很多值得肯定的地方。

(5) 适合圆脸的发型

适合圆脸的发型需要一种创造性的对比感，以衬托这种脸型的美。头发要剪出层次感，前长后短。由于圆脸型没有棱角分明的立体感，千万不要留齐刘海儿，关键在于需要使用发型对脸庞进行一些修饰，使脸型看起来长一些。

(6) 适合方形脸的发型

方形脸一定要避免死板的直发或者看起来尖锐不柔和的发型。关键在于要将众人对脸型的关注转移到头部这一整体。层次分明的偏分会让你看起来更柔和。

(7) 适合大鼻子面相的发型

对付明显的鼻子的关键就在于转移注意力，避免打造任何将别人的注意力集中在面部中线的发型。可行的方法是让发线四周的头发尽量蓬松；偏分的造型也可让面部其他部分看起来更加突出，而忽略鼻子。

三、内在美

内在美是仪容美的最高境界，指内秀。个人通过努力，提高思想道德水准和修养，培养高雅气质和美好心灵，使自己秀外慧中，表里如一。所谓腹有诗书气自华，就是内在美。

一个好看的人，如果外表整洁，一定有良好的卫生习惯；如果服饰自然和谐，一定有正确的审美观；如果表达观点简洁明快，一定喜欢并已然读过适量的书；如果能直视对方，保持微笑，愿意倾听，一定用心掌握了行为修养。好看不是一件容易的事，金钱堆砌不出好看；奇装异服只能造成视觉冲击，但打扮不出好看；浓妆艳抹且放浪形骸的人，会有人注视，但得不到欣赏，也不会被认为好看。

好看要内外兼修，除了拥有美丽的容颜，还要有正确的人生观、是非观，价值判断，以及高尚的审美情趣。对商务人士而言，好看要懂得进退，待人接物得体大方，遵守办事程序和相关规则，专业到位，时刻保持良好形象。总之，内外兼修，才能在商务活动中得心应手，做出业绩。

人的仪容美，应该是自然美、修饰美和内在美三者的统一，忽略任何一个方面，都可能使仪容美大打折扣，进而影响个人和组织的发展。

第二节　仪态举止礼仪

仪态是人的姿势和风度。姿势是身体呈现的样子，风度是气质的表露。

一个人举手投足、一颦一笑都具有传情达意的功能。商务活动中，我们借助各种姿势和表情来表达情感、交流思想，传递个人的学识与修养。"站如松、坐如钟、行如风、卧如弓"，是传统文化对人体姿势的要求，从仪态美的角度看，非常适合今天的商务场合。

女性体态以修长为主，上下匀称，比例协调。

男性要求肌肉发达，身材健硕，上身呈倒三角形。

从审美的角度看，理想的体型是：一个人的头长占身长的七分之一，所谓七头身；肩宽为身长的四分之一，跪时身长减少四分之一，卧时身长减少十分之一，两腋宽度等于臀宽，大腿正面宽度等于脸宽，这样的整体视觉感受最佳。

商务人员在职场中，要重视体态语的正确运用，同时准确理解他人的体态语，也要掌握仪态举止礼仪。具体来说，仪态举止礼仪主要是指体态展示的站、坐、行、蹲等举止及手势、表情。这些都要求符合相应的礼仪。

一、站姿礼仪

要求站如松。其礼仪规范是挺直、舒展、优雅。

1. 站姿的主要要求

头正，肩平，挺胸，收腹，立腰，双腿并拢直立。

(1) 头正。要求双目平视，下颌微收，嘴唇微闭，面部平和。

(2) 肩平。要求双肩舒缓，保持水平，拉伸脖颈。

(3) 挺胸。要求双臂放松，自然下垂，虎口向前，双肩打开，胸膛向前。

(4) 收腹。要求臀部肌肉收紧，有用力吸气的感觉。

(5) 立腰。要求身躯挺直，重心向上。

(6) 双腿并拢。要求膝盖与双脚靠紧，男士两脚可稍微分开，但宽度不宜超过肩宽。

2. 站姿规范

(1)男士站姿：双眼平视前方，下颌微微内收，颈部挺直。双肩自然放松端平且收腹挺胸，不僵硬。双臂自然下垂，处于身体两侧，右手轻握左手的腕部，左手握拳，放在小腹前，或者置于身侧。脚跟并拢，脚呈"V"形分开，两脚尖约成45°；或双脚平行分开，与肩同宽。

(2)女士站姿：头部抬起，面部朝向正前方，双眼平视，下颌微微内收，颈部挺直。双肩自然放松端平且收腹挺胸，但不显僵硬。站立时不要身斜体歪，双臂自然下垂，处于身体两侧，双手在身前自然交叉，右手叠放在左手上置于小腹前。两腿并拢，两脚呈"丁"字形或"V"字形站立。

3. 如何养成良好的站姿

(1)靠墙训练。可将脚后跟、小腿部、臀部、两肩、后脑勺、双肩自然下垂靠在墙上，每天坚持5分钟。重复268天，养成习惯，习惯成自然。

(2)对镜训练。面对镜子站好，检查自己的头、肩、胸、腰、腿，不合要求，立即调整。

(3)顶书训练。头上顶一本书，站好，保持身体平稳，保持书不会掉落。

(4)背靠背训练。两人背靠背站立，脚跟、小腿肚、臀部、双肩、后脑勺贴紧，可以训练挺拔感。

4. 站姿注意事项

(1)女性在站立时双手不可背在背后，双手应自然垂直放在身体两侧，或互搭在腹部，或一手背在身后，一手垂于身侧，还可以一手垂于身侧，一手自然搭在腹部。女士站立时，要注意双脚呈"V"字形，双膝和脚后跟要紧靠，给人端庄感。

(2)男士双手可以放在背后，也可以在两侧。

(3)站立时忌身体歪斜，耸肩驼背，左右摇晃，两手叉腰，两脚间距过大，抖腿。以免给人轻浮、懒散和缺乏教养的印象。

二、坐姿礼仪

要求坐如钟。其礼仪规范是：庄重、沉稳、端正、文雅。

1. 坐姿的主要要求

(1)落座轻稳。靠近座椅，右腿先后退一步，以小腿确认座椅位置，然后轻稳坐下。女士入座，先将裙脚向前收拢再坐。

(2)落座后，保持立腰、挺胸，上身稍微前倾，重心垂直向下，头要正，两眼平视前方，目光柔和。

(3)女士双膝并拢,男士两膝之间距离一拳为宜。

(4)双肩平。女士可将右手搭在左手上,轻放腿上。男士可双手掌心向下,自然放在腿上。

(5)离座时,右脚向后收半步,再站起,轻稳离座。

2. 坐姿规范

头部挺直,双目平视前方,下颌内收;身体端正,两肩放松,勿倚靠座椅的背部;挺胸收腹,上身微微前倾,但与桌边应保留一拳左右的距离。双手自然放在双膝上,自然交叠,腕至肘部的三分之二处轻放在柜台上。男士双腿可并拢,也可略微分开,距离不得超过20cm;女士双腿并拢垂直于地面。坐姿通常分为三种:深坐(坐时将椅面全部坐满)、中坐(坐时占椅面三分之二)、浅坐(坐时占椅面三分之一)。在与人交谈或为客户办理业务时应选用浅坐,身体微微前倾,表现出积极的工作状态;在没有客户且坐得时间较长时可调整为中坐。

3. 如何坐得文雅

面前有桌子时,手放在桌子上;无桌子时,手放在腹部或者腿部。面对尊长时要正坐。女士膝盖并拢,男士膝盖一定分开,切记勿跷二郎腿。女士在凳子较低的情况下,可采用侧坐的方式,也叫交叠式,使两脚在一条线上,目的是防止穿短裙时走光。如坐在沙发上,女士尽可能选择坐在有沙发扶手的一侧,手可以上下交叠放在扶手上。若无扶手,可以将手放在腿上。

4. 坐姿注意事项

(1)不可猛起猛坐,使椅子发出声响。

(2)女士不可坐满椅子,一般只坐椅面的三分之二。男士可坐满,但在尊长面前,最好不要坐满。

(3)忌四字腿,即跷二郎腿,跷二郎腿是不严肃、不庄重的坐姿,女士尤其不可采用。

(4)坐下后忌脚尖相对,或双腿拉开,成八字形,或将腿伸得很远。

(5)交谈时,忌双腿抖动,或鞋跟脱离脚跟晃动。

案例分析

鲁豫被批没文化

2016年12月,一段清华大学教授彭林点评鲁豫的视频曝光。谈及文明礼仪时,因鲁豫在节目中跷二郎腿,被彭林评论称"这个人最没文化"。鲁豫身为主持人,在和嘉宾握手时全程保持坐姿,对这一行为,彭林则表示:"怎么能这么傲慢!"

曝光的视频中,彭林也痛批"现在国民素质低、不尊重人、没人教"等现象,引发网友广泛讨论。网友留言:"现在应该从小学培养道德礼仪,这老师说得真好!""我觉得人家嘉宾来,你却坐在那儿跟人握手,不合适。""最基本的礼仪都不懂,还谈什么文化!教授说得很对,真是最没文化。""细节最能看清一个人。""确实是老一辈好的东西不能丢,讲得很诚恳。"

思考题

视频中,彭教授为什么说鲁豫最没有文化?你认为他说得有道理吗?

三、走姿礼仪

要求行如风。其礼仪规范是优雅、稳健、敏捷。

1. 走姿的主要要求

头正、肩平、躯挺、步位正、步幅适当、步速平稳。

(1)头正。要求双目平视前方,收颌,表情自然平和。

(2)肩平。要求两肩平稳,不可上下左右摇摆。

(3)躯挺。要求上身挺直,收腹立腰,重心稍前倾。

(4)步位正。要求两脚尖略开,走出的轨迹在一条直线上。

(5)步幅适当。要求两脚落地距离大约为1~1.5个脚长。

(6)步速平稳。要求行走速度保持均匀,不要忽快忽慢,应舒缓从容,成熟自信,不仓促,不拖沓。

走路姿势是否好看,影响到别人对你的印象。若你抬头挺胸,别人就会认为你是一个乐观向上、自信友好的人;若你走路低头,别人会认为你是一个自卑的人。

起身时,先要双脚并拢,然后站起。走的时候,双臂自然下垂,眼睛平视前方,增加腿部的迈动和手臂的摆动。双臂以肩为轴心,一般往前抬35°,往后抬15°。手掌微微握拳,掌心朝里,自然摆动,千万不可甩肩。走在一条线上,但不是走猫步。切记走路时不要内八字和外八字,及时发现,及时纠正。以习惯的步长走,一般是自己脚长的1.5倍。

2. 走姿注意事项

(1)走路用腰力,才有韵律感。如走路时腰部松懈,会有迟重感,不美观;如拖脚走路,会显得没有朝气,十分难看。

(2)忌双臂大甩手,忌与他人勾肩搭背。

(3)头不要动,脖子不要歪,不要晃动肩膀,否则会显得轻浮、不稳重。

(4)忌八字步,忌脚擦地面,忌膝盖僵直,忌低头驼背,否则会让人觉得迟钝,缺少活力。

(5)忌扭腰摆臀,左顾右盼。若大幅度扭胯,会显得轻浮。

(6)身体勿僵硬,步幅不要沉重。身体僵硬暗示着心情不好,思想僵化。

(7)手勿插在裤袋里。手插在口袋里会让别人觉得你气量褊狭,或者自傲自大。

(8)双手勿背在背后,否则会给人一种自以为是、高人一等的感觉。

四、蹲姿礼仪

下蹲拿取物品或捡拾落地物品时,也有相应的蹲姿礼仪规范。

1. 蹲姿基本要求

(1)两脚分前后,两腿靠紧下蹲。若左脚前蹲,左脚脚底全部踩在地上,小腿基本垂直地面,右脚后跟抬起,脚掌着地。右膝低于左膝,右膝内侧靠于左小腿内侧,形成左膝高右膝低的姿态,臀部向下,基本上以右腿支撑身体。

(2)反之亦然。

(3)若下蹲捡东西,需走到与物件平行的一侧,再下蹲捡起。

2. 蹲姿注意事项

(1)弯腰翘臀是失礼且粗俗的表现。

(2)女士如穿着低领上衣,下蹲时,要以手护胸。

(3)应避免一边交谈,一边随意放松身体,弯腰曲背地下蹲,否则影响人体外形美观。

(4)蹲下捡物时,只看物品,切勿东张西望否则会引人猜疑和误会。

五、手势礼仪

不同手势代表着不同意思,手势是一种体态语的动态展示。优雅的手势会体现出好的素养。

1. 手势礼仪规范

准确、规范、适度。

一定礼仪环境下,每个手势都有其约定俗成的含义,应规范使用,以免产生误解。

2. 常用手势

（1）横摆式：双手交叉时适用。

具体做法：五指并拢，手掌自然伸直，手心向上，手肘弯曲，腕低于肘，以肘关节为轴，从小腹前抬手，向右摆动至身体右前方。双脚站成右丁字步，上身向出手一侧倾斜，另一只手下垂或背于身后。目视对方，面带微笑。

（2）前摆式：手里拿着东西，或扶门时适用。

具体做法：在自己面前摆，表示前进。通常是一只手拿着文件夹时，另一只手做手势。五指并拢，手掌伸直，身体的一侧向上抬起，手臂稍微弯曲，以肩关节为轴。一般到腰的高度再由前向右摆去，摆到距离身体15厘米处，在不超过躯干位置时停住。

（3）斜摆式：表示"请"的意愿时使用。

具体做法：手臂由前抬起，以肘关节为轴，前臂由上向下摆动，使手臂向下成一斜线。

（4）直臂式：为对方指引方向，表示"请往前走"时使用。

具体做法：手指并拢，手心斜向上，曲肘由腹部抬起，向指示方向摆去，手摆到肩的高度时停止，注意肘关节要伸直。

（5）双臂横摆式：用于接待较多来宾，可以表示"诸位请"。

具体做法：两臂从两侧向前上方抬起，然后向内侧弯曲，向两侧摆出。向前的时候抬得越高越表示尊重。可以在做完这个手势后带头领着对方走。

3. 手势礼仪注意事项

（1）工作中，不可过多使用手势，太多会显得装腔作势。应在恰当的时候使用手势。

（2）动作幅度不宜过大，过大会有表演的嫌疑。

六、表情礼仪

人的面部表情，是眼、眉、口、鼻的动作以及整个脸色的变化。面部表情是由先天与后天两方面组合而成的，先天的因素人力无法改变，我们需要后天的修养。

面部的不同表情会给人不同的感受，如果将一个人的总体印象定为100％，那么其中55％的印象来自于人的表情，包括眼神、态度，特别是微笑。健康的表情留给人们的印象是深刻的，它是优雅风度的重要组成部分。

表情礼仪主要探讨的是目光以及微笑两方面内容,其总体要求是:理解、把握表情,在社交场合中努力管理好自己的表情,使之符合当下场合的需要。

1. 眼神礼仪

(1)眼神礼仪规范:热情、礼貌、友善、诚恳。

无论是在中国还是在西方,眼睛都被喻为心灵(灵魂)的窗户,那么目光自然就是心理情感的自然表现。在商务场合中,一定要注意眼神的礼仪:目光要坦然、温和、大方、亲切;不能长时间地直视对方的眼睛,要注意调节眼神的对接时间。

(2)眼神礼仪要求

①商务人员交往中,注视对方时,应"散点柔视"。应将眼光柔和地落在对方整张脸上,而不是盯视某个部位,盯视带有"瞪"的意味,是不友善的。

②不宜长时间注视对方。一般情况下,目光接触对方脸部时间占全部交流时间的三分之一至三分之二为宜。超过三分之二,表示对交流对象本人比交流内容感兴趣;少于三分之一,表示对交流对象和交流内容都不感兴趣。而长时间注视或上下打量,会让对方紧张、尴尬。

③与多人交谈,目光应与不同角度的听众接触,不要只与一两个人对视,否则会使其他人产生受冷落感。

④注视区域,即目光所视范围。根据商务活动内容不同,注视区域应该有变化。

公务场合以两眼为底线,额头为上限,注视范围较窄;社交场合以两眼为上限,以嘴唇为底线,构成一个倒三角。这种视线比较亲切友好。

(3)眼神礼仪注意点

①不要回避对方目光,否则会使人觉得你在说谎或心里有鬼。

②如无意与对方对视,应自然对视1~2秒,点头致意,然后慢慢移开目光。

③与异性对视,不可超过2秒,否则会引起无端猜测。

(4)眼神运用注意事项

①走路时不要双目直视前方,否则会让人觉得高傲,目中无人,难以亲近。

②对来访者不要只打招呼,不看对方,否则会让人觉得冷淡、冷漠。

③与人交谈时,目光不要游移不定,也不要眯眼、斜眼、瞪眼、闭眼、翻白眼,否则会让人觉得心神不宁、傲慢无礼、蔑视他人、懦弱胆

小、反感愤怒。

④商务场合，不要注视对方唇心到胸部之间的区域，以免引起误解。

⑤对方缄默失语时，不应再看对方。

2．微笑礼仪

(1)微笑礼仪规范：真诚、适度、适宜。

微笑属于情绪语言。人际交往时，表情应以喜、乐为主调。微笑是自信的象征，礼貌的表示，心理健康的标志。在商务场合恰当地运用微笑，可以起到传递情感、沟通心灵、征服对方的积极心理效应。真诚的微笑能够表达出本人的理解、宽容、关爱、礼貌。

微笑的要领：不闻其笑声，不见其牙齿；发自内心，笑中有情，以笑传情；面部的各部位综合运动，肌肉放松，嘴角上扬。

(2)微笑礼仪的四个结合

①口眼结合。要求口到、眼到、神色到，笑眼传神，扣人心弦。

②笑与情结合。要求笑得亲切、甜美，笑出感情，发自内心。

③仪态与举止相结合。要求以笑助姿、以笑促姿，牙齿微露，笑出大方得体，笑出良好气质。

④笑与语言结合。如果微笑与美好语言结合，声情并茂，相得益彰，微笑的功能会发挥到极致。

(3)微笑礼仪注意事项

①不可强颜欢笑，假意奉承。

②不可为笑而笑、皮笑肉不笑。

③不可拉起嘴角一端微笑，否则会使人感到虚伪。

④不可吸着鼻子冷笑，否则会使人感到阴沉。

⑤不可捂着嘴笑，否则会使人感到不大方。

⑥不可不分场合，走到哪儿都笑，见谁都笑。一些严肃或悲伤的场合不宜笑。

另外，眉毛、嘴巴也可以表达人们丰富多变的情感。例如：舒展眉毛表愉快；紧皱眉毛表烦恼；紧闭双唇、嘴角微微后缩表严肃或专心致志；嘴巴张大表惊讶等。

礼仪故事

希尔顿的微笑服务

1929年，美国历史上规模较大的一次经济危机爆发了。很快，美国全国的旅馆酒店有80%倒闭，希尔顿也深陷困境。

第二章　商务形象礼仪

如何战胜危机、渡过难关？

希尔顿依靠他"你今天对客人微笑了吗"的座右铭，坚持以"一流微笑"来服务旅客、赢得旅客。他不厌其烦地向员工们郑重呼吁：万万不可将心中愁云摆在脸上。无论面对何种困难，希尔顿服务员脸上的微笑永远属于旅客！

希尔顿的座右铭也是每一个希尔顿人的座右铭。希尔顿饭店服务人员始终以其永恒美好的一流微笑，感动着四面八方的宾客。希尔顿顺利地渡过了危机。

希尔顿在一次巡视店时询问员工："你认为还需要添置什么？"员工们回答不出来，显然是觉得条件已经很好了。他笑了，说："还要有一流的微笑！如果是我，单有一流设施，没有一流微笑，我宁愿去住那种虽然地毯陈旧些，却处处可享受到微笑的旅馆。"

"一流设施，一流微笑"支持希尔顿的事业蒸蒸日上。

1946年5月，希尔顿成立了他的希尔顿旅馆公司。

在纽约，有"旅馆皇后"之称的毕尔道夫——阿斯托利亚大饭店是当时世界上规模最大、最高档豪华的饭店，从各国的国王元首，到富豪明星，无不将其当成心目中的"圣地"，向往不已。希尔顿要得到这家大饭店——这一愿望终于在1949年10月12日变成现实。

20世纪50年代，希尔顿已不满足仅仅在美国本土创业。他又在全世界营造自己的"旅馆帝国"。马德里、墨西哥城、蒙特利尔、柏林、罗马、伦敦、开罗、巴格达、哈瓦那、曼谷、雅典、香港、马尼拉、东京、新加坡……希尔顿饭店相继开业。截至70年代末，希尔顿在世界大都市所拥有的饭店，已有近百家。

已经成为世界"旅馆帝王"、拥有数十亿美元资产的老希尔顿，仍然坚持坐着飞机，在他的"希尔顿帝国"里一处一处地巡视，偶有所感立即记录下来，著书立说。他写的《宾至如归》一书，多年来被希尔顿员工视为"圣经"，而书中的核心内容是："一流设施，一流微笑。"

1979年，92岁的康拉德·希尔顿离开了人世，留下了遍布世界的"一流设施，一流微笑"的希尔顿饭店。

思考题

希尔顿为什么把微笑作为旅馆经营的座右铭？

思考提示：微笑就是效益。拿来经营就是效益。所以其实质是经营微笑。

第三节　服装佩饰礼仪

法国时装设计师香奈儿曾经说过:"当你穿得邋邋遢遢时,人们注意的是你的衣服;当你穿得无懈可击时,人们注意的是你。"莎士比亚也说过:"外表显示人的内涵。"在办公室里,别人在判断你时,不光看你的才华,还看你的衣着。这说明了着装的重要性。在办公室,着装打扮不仅可以作为协调同事关系的润滑剂,也是升职加薪的秘密武器。着装代表着个人的品位,暗示着个人的能力,也是上司或老板脸上的一道光彩。着装是人们职业生涯的一种道具。备好一套行头,成功就多了一分希望。

从礼仪的角度来看,服装佩饰是个人仪容仪表的一项重要内容。现代社会,服饰被称为"第二肌肤"。商务活动中,服饰无声地体现着人的性别、职业、身份、地位,并透露出人的道德修养、文化素养和审美情趣。

一、服装的功能

根据马斯洛需求层次理论,服装满足人的心理需求,有六大功能。

1. 保证安全。服装隔离人体与外界接触,可减少皮肤污染和身体伤害。
2. 保暖御寒。服装会随着季节的变化改变,以适应气温。
3. 体现身份。服装可以体现一个人的生活状况、社会地位。
4. 彰显个性。服装直接体现一个人的生活品位、性格喜好。
5. 美化形象。合体的服装可以扬长避短,美化人的外形,使人外表光鲜。
6. 自我实现。服装的选择已然是一个人实力与审美的体现,心里接受才会穿着,穿出来会感到愉悦、满足,能够产生满足感。

二、着装的一般礼仪原则

1. TPO原则

TPO原则指时间(time)、地点(place)和场合(occasion)三者兼顾。其基本法则就是穿衣打扮要考虑时间、地点和场合的不同,使自己的形象与工作目的吻合,与周围的环境、气氛协调,达到整体协调美的效果。着装的时间原则,包含了三层意思:一天的早、中、晚的变化,一年里春、夏、秋、冬四季的不同和时代的不同差异。

(1) 时间原则

① 一天的着装变化

日间着装：日间基本是工作时间，应根据单位企业文化着装，总体上以端庄、大方为宜。如日间参加商务公关或社交活动，则以典雅端庄为宜。

晚间着装：可根据出席的不同活动来选择着装。如听音乐、看演出、参加宴请等，应比较讲究地对待自己的着装，在礼仪表现上也应该更加出色。晚间着装以晚礼服为主。

② 一年的季节变化

着装应充分考虑到季节的变化。夏天应穿着凉爽、轻软的服装；冬天应穿着保暖的服装。商务场合，不宜出现冬夏服装混搭穿着。

③ 不同时代变化

着装要充分考虑时代发展的主流，要适应社会节奏，不可过于超前，也不可过于滞后。现代商务活动，最好放弃古代服装。

另外，要考虑自我着装与他人的认知差异。职场中，各种年龄、各种阅历、各种审美的人都有，商务活动中要兼顾不同年龄的人的认知差异，选对服装，减少交流阻碍。

总体来说，不同时段的着装规则对女士尤其重要。男士有一套质地上乘的深色西装或中山装足以打天下，而女士的着装则要随时间而变换。白天工作时，女士应着正式套装，以体现专业性；晚上出席鸡尾酒会就需多加一些修饰，如换一双高跟鞋，戴上有光泽的佩饰，围一条漂亮的丝巾；服装的选择还要适合季节气候特点，保持与潮流大势同步。

(2) 地点原则

着装的地点原则是指环境原则。着装打扮要考虑将要出现的空间和环境，不同的环境需要与之相适应的服装打扮。因此，商务人士对即将参与的场景要有了解与估计，正式的办公室和施工工地，或者宾馆会议中心和露天促销舞台，着装一定有不一样的选择。考虑地点后，再选择穿什么、搭配什么，尽量考虑质地、颜色、款式与地点协调。如去工地，要选择轻便的鞋子，女士放弃高跟鞋、紧身衣和裙装。

不同国家和地区、不同自然条件，着装选择不同。如寒冷气候地区，服装选择以深色为主，热带地区，服装选择以淡色为主。

总体来说，在自己家里接待客人，可以穿着舒适但整洁的休闲服；如果是去公司或单位拜访，穿职业套装会显得专业；外出时要顾及当地的传统和风俗习惯，如去教堂或寺庙等场所，不能穿过于暴露或过短的服装。

(3)场合原则

着装的场合原则是指着装应当与当时当地的气氛融洽协调。商务活动中，着装要考虑活动现场的规格和气氛。

美国科学家富兰克林曾说过："饮食也许可以随心所欲，穿衣却得考虑给他人的印象。"每个人在不同的职业场合，都要扮演不同的角色，而着装正是演好这一角色的道具。每个人可以按照自己的兴趣、爱好、体形、个性去选择适合自己的服装，但必须满足场合所规定的社会规范。

在职业场所的着装打扮，很难做到"穿衣戴帽，各有所好"。经常热衷于流行款式的员工，在工作上不能获得信任的情形是很多的。因此，在办公室要暂时忘记流行。男子的办公服装以西装为中心。它潇洒大方、国际通用，有利于处理好各种复杂的社会关系。在欧美国家，办公室里的服装是现代企业经营管理的一个组成部分，是塑造企业形象的重要内容。办公服装可以显示出严肃认真、勤恳和忙而不乱的工作态度，所以有人说"西装是男士的脸面"。在办公室穿西装，能够规范人的举止、言语和态度，强调人的自尊自爱、进取心和责任感。

越来越多的职业女性跻身现代企业，各大公司的管理岗位都能见到她们的身影。对她们来说，得体的穿着打扮不仅能表现个人的精神面貌，渲染自己的工作情绪，同时也是她们赢得信任，与男性一样高效率工作的象征。职业女性的上班服款式总是以简洁大方为基调，需要时仅在细节处做些精妙的点缀。在办公室工作的女士，应大方得体、温和柔顺，在服装方面，西装套裙最为基本。面料最好是上品，淡雅的色彩常常能显示出干练的精神风貌。职业女性是有区别的，不同阶层的职业女性在选择服装方面有以下不同的特点：

"白领阶层"主要是指教师、医生、干部等，她们穿着的服装应线条流畅、剪裁得体。色彩稳重、薄施淡粉，使她们既庄重大方又不失女性温馨恬淡的气质。

"粉领阶层"主要是指女性公关人员，她们更需要有女人味，但不能使人失去信任感。

"蓝领阶层"是指在生产劳作环境下工作的女性，对于她们来说，如受统一职业服的限制，领口的内衣不妨打扮得活泼清纯一些。而销售人员则不妨打扮得靓丽一些。鲜艳的外套露出一段内衣的装饰花边，能给人赏心悦目的感觉。针织紧身衣、迷你裙、超短裤、袒胸露背的服装都不适合上班穿着。打扮得过分性感会引起别人侧目，成为议论的话题。

着装应当与所在场合的气氛融洽协调。着装要考虑活动现场的规格和气氛。如参加他人的婚礼或庆典的时候应穿戴一新,以示庆贺、尊重,但又不能过分,避免喧宾夺主。

①严肃、庄重的典礼,着装要正规,要符合身份,表现出专业性。

如在谈判现场等严肃场合,必须穿着成套西装、白衬衣,打领带,穿深色鞋袜;而参加丧礼,应表示悲痛哀悼之意,所以参加丧礼要选用深色或素色的传统款式,任何光亮夺目、鲜艳新潮的服装都会与这种场合格格不入。

案例分析

一场不了了之的谈判

中国企业与德国一家公司约定洽谈割草机出口事宜。按照礼节,中方提前五分钟到达了公司的会议室。德方人员到场后,中方人员全体起立鼓掌欢迎,不料德方人员脸上不但没有露出期待的笑容,反而均显出一丝不快的表情。更令人不解的是,按照计划,谈判应该进行一上午,而德方人员半小时便草草结束谈判,匆匆离去。事后,中方了解到,德方之所以提前离开,是因为中方谈判人员的穿着。德方谈判人员中,男士个个西装革履,女士个个穿着职业套装,而中方人员除经理和翻译穿西装外,其他人有的穿夹克衫,有的穿牛仔服,有一位工程师甚至穿着工作服。德国是一个注重礼仪的国家,德国人素以办事认真闻名于世。在德国人眼里,商务谈判是一件极其正式和重大的活动,中国人穿着太随意,说明了两个问题:一是不尊重他人,二是不重视此次活动。既然你既不尊重他人,又不重视这件事,那就没有必要谈了。

(改写自张晓明:《商务沟通与礼仪》,中国水利水电出版社,2013)

思考题

1. 谈判现场中方人士穿着太随意,触犯了着装礼仪的什么原则?

2. 按照礼节,中方提前到场,为什么德方要匆匆结束谈判,提前退场?

②参加轻松、休闲的聚会,着装也要休闲。休闲场合最好穿着休闲服装,衬衣、外衣、皮带等都应该是适合休闲场合的款式。如参加野外拓展、公关旅游,轻便的运动服是最佳选择。

上班穿的服装以符合规范为主,满足个性为辅,而休闲服正好相反,以展现个性为主,兼顾规范。因为即使在下班时间,也有可能遇到同事或突然的来访者,所以良好的休闲品位不仅有利于自己的身心健康,还能延伸自己的社会角色。

工作一天回到家后，需要换上轻松美丽的居家休闲服，愉快的色彩能使你的精神彻底放松，更会使家中有一种融洽、放松和悦目的氛围。睡衣、睡裤与睡裙是居家服中的必备。面料不在名贵，而是需要有个人风格，或恬淡，或华丽，一扫上班时的拘束。居家服也需要精工细做，加一点儿小点缀更富有情趣。

购物时的着装也不能忽视。大都市里，商厦林林总总，宽敞舒适的精品屋鳞次栉比，新颖别致的外贸服装店中，琳琅满目的日常服装精品赢得了无数休闲族女士的青睐。女士逛街购物成为休闲的一部分。在人流如潮的商场里，穿上自己满意的服装，好像使自己更加贴近生活。这时，商场成了展现个人服装品位、风格、气质与涵养的最佳场所。

旅游服装是休闲服的重要组成部分。生活在污染严重的环境中，越来越多的人钟情于回归大自然。假日与友人旅游，是调节心情的有效方法。这时休闲服的面料最好是棉制品或针织品，运动服更有利于跋山涉水。轻便透气和鲜艳的色彩有利于减轻旅途的劳累。旅游服的款式要便于穿脱，以适应气温的变化，巧妙地设计成折叠式、拆肩式及设有各种大小口袋能够增加旅游休闲服的功能性。

娱乐休闲服是从事各种娱乐活动时所穿着的服装。娱乐已成为生活在都市的人在工作之余不可缺少的活动之一。现代社会生活节奏加快，娱乐是消除紧张的最好办法。娱乐休闲服又分为很多种类，比如体育运动中的马球服、网球服、羽毛球服、游泳服装、钓鱼服装。唱卡拉OK、家庭聚会、听音乐会、访友、散步等都有相应的最佳服装款式。

休闲服装不是随便服装，所有服装都应该平整、干净，即使是牛仔裤，也应熨烫平整，而不是皱巴巴的。

拜访亲友或长者也是社交活动中的常事。我们把这类场合所穿的服装叫作访问服。选择访问服时首先要考虑访问的对象。若对象是学者和老者，服装不妨正规保守一些。色彩以淡雅为主，面料不要过于低档，以免显得对人不敬。要避免袒胸露背，因为拜访的环境多是家庭室内的普通照明生活场景，服装过分艳丽会显得与环境格格不入，而服装过分暴露会让异性主人感到难堪。

走访亲朋好友时，穿着虽然可以随意一些，但也要给人精心准备的感觉，这样才不会失去拜访的意义。

到医院探视病人，不要穿得太过花哨，颜色不要太刺眼，应选择明朗、朴实、纯真、温馨的色彩。服装色彩与此协调，才能促进病人康复，达到慰问病人的目的。过于华丽、强烈的色彩容易使病人心烦意乱，感到来者缺乏诚意。最好穿着色调柔和而带几分暖意的衣料，这种服装很适合医院的环境。

③社交场合应穿着社交服，包括晚会、夜总会、宴会及各种聚会等场合所穿着的服装。参加社交活动时，东西方女性有着不同的传统习惯。

西方的女性在参加社交活动时是最靓丽的时刻，可以最大限度地展现身体的性别优势，社交服装的款式特点是袒胸露背。场合越正规，社交活动的时间越晚，身体的遮盖率就越低，暴露的面积就越大。

东方女性的传统习惯则相反：场合越正规，把身体包得越严。当然，现代秘书更多的是根据自己的身体条件有限度地借鉴西方的服饰风格。

晚礼服的设计风格强调华美艳丽、光彩照人和与众不同，展示天生丽质、夸张、仪态万方，表现独特风格，是晚礼服设计的基本要求。如果是去夜总会，男士可穿着衬衣并打领带，女性可以穿质地高档一些的袒胸露背的服装，控制袒背的面积是必要的，可以配合一些透明的蕾丝花边，展现东方人含蓄与朦胧美的风格。

④年会、联谊会、茶话会，穿着可彰显个性。

参加联谊会的服装要引人注目。引人注目并不需要大红大紫、珠光宝气，只需在随意的装束上巧动脑筋，就能取得意想不到的效果。假如你是联谊会的主持人，你的衣着打扮要吸引众人的目光，成为活动的中心。可根据联谊会的层次确定你的着装档次，高雅脱俗的打扮加上聪明睿智的表现，一定能让你主持的联谊会取得成功。

服饰的TPO原则的三要素是相互贯通、相辅相成的。秘书在职场活动与工作中，总是处于特定的时间、场合和地点，因此在着装时，应考虑"穿什么""怎么穿"，这是踏入社会并取得成功的开端。

总体来说，衣着要与场合协调。与外来宾客会谈、参加正式会议等，衣着应庄重考究；听音乐会或看芭蕾舞，应按惯例着正装；出席正式宴会时，应穿中国的传统旗袍或西方的长裙晚礼服；而在外出参观、郊游等场合，着装应轻便舒适。试想一下，如果大家都穿便装，你却穿礼服，就有欠轻松；同样，如果以便装出席正式宴会，不但是对宴会主人的不尊重，也会令自己颇觉尴尬。

案例分析

胡适着装中西合璧

1921年，30岁的北大文学院院长胡适收到上海商务印书馆抛来的"橄榄枝"。当时的商务印书馆规模庞大，藏龙卧虎，人才济济。有意换一个环境的胡适想通过实地考察决定是否"跳槽"。

7月，胡适来到上海，他身着一身奇装异服，绸长衫、西式裤、黑丝袜、黄皮鞋，显得中不中、洋不洋。第一次和胡适见面的商务印书馆旗下杂志《小说月报》编辑茅盾回忆："真的很奇怪，堂堂大教授竟然穿得这样不搭配，我从来没有见过这样的打扮。也许，这倒像了胡适的为人。"是呀，绸长衫应该配布鞋，西裤应该搭西装，黄皮鞋和衣服、裤子都不协调，留学多年的胡博士为什么要这么穿呢？过了一阵子，茅盾才想明白：胡适要通过自己的服装向世人宣告自己的人生态度，让别人知道自己是一个中西合璧的文化人，既浸淫传统文化精华，又极具西方开放眼光。

思考题
面试场合，胡适穿一身"中不中，洋不洋"的奇装异服是否合适？

2. 和谐适体原则

所谓和谐原则是指协调得体原则。即选择服装时不仅要与自身体形相协调，还要与着装者的年龄、性别、容貌、肤色相配。服饰本是一种艺术，能掩盖体形的某些不足。我们要借助服饰，创造出一种身材的视觉。不论高矮胖瘦，年轻还是年长，只要根据自己的特点，用心地选择适合自己的服饰，总能创造出服饰的神韵。

（1）着装与性别相协调

男士着装要体现阳刚有力，女士着装要体现温柔优美，不论男女都要穿出自身的气韵。着装要性别分明，不可性别模糊，不伦不类。

（2）着装与年龄相协调

联合国有关机构对年龄的划分：44岁以下为青年；45～60岁为中年；60～74岁为老年年轻段；75～89岁为老年人；90岁及以上为长寿老年人。

对年轻人而言，着装应款式新颖，符合现实审美，注重细节变化，体现个性，重视颜色与面料的选择。如过去流行西装比实际尺寸小，单排扣显示单薄感，西裤是九分裤，显瘦；现在流行宽腿裤，西服相对变宽松。

对中年人而言，着装应端庄优雅，衣服质量好，讲究色彩点缀。

对老年人而言，着装应质量款式精良，舒适得体。

处在事业不同阶段，同一个人的着装风格也有较大差异，不同年龄阶段有不同的着装要求。总体上，年轻时穿着活泼、随意，体现朝气和生机；年长时穿着精致、优雅，体现成熟和端庄。

(3)着装与容貌、肤色相协调

每个人的容貌、肤色都不一样，肤色有深浅，五官各不同，着装要求根据自己的外形特点扬长避短，选择适合自己的款式、色泽、面料。总体上，肤色深者，衣服色泽不宜过深，也不宜过浅；脸色苍白者，不宜穿着绿色服装。中和色比较平和，较常用于工作服，肤色深浅者都适合穿着。中和色主要是指黑、白、灰三色。

(4)着装与体型相协调

每个人高矮胖瘦各不相同，着装要考虑与体型相协调，可以通过得体的修饰扬长避短。要了解自己的体型，选择最适合自己的色彩、图案、款式、质料，才能实现人体美的和谐统一。

一般来说，身材高的，上衣可适当加长，衣袖、裙子可蓬松，造成"矮"的视觉感；身材矮小的，上衣可稍短，使腿比上身突出，造成"高"的视觉感。

较胖的人可选择直条纹、冷色调衣服，款式力求简洁，以达到"瘦"的视觉感；比较瘦的人，可选择色彩鲜明、花型较大、横条图案的衣服，制造宽阔、健壮的视觉感。

3. 着装的整体整洁原则

着装以人体为基础，应注意整体协调，具体要注意本体协调和佩饰协调。

(1)服装本体在色彩、图案、款式、质料和风格上要和谐。

(2)服装要与佩饰协调，除衣服外，鞋袜手套、围巾拎包都要和谐。

(3)从整洁角度考量，服饰要求无污渍、无异味、无折痕、无破损、无沾染。

整洁原则是指整齐干净的原则，这是服饰打扮的一个最基本的原则。一个穿着整洁的人总能给人以积极向上的感觉，并且也表示出对交往对象的尊重和对社交活动的重视。整洁原则并不意味着时髦和高档，只要保持服饰的干净合体、全身的整齐有致即可。

(4)着装的配色原则

服饰的美是款式美、质料美和色彩美三者完美统一的体现，形、质、色三者相互衬托、相互依存，构成了服饰美统一的整体。而在生活中，色彩美是最先引人注目的，因为色彩对人的视觉刺激最敏感、最快速，会给他人留下很深的印象。

服饰色彩的相配应遵循一般的美学常识。服装与服装、服装与饰物、饰物与饰物之间的色彩应色调和谐，层次分明。饰物只能起到"画龙点睛"

的作用，而不应喧宾夺主。

服饰色彩可以在统一的基础上寻求变化，肤色与服色、服色与饰物的颜色、饰物与饰物的颜色之间在变化的基础上应寻求平衡。

一般认为，衣服里料的颜色与表料的颜色，衣服中某一色与饰物的颜色均可进行呼应式搭配。

服饰选择的色彩有一定的象征意义：

黄色代表外向型，说话不顾虑，做事潇洒，不在意别人的批评指责，精力充沛，生活轻松，工作与生活中值得信赖与依靠，但同时容易成为别人攻击的对象。

绿色代表内心沉稳，不乱阵脚，选择绿色的人往往处于两个极端：工作特别顺畅或者内心渴望事事美好。

灰色意味着喜怒不形于色，自控力极好，公共关系上与人关系不近不远，若即若离，内心有自己的骄傲。灰色是一种高贵色，不容易淹没在人群中，给人以特立独立行的距离感。

黑色代表严肃沉稳，有时表达感情忧伤。穿着黑色，让人视觉上形体收缩变小，带来神秘感。缺点是容易沾灰。女士切勿穿黑色丝袜与黑皮裙，这样会显得轻浮。

红色意味着精力充沛、感情丰富、性格活泼、热情。心理上表现出时刻准备着向人进攻、与人竞争。在中国，红色还代表着喜庆。

白色代表透明、纯洁，工作中穿一身白给人虚幻缥缈的感觉，且衣服易脏。黑白配是经典搭配，比如奥黛丽·赫本就成为经典黑白配的榜样。

4. 着装体现个性化原则

个性化原则是商务场合树立个人形象的要求。不同的人由于年龄、性格、职业、文化素养等各方面的不同，自然就会形成各自不同的气质。我们在选择服装打扮时，不仅要符合个人的气质，还要凸显自己美好气质的一面，为此，必须深入了解自我，正确认识自我，选择适合自己的服饰，这样，可以让服饰尽显自己的风采。

要使打扮富有个性，还要注意：

(1)不要盲目追赶时髦，因为最时髦的东西往往是最没有生命力的。

(2)要穿出自己的个性，不要盲目模仿别人。比如看人家穿水桶裤好看，就马上跟风，而不考虑自己的综合因素。

(3)个性化应该在整体和谐的基础上显现自己的特点，不是在商务场合过于张扬个性，标新立异，着奇装异服。

三、商务便装着装的基本法则

商务便装不是随便着装,商务便装可以不穿西装、不打领带,但不能把居家服等同于商务便装,商务便装仍然能够反映出企业的水平、层次,以及对待商务对象的具体态度。衣着本身就是一种表现,反映穿着者的严谨与克己,商务场合,更多讲究专业,穿着本身就是商务人士的工作之一,也是职责之一。便装体现商务性,选择合体的便装也是对工作和工作对象的尊重。

1. 男士商务便装基本法则。要求细节取胜,突出个性。
(1)将整套西装换成休闲上装与西装裤。
(2)不打正规领带,衬衣第一粒扣敞开。
(3)选择带条纹或格子的衬衣。
(4)不只选择白色和蓝色的衬衣,其他单一颜色的衬衣都可以改变上装。
(5)穿衬衣打领带时,选择修身、质地精良的外套。
(6)单穿立领衬衣,或在立领衬衣外搭配单件西装外套,以打破彻底的休闲感。
(7)西裤选择挺直的面料,不选棉布面料,防止起皱。
(8)不能穿过于宽松的西裤。

2. 女士商务便装着装基本法则。要求让美丽恰到好处。
(1)不选择整套的套裙,下身可搭配直筒裤。
(2)连衣裙外搭夹克或开衫是时尚便装。
(3)不穿凸显大腿的长裤。
(4)不穿露臂露肩上装。
(5)不穿低胸和露腰上装。
(6)不穿过于松垮的服装。
(7)不穿吊带衫和西装短裤。

四、西装穿着法则

商务场合中,如果服装得体整洁、有魅力,会吸引别人的注意力,引起别人了解的愿望。一个人的穿着能透露他的职业与其未来走向,恰当的着装能够决定人在商务场合的说服力是否足够强。当一个人穿得足够正式、足够职业化时,相当于告诉他人,自己希望被人尊重,希望被认真对待。人的外表远比自己想象得重要,有时候,外表比语言更具说服力。

商务场合，西装因其穿着舒适且系统、简练、富有风度，已然成为通用"国际服"。西装穿着有独特的着装原则，具体分为男、女西装着装原则。

1. 男士西装着装遵循六大原则

(1) 三色原则。男士在正式商务场合穿着西装，全身衣服色彩只在三种之内，多于三种，有失庄重。

(2) 三一定律。指鞋子、皮带、公文包一个颜色，以黑色为最佳。

(3) 有领原则。正装必须有领，通常指衬衫有领。

(4) 纽扣原则。正装应当是有纽扣的衣服，拉链服不是正装。

(5) 皮带原则。男士长裤必须系皮带，牛仔裤、运动裤不是正装，而无须系皮带的西裤，说明尺寸不合适。

(6) 皮鞋原则。俗话说"西装革履"，着正装必须穿皮鞋。最经典的着装皮鞋是系带皮鞋，随着社会节奏的加快，商务着装皮鞋开始接纳无带皮鞋，并逐渐普及。

注意：西装上衣不要过长，手伸出来时衣袖不要超过手腕；裤腰尺寸应该是穿好后手掌刚好能够嵌入，同时系上皮带；穿西装时，记得剪掉商标，不要让其外露。单粒扣西装可扣可不扣，双粒扣西装只扣上面那颗纽扣，三粒扣西装全扣上或者只扣中间一颗，双排扣西装全扣上。

2. 女士西装套裙着装遵循六大原则

(1) 合身可体原则。套裙上衣最短可以齐腰，下裙最长可至小腿中部。套裙不可过大，否则会显得邋遢散漫；也不可过紧，否则会显得轻浮庸俗。

(2) 系好纽扣原则。商务场合，套裙上衣必须系好纽扣，并且女士不可当众脱去上衣。

(3) 不可透视原则。西装套裙面料比较薄或颜色很浅时，必须穿衬裙，以免走光。

(4) 内衣不外现原则。套裙里应穿适宜衬衫，衬衫不宜透明，不宜透出内衣颜色和样式，更不能让内衣露出领口，否则有失身份。

(5) 整套穿着原则。西装套裙是西装上衣与西装裙的固定搭配，不可随意搭配其他服装。

(6) 鞋袜搭配原则。着西装套裙，一般配高跟或半高跟皮鞋，不可穿布鞋、拖鞋、凉鞋、旅游鞋；鞋的颜色与衣服下摆颜色一致或略深；套裙应配穿长筒丝袜或连裤袜，不可穿短袜或半截袜，以免造成"三截腿"；套裙穿着丝袜，不可穿棉袜、布袜、毛袜；丝袜颜色以肉色或接近肉色为宜，不可穿色彩艳丽、图案复杂的丝袜。

注意：

第一，不穿黑色皮裙。在国际社会，尤其在西方国家，黑色皮裙被视为一种特殊行业服装，通常是失足妇女用来表示身份的。所以，一般女士在穿着裙装时首先要注意这个问题。越是正式场合，越不能穿黑色皮裙。

第二，正式场合不宜不穿丝袜。夏天穿裙子主要是为了凉爽，在普通的休闲场合，女性穿裙装可以不穿丝袜。但在正式场合却不适合这样做，否则会影响职业形象，也更容易引起异性的过分关注。

第三，不露"三截腿"。所谓"三截腿"，是指女性穿裙装时，没有搭好袜子，使得丝袜的长度比裙子下边沿还要低，袜口外露。

第四，不穿太暴露、过于前卫的服装。在非休闲场合，职业女性应该避免穿过于暴露身体部位或者设计过于大胆前卫的服饰。

第五，注重服装与鞋袜以及配饰的相关搭配。整体搭配适宜选择相近色系，避免撞色或多色块堆砌，饰品宜精不宜多，以体现职场干练与优雅为主。

五、礼服穿着原则

商界人士要设法在人际交往中，塑造完美形象，并要尽心维护个人的形象。在适当的场合穿适合的衣服。礼服则为参加中高档宴会的必需物。女士和男士礼服的区别较大。

(一)女士礼服

1. 中式礼服

旗袍是能体现东方女性之美的礼服，侧开叉，一般膝关节上不过两寸，可配高跟、半高跟皮质皮面黑色鞋，也可穿黑色细高跟鞋。旗袍面料要讲究，多用丝绸、云锦、缎等。旗袍务必量身定做。

2. 西式礼服

(1) 大礼服

也称晚礼服，是最正式的礼服，适用于晚间举行的最正式活动。其特点是无袖露背，单色连衣裙，下摆长及地面或拖地。穿着晚礼服可搭配同色帽子，配薄纱长手套，戴耳环、项链。

大礼服一般是晚上八时后出席正式晚宴、观看戏剧时所穿的正式礼服，也是女士礼服中档次最高、最具特色、最能展示女性魅力的礼服。大礼服以夜晚的交际为目的，为迎合热烈的气氛，配饰一般为金银珠宝，可以强度闪亮。

(2)小礼服

小礼服的地位仅次于大礼服,用于出席晚上六点后举行的宴会、音乐会。一般是质地高档、色彩单一的连衣裙,裙长至脚面而不拖地,可选择露背或不露背,可以不佩戴首饰。与小礼服搭配的首饰适宜选择简洁、流畅的款式。

(3)晨礼服

也叫常礼服,是质料和颜色相同的上衣和裙子,也可以是单件连衣裙。一般为长袖,搭配帽子、手套和小巧的拎包。多数在参加白天的活动时穿着。适用于白天举行的庆典和茶话会。

(二)男士礼服

男士礼服分为三种:中式、西式、通用礼服。

1. 中式礼服一般指中山装和改良过的中山装。中山装上下同质同色成套,上衣领口有风纪扣,扣子必须全扣上。在穿中山装的时候需注意五粒纽扣都扣,口袋内不放任何东西,袋盖必须盖上,需穿黑色皮鞋。

2. 西式礼服包括晚间礼服和日间礼服,晚间礼服包括大礼服和小礼服,日间礼服就是晨礼服。

(1)大礼服

也称燕尾服,是晚礼服的一种,是晚间最正式的礼服,适用于晚间隆重庄严的场合。穿着时佩戴领结,最高敬意是佩戴白色领结。配黑色皮鞋,戴白色手套。燕尾服在晚间六点以后穿着,燕尾款式的礼服除了要配上背心以外,还可以搭配领巾,以增加华丽感。

(2)小礼服

也称无尾礼服,这是晚间集会最常用的礼服,其上衣与普通西装相同,通常为全黑或全白,系黑领结,穿黑皮鞋,一般不戴帽子和手套。这种礼服适用于出席晚上举行的宴会、晚会、音乐会,观看歌舞剧等。

(3)晨礼服

晨礼服以黑色、灰色为主,戴黑色礼帽、灰色领结,适用于各种庆典、婚礼。

(三)职业女性与着装

职业女性不同于一般的时髦女郎,办公室里特有的文化,要求职业女性的着装具有一定的特殊性。办公室里的着装已不仅仅代表着个人的形象,它也是企业形象的一个组成部分。如果穿着不当,很可能让你的上司在客户面前丢脸。

1. 职业女性着装总体建议

(1)着装效果应追求简洁明快,给人端庄大方、诚实可信的感觉。

(2)服装的布料最好是免烫的,以免仓促上班来不及整理。

(3)可以在职业套装里面配一件漂亮的衣服,以便临时决定出席酒会或晚宴时,不必回家换装。

(4)选择服装要适当考虑流行,但过于标新立异会适得其反,破坏职业女性特有的气质。

(5)在色彩搭配方面,白领阶层通常以中灰色调为主,可以利用鲜艳的饰物、衬衣、丝巾等配饰,起到画龙点睛的作用。

(6)西装外套必不可少,与西装配套的衬衣可配些花边,以增加女性的特质。过硬的线条会给接待工作带来不便。也可以通过丝巾来柔化西装的硬挺之感。

(7)职业女性穿着裙子的长度以膝盖上下为宜。高个子的女性裙长可以加长一些,矮个子女性的裙长可以适当短一些,但上下长度偏差不要超过15cm。

(8)职业女性穿着套装时,一般全身不超过三种颜色,最好以一种颜色为主色;一种颜色为辅色,起辅助效果;再选一种颜色为点缀色,有画龙点睛之妙。

(9)服装配色要有韵律感,比如淡蓝色的项链看起来暗淡,如果在服装的其他部位再重复这种颜色,色彩搭配就协调了。

(10)上下装颜色搭配时,上浅下深能产生稳重感,而上深下浅则会有轻快感,但矮个子的女性慎用。

(11)不可穿着露肩装。无论办公室的环境多么不正规,露肩都是绝对不可以的。如果一定要脱掉外衣,里面穿的衣服也要能够盖住肩部。

2. 职业女性需谨慎选择内衣

随着时代的进步,女性内衣的作用、式样、色彩也在发生变化,现代商务女性的内衣要求突出一个鲜明的主题,就是追求曲线美,使形体成为人们瞩目的焦点,以烘托女性固有的魅力。现代商务女性内衣的审美趋向是轻、薄、短、小,要求透而不明,含而不露,恰到好处,衬托出高雅脱俗的风度。

商务女性对内衣的要求越来越高。对于上班族的女性来说,她们不再满足于对内衣的基本实用功能,而更加追求其舒适性、美观性、健美性等。贴体舒心只有自己知道,真正懂得爱自己的女人不会把自己的身体随随便便交给劣质的内衣,而是会精心选择,认真呵护。

一般人以为,美丽应该让人人都知道,内衣是穿在衣服里面的,漂亮又有何用?实际上,穿一件自己满意又迷人的内衣,可修饰体形,平添几分妩媚。

市场上各种各样的女性内衣琳琅满目、品种齐全、款式各异,极大地方便了女性对内衣的选择。根据作用的不同,内衣可分为保健内衣、整形内衣、装饰内衣三大类。

保健内衣是指以卫生保健为目的的内衣。

整形内衣是指用来调节改善体形的内衣。

装饰内衣是指起装饰作用、保护外衣形状不变的内衣。

真正有品位的职业女性都非常重视内衣的选择与穿着。她们懂得如果没有合体的内衣做陪衬,再好的衣服也体现不出它的优势。选择内衣并不一定要购买价格昂贵的,重要的是选择合适合体的内衣。穿着合体的内衣,可以弥补身材的不足,使你产生愉快的心情,信心大增,提高工作效率。穿着不合体的内衣,整个人看上去无精打采、松松垮垮。因此,女性内衣的选择不容忽视。

商务女性在选择内衣时,不但要注意合体,还要注意选择合适的色彩。一般宜选择白色或接近肤色的颜色,不宜选择较鲜艳或较深的颜色,尤其是夏天,外衣多少会透出一些"内线"。穿着内衣时,一定要经常检查是否有脱线、掉扣、破洞、吊带脱落等现象,一旦发现要立即补救,以免出现不雅的局面。

六、配饰的礼仪:运用饰品原则

服饰是一个整体概念,服装与饰品的成功搭配,是成功美化整体服饰的基础。服饰与佩饰透露一个人对细节的关注,恰当的佩饰可以为形象加分,不恰当的佩饰会给人俗气的感觉。商务场合,饰品选择原则有以下五点:

1. 场合原则

佩戴饰品是为了美化个人形象,应根据不同场合的气氛,选择与服装协调的饰品。如赴宴或参加舞会,可以选择比较华丽、体积较大的饰品。

2. 协调原则

服装款式与饰品要协调,比如,立领上衣可以不戴项链,而露肩礼服必须佩戴项链。服装颜色与饰品颜色要协调,不协调会让人感觉别扭,不会产生美感。

3. 庄重原则

商务场合应选择精致的饰品,以显示端庄、高雅的气质,不可使用外形夸张而实际上没有太大价值的工艺品。

4. 色彩搭配原则

饰品以成套为佳，颜色不可驳杂，件数也不过三，身上佩戴过多饰品，会显得俗气。

5. 远离廉价原则

饰品求精不求多，要彰显身份，以免让人误以为你正陷于财务窘境，会损害个人信誉，影响商务活动的顺利开展。

七、饰品佩戴方法

涉外场合参加社交活动、接待宾客时，商务人员可以佩戴适当的首饰。这不但可以使自己显得典雅、美观，而且能表示对对方的尊重，有利于赢得宾客的好感。佩戴的配饰包括眼镜、围巾、手饰、项链等，但在佩戴配饰时，商务人员应遵从三一原则，即配饰数量不过三，全身颜色不超过三种。

(一)各类饰品佩戴方法

1. 头饰

商务人士头上最好不要戴任何发饰，如果一定要戴，不要戴有颜色或闪光的发饰，发带、发饰选用与发色相同的颜色即可。

2. 耳环

在中国传统文化中，耳环的寓意很特别，它代表一段感情圆满结束。商务人士穿着礼服时可以佩戴耳饰，但要尽量避开耳环。

3. 项链/项圈

男性可戴项链，戴项链时不宜将项链藏于衬衫领口内，同时不能佩戴有色线(皮线、红线)；女性可以将项链露出领口，但同样要遵从三一原则。

4. 胸饰

男士西服的左肩翻领上有个不张扬的纽扣，供男士佩戴胸饰，男士胸饰只能佩戴在领口。

女性只可将胸针别在厚重的衣服上，丝绸等轻薄的衣料上一般不别胸饰。女性也可以选择在衣领上别胸针。

5. 手臂饰品

商务场合基本不选择手臂饰品。

6. 戒指

戒指一般只戴在左手上，最好只戴一枚，至多两枚。可以戴在左手两个相邻的手指上，也可戴在两手对应的手指上。戴多枚戒指表示炫富，为商务人士的避忌。

(二)戒指的佩戴礼仪和不同意义

1. 戒指戴在左手上

根据左手显示的是上帝赐给你的运气,因此,在西方国家,戒指通常戴在左手上。不佩戴戒指表示单身。西方早期医学认为,左手无名指在双手十指中与心脏的距离最近,所以将代表婚姻的戒指戴在左手无名指上,体现出爱情的神圣地位,并流传至今。现在,国际上比较流行的戴法是:食指表示想结婚,表示未婚;中指表示已经在恋爱中;无名指表示已经订婚或结婚;小指表示独身。

2. 戒指戴在右手上

传统上,戒指戴在无名指上表示具有修女的心性。戒指戴在食指上,表示比较有个人主张。

最正式的戴法莫过于戴在中指上,如果不想有太正式的感觉,可以在左或右指再加一个简单的指环。无名指上的戒指通常是结婚戒指,无名指比较纤细,因此不管戴什么戒指,都很秀气。

最新鲜的戴法,莫过于把戒指戴在小指上了。一枚小小的、简单的尾戒,让女性的手莫名可爱起来,一般代表"我现在只想单身,请不要浪费时间追求我"的意思。

3. 戴设计性比较强的戒指

如果想更有个人风格,戴设计性比较强的戒指时,可以考虑搭配另一枚材质相同、线条较简单的指环在另一指上。如果戒指的材质、属性可以和手表搭配,那就最好不过了。例如,你戴的是一枚可爱的花戒指,就可以配一块皮质金框的表。如果你并没有太多可以选择的表或戒指,不妨考虑把戴戒指的手和戴手表的手错开,不要让不协调的两件配饰在同一只手上出现。在同一只手上戴两枚戒指时,色泽要一致,而且一枚戒指设计复杂时,另一枚一定要简单。此外,最好选择相邻的两根手指,如中指和食指、中指和无名指或无名指和小指,千万不要中间隔着一座"山"。

4. 戒指与性格

戒指不仅仅是装饰品,你喜欢戴哪一类戒指,喜欢戴在哪根手指,都会泄露你心底的故事。

对男士来说:戴纯银戒指者性情温和,易迁就他人;戴金戒指者较重视利益,往往会有精明的生意头脑;戴翡翠玉石者注重品位素质,处事严谨。

对女士来说:喜爱粉红钻或粉红色珊瑚者,感情丰富而浪漫;喜爱红宝石或红碧玺者，热情似火；喜爱蓝宝石或海蓝宝石者，较内向冷淡；喜爱祖母绿或土耳其石者，情感纤弱。

5. 戒指与心理含义

戒指戴在不同的手指上，能体现与性格有关的不同心理含义。

(1)喜戴在食指者，性格较偏激倔强。

(2)喜戴在右中指者，崇尚中庸的人生观念。

(3)喜戴在左中指者，有责任感，重视家庭。

(4)喜戴在小指者，有自卑感，并且有着强烈的个人独身主义观。

(5)喜戴在无名指者，无野心，随和，不计较得失。

第四节　语言谈吐礼仪

商务人员语言交流的目的是以言表意，增进了解，加强信任。商务活动离不开语言交流，而语言交流以口头交谈为主。表达同样的意思，不同的人使用的语言却有美丑之分。谈吐礼仪旨在通过口头交谈，传递尊重、友善、平等的信息，给人以美感。商务人员应在语态、语气、语音、语速和具体交谈形式等方面，规范自己的语言谈吐。

一、常用的语言形式

1. 有声语言，即口语，以说和听为形式的语言。

2. 无声语言，即没有声音、借助其他媒介来传递信息，以体态语为主，眼睛传情，体态表意。

3. 类语言，也称副语言，指通过说话时的重读、语调变化、语速快慢的变化表达不同信息，发出声音但语义不固定。

二、常用体态语表现形式

无声语言中的体态语基本上是借助人体的各种器官和姿态表情达意。无声语言的表现形式大致有眼神、微笑、表情、手势。

1. 表情语

一个人的喜怒哀乐，都写在脸上(详见第二章第二节)。

2. 界域语

从心理学上讲，在每个人的周围都存在着一个看不见的个人空间，每个人对这个个人空间都非常敏感。一旦这个空间被冲破，我们就会感到不自在或不安全。这就是界域语。

这里的空间也就是距离，距离不适度很容易使对方做出逃离或进攻的应激反应。在正式的商务活动中，距离分为以下四种情况。

（1）亲密距离：指交际双方身体保持0.5米左右的距离，一般限于夫妻、情侣、家人。使用这一距离通常表达两者之间的爱恋或安慰。

（2）私人距离：指交际双方保持0.5～1.5米的距离，一般是朋友、熟人相处的得体距离。使用这一距离讨论个人问题非常合适。

（3）社交距离：指交际双方保持1.5～5.5米的距离，一般是泛泛之交或工作关系。使用这一距离处理一般公务或非个人事务比较合适。商务场合中，这一距离往往在三人或三人以上在场时才使用。

（4）公共距离：指交际双方保持5.5米开外的距离，一般是大人物出现时的距离，这一距离适合在公共场合听演讲或比较生硬的交谈。

3. 首语

首语包括点头语和摇头语。在中国和其他大部分国家都是点头表示同意、赞赏，摇头表示否定和遗憾。而在印度、巴基斯坦等国，点头表示否定，摇头表示肯定。

在交谈中，头保持中立，表明对对方的讲话无大兴趣；头下意识从一侧斜到另一侧，表示对对方所谈的话题有一定兴趣；头垂下，表示缺乏兴趣。

4. 手势语

人们交往时，手势是语言的最好辅助。适当运用手势，可以增强感情的表达。但与人谈话时，动作不宜过大，要给人一种优雅、含蓄而彬彬有礼的感觉。常见手势语有：

（1）竖大拇指：夸赞、感激，有时还表示"我准备好了"。

（2）食指刮下巴：是法国特有的一种手势语，表示女性对追求者的拒绝。

（3）竖食指：在西方表示叫服务生或在会议中有意见要发表。

（4）飞吻：喜爱、敬慕。

（5）手触前额：向你致敬。

（6）拍桌：愤慨。

（7）捶胸：悲痛。

（8）搓手：为难、期待。

（9）快速捂嘴：吃惊。

（10）乱动：紧张。

（11）挠后脑勺：羞涩、不知所措。

(12)不自觉地摸嘴、揉眼：没说实话。

(13)八字形托颏：沉思、深算。

(14)伸出食指、中指，掌心向前：西方意为胜利，中国意为数字2。

(15)拇指和食指相交，其余三指伸开：在美国代表同意、赞扬、允诺，在法国代表毫无价值，在日本代表懂了、明白，在泰国代表没问题、轻便，在印度代表正确、不错，在突尼斯代表傻瓜，在巴西代表侮辱男人、引诱女人。

(16)翘起拇指或鼓掌：表示钦佩、赞扬。

(17)连连摆手：表示反对。

(18)握紧拳头：表示愤怒、焦急。

(19)招手表示叫人过来，挥手表示再见或叫人走开。

(20)搔头表示困惑，用力挥手或拍额头表示恍然大悟。

三、言谈的礼节

1. 恰当地称呼他人

记住别人身份，以对方最高的职位称呼对方。对有头衔的人要称呼其头衔。若与有头衔的人关系非同一般，直呼其名来得更亲切，但若是在公共和社交场合，还是称呼头衔更得体。在我国文化中，一般默认称呼对方的最高职位。对于知识界有高级职称的人士，可以直接称呼其职称。对于学位，除了博士外，其他学位一般不作为称谓。

2. 谈吐要优雅，做到"十要十不要"

(1)"十要"

要讲文明，不说脏话；

要控制情绪，不说气话；

要注重修养，不说大话；

要具体真实，不说空话；

要坦诚相见，不说假话；

要新鲜活泼，不说套话；

要谦让随和，不说官话；

要要言不烦，不说废话；

要力求简洁，不宜多话；

要明白晓畅，不说胡话。

(2)"十不要"

不要颠三倒四，语无伦次；

不要带口头禅,毫无意义;
不要高门大嗓,大声嚷嚷;
不要牢骚满腹,见人就讲;
不要争强好胜,强词夺理;
不要冒充内行,表现自己;
不要抢夺话头,不让人讲;
不要节外生枝,离题万里;
不要挖苦讽刺,让人生气;
不要议论他人,揭人隐私。

3. 说话要礼貌

做到和气、文雅、谦逊,礼让对方。

(1) 善于运用礼貌语

初次见面说久仰,好久不见说久违;
等候客人用恭候,客人到来称光临;
看望别人用拜访,起身离开讲告辞;
中途先走叫失陪,请人别送说留步;
请人批评叫指教,请人谅解叫包涵;
请人指点叫赐教,请人指正叫雅正;
赠送作品写斧正,对方来信称惠书;
向人祝贺说恭喜,赞人见解喊高见;
请人帮助说劳驾,托人办事要拜托;
麻烦别人说打扰,求人方便称借光。

(2) 多用赞美语

与人交谈时对对方予以肯定,持称赞的态度,能让对方的自尊心得到满足从而营造良好的谈话氛围。

案例分析

恰如其分的恭维

一位推销员向一位律师推销保险,律师非常年轻,对保险并无多大兴趣,但是推销员在离开时的一句话,却引起了他的兴趣。

推销员说:"基努先生,如果可以的话,我希望可以与您继续保持联系,因为我深信您将前程远大。"

"前程远大?何以见得?"基努淡淡地问道。他刚刚由小助理正式升为自己拥有一间办公室的经理,但是,不管怎么听起来,推销员都好像是在故意讨好自己一样。

推销员连忙摇头:"不,不要误解,我是真的相信。"

"几个星期以前,我曾经听过您在电视上针对某件时事的演讲,那真是我听过的最好的演讲,不只是我一个人这么说,很多人都这么认为。"

基努想起来了,那次是老板好不容易为自己争取来的机会,这让他有些喜形于色。

接下来,推销员向他请教,应该如何学会当众演讲,他的防线一下子打开了。交谈了一个多小时以后,他告诉推销员"欢迎随时来访"。

没过几年,基努真的成为一位非常成功的律师,而那位推销员则一直与他保持着联系,两人成了无话不谈的好友,而推销员的业务也越来越多。

(选自刘丽娜:《哈佛商务礼仪课》,中国法制出版社,2014)

思考题

推销员说基努"前程远大",是恭维还是赞美?

(3)多讲鼓励语

与人交谈不宜直接否定别人,要适当鼓励对方坦陈内心意愿与要求,神情专注、认真倾听、适当提问或回答。

4. 话题要恰当

一般来说,交谈的话题多少可以不定,但在某一特定时刻宜少不宜多,最好只有一个。话题过多、过散,会使交谈者无所适从。

在交谈之中,以下五类话题是适宜选择的:

(1)既定的话题。指交谈双方业已约定,或者其中一方先期准备好的话题。如:求人帮助、征求意见、讨论问题、研究工作等。

(2)高雅的话题。指内容文明、优雅,格调高雅、脱俗的话题。如:文学、艺术、哲学、历史、地理、建筑等。这些话题适用于各类交谈,但切忌不懂装懂,班门弄斧。

(3)轻松的话题。指谈论起来令人轻松愉快、身心放松、饶有情趣、不觉劳累厌烦的话题。如:演出、流行、时装、美容、美发、休闲娱乐、旅游观光、烹饪小吃等。这些话题适用于非正式交谈,允许各抒己见,任意发挥。

(4)时尚的话题。指以此时此刻此地正在流行的事物作为谈论中心的话题。如:G20峰会、电话诈骗、个人信息泄露等。这些话题适用于各类交谈。

(5)擅长的主题。指交谈双方有研究、有兴趣、有可谈之处的话题。如：与医生谈养生健康祛病之法；与学者谈治学之道；与作家谈文学创作等。这些话题适用于各类交谈，但切忌以己之长对人之短，话不投机半句多。

案例分析

打开话匣子的方法

有一次，山东青岛的刘庆代表公司到南京参加一个机械零部件产品展销会。傍晚，他来到主办方在宾馆安排好的208号房间时，已经有一位客人正躺在床上悠闲地看着电视。刘庆放下旅行包，看了看那位客人，发现他身旁的旅行箱上还挂着航空托运条，就礼貌地问道："你好！乘飞机来的啊？""对呀！你呢？""我是坐火车来的，现在机票不紧张吧？""不紧张，但由于时间仓促，没买上打折票。坐火车几个小时啊？累得够呛吧？""转了一趟车，12个小时。不是很累，经常出差，习惯了。"

与陌生人初次见面，免不了要寒暄一番。寒暄一定要有沟通技巧，例如要热情礼貌，还要通过观察找准切入点，以免唐突。刘庆是个有心人，他留心观察对方"旅行箱上还挂着的航空托运条"，借机与对方聊开了。可见，与陌生人交谈并不难，只要选准了切入点，打开了话匣子，引用精彩的口才技巧，那么接下来的话就好说多了。

刘庆收拾完行李，笑着说："聊了这么久，还不知道该怎么称呼你呢！""张忠。""我叫刘庆。张姓可是一个大姓啊，听说在百家姓里现在都排到第三位了。""是吗？看来俺们张家的人丁越来越兴旺啦！"张忠的自豪感油然而生。

刘庆听到张忠说着一口纯正的东北话，就问道："你是东北人？""你这耳朵够狠，一听一个准儿，我是辽宁沈阳人。""噢，小沈阳是你们那儿的吧？我特别喜欢看他的二人转。这几年，你们东北的二人转和小品红遍了大江南北，哪次春晚少得了啊！"

听了这话，张忠立马来了兴致："那可不咋的！哎，前不久热播的《闯关东》《乡村爱情》，你看了吗？""看了《闯关东》，十分感人，那就是讲咱山东人的故事啊！""你是山东人？""对呀！山东青岛的。""是吗？这么说咱俩还是老乡呢！我爷爷当年就是从山东枣庄闯到东北这旮旯儿扎的根儿……"

与陌生人交谈，有时常在一个话题上绕弯，难免会出现尴尬、草率了结的情况，如果我们学会"听话"，善于从对方的话里辐射出他感兴趣的话题，就容易与对方产生共鸣了。刘庆从对方的姓氏、口音、籍贯入手，有的放矢，投其所好，自然流畅地转换话题，很快就让双方一见如故，拉近了彼此心理上的距离，接下来就更加水到渠成了。

接着，他们互换了名片。原来刘庆是青岛一家机械零配件公司的推销员，张忠是沈阳一家大型汽修公司的采购员。了解了对方的身份，刘庆惊喜地说："早就听说过贵公司的大名，你们公司可是这个行业的领头羊啊！"

"不敢当，不敢当……"张忠见刘庆是同行，话就更多了，从公司的生产、经营，到发展状况，说得越来越起劲。

刘庆则全神贯注地听着，不时轻轻点头，用"嗯""是吗""真不错"等简短的词句回应，并且从张忠的话中了解到，对方急需一种X型号的螺母，就试探着问："这种螺母我们公司也能生产，目前有些存货，质量上乘，你要不要考虑一下？"

"好啊！"

刘庆马上向总部汇报了情况，张忠也请示了公司的领导。很快，两人就商定了初步的购货协议，只等看完样品后回去让双方领导签字。刘庆高兴地说："张先生办事如此爽快，一看就有东北人的气概！有时间的话，欢迎你去青岛做客。""好啊！青岛是个漂亮的城市，有机会一定去开开眼界。交了你这样的朋友，我觉得非常荣幸！"

两人的手紧紧地握在了一起。

与陌生人交谈，贵在选择适当的场合，运用准确得体的语言，打开话匣子。有了前面两次深谈后，此时的刘庆和张忠已经相互欣赏、相互信任了，"交了你这样的朋友，我觉得非常荣幸"，两人顿生"相见恨晚"之感。了解了对方的身份后，刘庆没有忘记自己的本职工作，把话题巧妙地转到业务上来，不仅谈成了一笔生意，还收获了一份友谊。由此可见，学会和掌握口才技巧，让自己在任何场合，针对任何话题，都能清晰、流利地表达，获得长久的自信心，终身受益。

思考题

列出刘庆谈话的"话头"，分析其谈话技巧。

5. 交谈中忌谈的话题

(1)忌谈捉弄对方的话题。在交谈中，不可尖酸刻薄，油腔滑调，乱开玩笑，口出无忌。不可挖苦对方短处，调侃取笑对方，让别人出丑，下不来台。

(2)忌谈非议旁人的话题。不可传播闲言碎语，制造是非，无中生有，造谣生事，非议其他不在场的人。

(3)忌谈倾向错误的话题。不可违背社会伦理道德，交流生活堕落、思想反动、政治错误、违法乱纪、三观不正等内容。

(4)忌谈令人反感的话题。如：在座人的隐私、凶杀、惨案、灾祸、疾病、死亡、挫折等。

(5)忌谈涉及隐私的话题。如：对方年龄、收入、婚恋、家庭、健康。若有特殊工作需要，才可问对方隐私，但要注意委婉、礼貌。

6. 要礼让对方

(1)不要独白。不要一人侃侃而谈，不给他人说话的机会。

(2)不要冷场。不要从头到尾不置一词，冷场会破坏现场气氛。

(3)不要插嘴。不要抢话说。

(4)不要抬杠。不要针锋相对，得理不让人。

(5)不要否定。要耐心倾听、善于聆听他人的意见。

7. 委婉含蓄

在商务交谈中，言语不要伤害对方自尊心，必须委婉含蓄。遇到不宜回答的问题，如涉及机密或不好答复的问题，运用含蓄的方式，机智敏捷地回避，使用软化语言，会给人留下较好的印象，而且能够创造轻松的谈话氛围。

案例分析

练好场面话

马克是一家图书出版公司的项目经理，他的主要任务有两个：领会老板的意思，进行各种热门题材的搜罗，同时带领手下人执行老板的指令，进行作者的发掘。因为好的作者往往对作品要求更高，所以他们经常面临约不到稿、到交稿时作者却交不上稿的情况。

有一次，马克正在办公室里进行新书稿的策划，一位新作者突然打电话给他，说没有办法按时交稿了，因为思路堵塞，他需要一个星期的时间。这让马克非常着急：眼看公司已经不断为这本新书造势了，老板也正等着看图书的成稿，这怎么能行？

正当马克着急时，老板刚好从他的桌子旁边经过，看到他如此忙乱，便问了句："怎么了？"

很明显，这只是老板的一句场面话，他只是刚好路过，如果马克郑重其事地告诉他，事情到底怎么了，他反而会心生反感。但就是老板的这句场面话，让马克清醒过来，他笑着回应了一句："没什么，我正在找自己的移动硬盘。"

随后，马克在老板离开以后，与作者再次商议了新的交稿时间，并在团队内部进行了计划调整。

（选自刘丽娜：《哈佛商务礼仪课》，中国法制出版社，2014）

思考题

职场中何时何事需要应对"场面话"？

四、电话谈吐的礼仪

当前，电话已成为现代社会的主要通信工具之一。使用电话传递信息时，通话双方彼此不见面，直接影响通话效果的是通话者的声音、态度和使用的言辞。这三者一般被称为"电话三要素"。它们既与通话内容息息相关，又直接影响通话者之间的关系。

在商务交往中，普普通通的接打电话，实际上是在为通话者所在的单位和通话者本人塑造一个使人印象深刻的电话形象。

所谓电话形象，即人们在通电话的整个过程中的语言、声调、内容、表情、态度、时间感等的集合。它能够真实地体现出个人的素质、待人接物的态度以及通话者所在单位的整体水平。

与日常会话和书信联络相比，接打电话具有即时性、经常性、简洁性、双向性、礼仪性等较为突出的特点。

电话的礼仪性特点，与"电话形象"密切相关。它指不论是打电话还是接电话，都必须以礼待人，克己敬人。假如不注意在使用电话的过程中讲究礼貌，先敬于人，无形之中将会使自己的人际关系受到损害。

商务人员使用电话沟通，言语谈吐要注意以下几个方面：

1. 文明礼貌

无论是打电话还是接电话，都应当讲究文明礼貌。首先，要使用礼貌用语，如"您好""请""谢谢""再见""请多联系"等；其次，态度要和蔼，尽量做到耐心、热情、周到，创造一种相互信任和尊重的气氛，同时，要注意语速和音量要适中，声音愉快自然，语气清晰和婉；最后，要面带微笑，姿势端正，这样做所发出的声音会亲切悦耳，充满活力，也能展现出良好的自身形象。

2. 态度友好

有人认为，电波只是传播声音，打电话时完全可以不注意姿势、表情，这种看法真是大错特错。双方的诚实恳切，都包含在说话声中。若声调不准就不易听清楚，甚至会使人听错。因此，讲话时必须抬头挺胸，伸直脊背。"言为心声"，态度的好坏，都会表现在言语之中。如果道歉时不低下头，歉意便不能伴随言语传达给对方。同理，表情亦包含在声音中。如果打电话时表情麻木，其声音也会冷冰冰的。因此，打电话也应微笑着讲话。

3. 注意自己的语速和语调

急性子的人听慢话，会觉得断断续续，有气无力，颇为难受；慢性子的人听快语，会感到焦躁心烦；年龄高的长者，听快言快语，难以充分理解其意。因此，讲话速度并无定论，应视对方情况，灵活掌握语速，随机应变。

打电话时，适当地提高声调显得富有朝气、明快清脆。人们在看不到对方的情况下，大多凭第一听觉形成初步印象。因此，讲话时有意识地提高声调，会使声音格外悦耳优美，就像乐谱中5(梭)的音域。

4. 规范"前言"

打电话时所用的规范的"前言"有两种。第一种适用于正式的商务交往中，要求用礼貌用语把双方的单位、职衔、姓名一一道来。其标准的"模式"是：您好！我是×××公司××部副经理×××，我要找×××分公司经理×××先生(或副经理×××先生)。第二种适用于一般的人际交往，在使用礼貌性问候以后，应同时准确地报出双方完整的姓名。其标准的"模式"是：您好！我是×××。我找×××。

5. 不使用简略语、专用语

将"行销三科"简称"三科"这种企业内部习惯用语，第三者往往无法理解。同样，专用语也仅限于行业内使用，普通顾客不一定知道。有的人不以为然，得意扬扬地乱用简称、术语，给对方留下了不友善的印象。有的人认为外来语高雅、体面，往往自作聪明地乱用一通，可是意义不明的英语，并不能正确表达自己的思想，不但毫无意义，有时甚至会产生误会，这无疑是自找麻烦。

6. 控制交谈时间

每次通话时都要尽量控制通话时间，遵守三分钟原则，以提高电话系统的使用效率并降低电话费用。因此，电话内容要简明扼要，语言要简洁明了。在进行复杂内容的通话时要事先打好腹稿，尽量不在工作时间聊无关紧要的话题，要善于处理电话中的闲聊和纠缠。

7. 养成复述习惯

为了防止听错电话内容，一定要当场复述，特别是同音不同义的词语及日期、时间、电话号码等数字内容,务必养成听后立刻复述、予以确认的良好习惯。文字不同,一看便知,但读音相同或极其相近的词语,通电话时却常常容易搞错,因此,对容易混淆、难以分辨的词语要加倍注意,放慢速度,逐字清晰地发音。为了避免发生音同字不同或义不同的错误,或与数字有关的错误,听到相关内容后应马上复述,予以确认。当说到日期时,不妨加上星期几,以保证准确无误。

思考题

1. 站、坐、行、蹲姿势的基本要求是什么?手势、表情有哪些礼仪规范?
2. 着装的基本原则是什么?试举例说明。
3. 对商务人士而言,"淡妆浓抹总相宜"是否适合?为什么?
4. 试解释"三一原则"。
5. "细节决定成败",从个人礼仪的角度分析这句话的含义。
6. 毕业求职需要面试,请根据实际情况,按仪表礼仪的具体规范,为自己做一次形象设计,在课堂交流。
7. 客观地审视自己的个人礼仪有无欠缺。如有,如何着手修正?逐条写下来,每天照着做,三个月自查一次,看看有无变化。
8. 商务人员的言语谈吐有哪些礼仪规范?

第三章 商务办公礼仪

商务人员身处职场，要独当一面、从容不迫地处理各种事务，进退得当，张弛有度，不仅要有专业技能，还要有良好的商务礼仪素养。很多时候，商务人员需要在办公室接待客户，或前往对方公司展业洽谈，或接、打电话，发送商务信函，处理公司商务，这些工作过程，无处不透露出自身的礼仪修养，同时也是企业形象的重要组成部分。良好的商务办公礼仪，有助于塑造良好的职场个人形象，提升个人魅力，也有利于树立良好的企业形象，提高企业竞争力。

我们通常讲的商务办公礼仪包括：办公环境管理礼仪、办公场所人际关系礼仪、办公区域的佢用礼仪、办公设备的使用礼仪等。

第一节 办公环境管理礼仪

办公室环境一般可划分为硬环境和软环境。硬环境包括办公室所在地、建筑设计、室内空气、光线、颜色、办公设备及办公室的布置等外在客观条件。软件环境包括办公室的工作气氛、工作人员的个人素养、团体凝聚力等社会环境。办公室中影响工作人员的心理、态度、行为以及工作效率的各种因素的总和称为办公室环境。

制约办公室环境的因素很多，主要有自然因素、经济因素、人的素质修养因素等。办公环境的好坏受自然环境的影响很大。在依山傍水、风景秀丽的大环境内，办公室环境一般也较优越；在气候恶劣、荒凉干燥的地区，办公室环境自然也比较差。一般来说，人的素质修养高，则相互关系融洽，团体凝聚力强，在外界条件较好的情况下，更适于办公室工作人员工作，起到事半功倍的效果。反之，如果气氛不融洽，互相猜疑，矛盾重重，则会严重影响工作，即使有现代化的办公设施等技术条件，也未必能带来高效率。因此，软环境的建设比硬环境的建设更为重要。

办公室是一个单位活动的重要场所，要求明快、整洁、方便、实用。

确定办公室的方位应本着便于各项公务沟通协调的原则。与外界接触较多的部门，如收发室、传达室等，应设在人员进出的地方；综合、秘书等部门，应设在办公楼的中心地点；打字、计算机房、财务等办公室，应设在办公楼一端；关系密切的部门应相互接近。

一、办公室内部布置的原则

1. 办公桌的排列应按照直线对称的原则和工作程序的顺序，其线路以最接近直线为佳，防止逆流与交叉现象。同室工作人员应朝同一个方向办公，不可面面相对，以免相互干扰和闲谈。

2. 各座位间通道要适宜，应以事就人，不以人就事，以免往返浪费时间。

3. 领导者应位于后方，以便监督，同时不因领导者接洽工作转移和分散工作人员的视线和精力。

4. 光线应来自左方，以保护视力。

5. 常用设备应放在使用者近处。

6. 电话最好是5平方米空间范围一部，以免接电话离座位太远，分散精力，影响效率。

办公室的用具设计要精美，坚固耐用，适应现代化要求。办公桌是工作人员的必备工具，应注意美观、适用。有条件的可采用自动升降办公椅，以适应工作人员的身高。同时，应根据不同工作性质，设计不同形式的办公桌、椅。另外，办公室应根据不同情况，设置垂直式档案柜、旋转式卡片架和来往式档槽，以便存放必要的资料、文件和卡片等，便于随时翻检。这些设备和桌椅一样，应装置滑轮，便于移动，平时置于一隅，用时推至身边，轻快实用。

二、办公室环境的物理条件

办公室环境的物理条件内容比较广泛，主要是指办公室硬环境的建设，包括绿化环境、空气环境、光线环境、颜色环境、声音环境等。

1. 绿化环境

办公室的绿化是不能忽视的。外部环境应绿树成荫，芳草铺地，花木繁茂。绿色植物不仅能点缀美化环境，而且能有效调节周围的小气候。植物通过光合作用，能吸收二氧化碳，同时放出氧气。调查表明，绿化周围环境，能增加生气，丰富色彩。因为植物大都绿叶繁茂，人一看到绿色，便会产生一种视觉效应，这种感觉是微妙的。绿色象征和平与生机，使人产生安全感，并使人奋发向上。因此，办公室绿化，不但能调节小气候，而且有助于提高工作效率。

室内绿化与室外显然不同。室内只能放置花草，且所占空间不能太大。合理地配置花木，会给室内增光添辉。室内绿化被誉为"无声音乐"，可使人心旷神怡。另外，很多花卉都有宜人的馨香，易使人的嗅觉得到某种良性刺激，促使大脑皮层兴奋，从而影响人的心理、情绪和行为举止。

2. 空气环境

空气环境的好坏，对人的行为和心理都有影响。因此，室内通风与空气调节对工作人员提高工作效率是十分重要的。空气环境是以空气温度、湿度、清洁度和流动速度四个参数来衡量的，称为空气的"四度"。

（1）温度

空气温度的高低对人的舒适度和健康影响很大。办公室的温度冬季一般在20℃～22℃，夏季在23℃～25℃为最宜。如果空气温度过高，会使人频频出汗，烦躁难忍，导致人体内部热量不能及时散出；温度过低，又使人体热量散出过多。不管哪种情况，都会使人感到不舒服，严重者还会引起中暑或感冒，造成健康和工作上的损失。

（2）湿度

一定的场合有一定的湿度要求。对于办公室工作人员来说，适当的空气湿度能振奋精神，提高工作效率。我们知道，人体有时通过出汗散热来调节体温。适宜的湿度是创造理想工作环境的一个重要参数。研究表明，在正常温度下，办公室理想的相对湿度在40%～60%之间。在这个湿度范围内工作，人会感觉清凉、爽快、精神振奋。

（3）清洁度

空气的清洁度是表示空气的新鲜程度和洁净程度的物理指标。空气的新鲜程度就是指空气中氧的比例是否正常。例如，许多人在一个密闭的屋子里开会，时间一久，人们就会有胸闷或压抑的感觉。在这种情况下，必须打开门窗，透透空气；开启排风扇或空调机，以调节室内的空气。因此，办公室空气新鲜与否，与工作人员的身体健康有着密切的关系。新鲜的空气使人精神焕发，工作效率高；污浊的空气则使人身体不适，影响情绪，降低效率。

（4）流动速度

更换室内的空气是通过空气流动来实现的。一般来说，在室温22℃左右的情况下，空气的流速在0.25米/秒时，人体能保持正常的散热，并有一种微风拂面之感，感到舒适。常开窗能起到换气、使空气对流的作用。

3. 光线环境

办公室内要有适当的照明,以保护工作人员的视力。如长期在采光、照明不足的场所工作,很容易引起视觉疲劳,不但影响工作效果,久而久之,还会导致工作人员的视力下降,影响身体其他方面的健康。亮度太低,则不能满足视觉的要求,而且对调节瞳孔的控制功能产生干扰,使眼肌迅速疲劳,不仅损害视力,而且影响情绪。但亮度也不能太高,否则会带来眩光,使视觉效能下降。

办公室的光线应充足,局部照明要达到要求,亮度过高或过低,都容易造成视觉疲劳进而产生其他身体问题。因此,布置办公室时应注意:

第一,办公桌最好安放台灯,以 20~25W 为宜,要加灯罩,避免灯光直射人眼。

第二,尽量利用自然光。因为人工照明比自然光源更容易使人疲累,正因为如此,所以办公室的窗户更适宜采用有利于采光的百叶窗。

第三,尽量避免因计算机、办公桌面、玻璃或其他有光亮表面的物品反光而刺激人的眼睛。

4. 颜色环境

颜色具有很强的感染力和吸引力,可直接影响人的心理活动和工作行为。办公室的颜色环境,可根据不同地区及办公室的不同用途,而采用不同的颜色。气温高、天气热的地区,办公室宜采用冷色,如绿、蓝、白、浅灰等;气温较低的地区,宜用暖色,如橙色、黄色等。按工作性质划分,研究、思考问题的办公室,宜用冷色;会议室、会客室宜用暖色。人们还可以利用颜色的配色原理,调制出最适合本地区、本部门的颜色。但必须遵循一条总原则,即适用、美观、效率,有益工作人员的身心愉快和健康。

色彩对人的情绪有着直接的影响,因此,必须注意办公室的内墙、天花板、地板、办公家具等色彩的和谐。办公室的色调从总体上来说应单纯柔和,使人置身其中时感觉平静舒适。一般来说,办公室的内墙宜采用白色、乳白色等,会议室、接待室多用淡黄色;为保证较高的光线反射率,天花板一般用白色;地板多以不易被污染的棕色为佳。

5. 声音环境

办公室保持肃静、安宁,才能使工作人员聚精会神地工作。一般来说,在安静的场合工作,其效率往往比较高;在嘈杂的环境中处理问题,往往会分散精力,影响工作效率甚至造成判断失误。尤其从事写策划方案等复杂的脑力劳动时,注意力需高度集中,而各种噪声往往使人情绪波动,思路中断,影响工作的正常进行。安静,并非指绝对没有声音。一个人的听觉通道在完全没有刺激作用的情况下,会使人有一种恐惧感,产生不舒服的感觉,造成工作效率下降。声音环境应有一个理想的声强值。办公室的理想声强值为20~30分贝,在这个声音强度范围内工作,使人感到轻松愉快,不易疲劳。

排除、降低噪声,是办公室对声音的要求。噪声会使人注意力分散,思维力下降,记忆力减退,并令人产生烦躁、厌恶等负面情绪。因此,进行办公室布置时应采取相应的措施,排除或降低噪声:

第一,尽量让办公空间远离噪声源。如果噪声对办公室造成影响,有条件的话,可在办公室和噪声源之间种植绿化带。

第二,地面、墙面、天花板应有一定的吸音、静音装置。

第三,适当播放无主题音乐。轻快抒情的音乐能调节人的身心,使人心情舒畅,愉快工作。所以,有条件的话,在工作休息时段播放一些音乐,是很有益处的。

三、商务人员办公环境礼仪

1. 合理规划空间。一般来说,商务人员办公室都有柜子、桌椅、电脑、电话机、打印机等办公设备,以及一些书籍资料、文件。因此,要安排合理。办公桌通常靠左边采自然光,所有桌椅朝向一致,沿墙设置柜子。桌面要干净整洁,物品分类固定位置摆放,抽屉内物品合理归类。

2. 定期清洁打扫。一天至少擦一次桌面、设备,清洗日用品;一个月至少擦一次门窗,及时清理垃圾;定期处理书本和用不到的物品,遵循"断舍离"原则。一般来说,超过一年不使用的物品,可以直接清理掉;超过三个月不使用的物品,可以束之高阁;超过一个月不使用的物品,可以归类放进办公柜。

3. 办公桌要保持整齐干净有序。从空间上来说,越空越好。一般来说,桌上可摆放一台电脑、一部电话机,文件、资料归档到文件夹,分类放到书架上。

4. 办公室、办公桌的装饰要符合单位的企业文化。

(1)向自己的母公司文化靠拢,避开文化禁忌。

(2)不能让办公室内空间太生活化。

(3)适当美化,但装饰不要喧宾夺主。放置鲜花、绿色植物时,一般放常绿植物。墙上可挂字画,内容应励志并体现审美,最好色彩单一,干净素雅,如水墨画或比较保守的名家书法。

5. 及时整理电脑中的文件。

6. 个人物品专门存放。个人物品如学习资料、备用衣服、化妆品、洗漱品、运动器材等不要直接暴露在办公公共环境中。

7. 上班之前整理环境。如电话、电脑等设备要擦干净；盆栽要定期浇水和修剪；设置好空调温度，保证室内温度适宜；准备好签字笔、印章和工作行程表等放在桌子正中央；纸质日历及时更新；备好各种办公用具。

8. 下班之后清理个人办公区域。如关闭门窗、设备，查看所有电源是否切断，整理散落的文件纸张，倒垃圾等。

第二节　办公场所人际关系礼仪

人际关系属于办公室环境的社会条件，主要是指办公室软环境的建设，通常包括人际环境、气氛环境、工作作风三项。影响办公室工作人员行为的不只是硬环境，在某些时候，软环境对人的影响更大。强调提高工作人员素质的重要性，即是指加强软环境的建设。

办公室内部良好的人际关系与工作效率密切相关。因此，商务人员不仅要注意改善工作场所的物质环境，还要花较大的精力建设办公室良好的人际环境，因为它是影响人们工作行为的活的因素。与此相关的内容主要有：

一、办公室人际关系范围

1. 人际环境

（1）一致的目标。目标是全体人员共同奋斗的方向，可激励大家奋发努力。只有目标一致，才能使大家同心同德，团结共事；否则，便可能陷入无穷的争执中而无所作为。

（2）统一的行动。在办公室内，每个成员的工作都是为了实现办公室的目标，虽然分工不同，作用大小也不同，但每一项工作就如同工作母机中的一个部件，必须一起协调运转，机器才能顺利运行。因此，要使工作人员在既定的目标下，充分发挥个人之长，彼此配合默契，必须有严格的规章制度，科学的组织管理，良好的是非舆论，公平合理的办事作风。这样，整个办公室才能呈现统一行动的状态。要坚决反对不顾大局，只顾个人或小团体利益的做法。

（3）融洽的凝聚力。凝聚力是指办公室成员之间的吸引力和相容程度。个人的许多心理需要，尤其是与工作有关的需要，如学习需要、信念与支持需要、归属需要等，只有在办公室内才能得到满足。

2. 气氛环境

和睦的气氛，通常指一种非排斥性的情感环境。如果办公室内部的气氛是紧张的、不和谐的，其成员彼此之间互相猜疑，乃至嫉恨，凡事相互推诿、扯皮，必然工作效率低下。可见和睦的气氛对工作的顺利开展十分重要。

良好的心态是建立和睦气氛的最根本因素。人的情绪一旦产生，可以持续相当长的时间，左右人的心态，影响人的行为活动。具有愉快心情的人，无论遇到什么事都能泰然处之。心态对人的身体健康也有明显的影响。因此，商务人员应该善于调节自己的心态，克服消极情绪，努力使自己在任何情况下都保持良好的心态。这对营造良好的工作气氛有十分重要的意义。

3. 工作作风

工作作风由认识、情感、意志和行为等多种因素构成，是在共同的目标与认识的基础上，经过全体成员长期共同努力，逐步形成的一种较稳定的精神状态和具有一定特色的行为规范环境。

良好的工作作风是一种无形的力量和无声的命令，对全体成员的行为具有强大的约束力、推动力和感染力，使人很自然地接受其教育和感化，使行为举止适应工作要求。工作气氛是否热烈，工作态度是否热情，工作作风是否严谨，是非标准是否鲜明，在很大程度上代表着一个组织的风貌，对员工的行为有着深刻的影响。良好的工作作风可以使人精神振奋，心情舒畅，能充分调动和发挥大家的主动性、积极性、创造性，使各方面的工作得到顺利的开展。对实现工作目标，完成工作任务起着推动作用。

良好的工作作风可以为人们创造良好的工作环境。它是通过情绪气氛的潜移默化、耳濡目染对员工产生影响的。因此，新的工作人员进入一个风气良好的集体，会不知不觉地受到感染和同化，自觉地抑制和改变自己，以适应工作的需求。

办公环境管理，应以人为主体，以人自身的生理、心理特点为出发点，从外观、视觉、听觉、空气直至安全、保险等方面研究办公活动的工作环境，使其更适合办公人员的身心活动要求，让办公人员能更主动、更高效地支配设备和环境，更健康、更愉快地工作，营造一个舒适、和谐、安全、健康的工作环境。

二、办公室的人际关系主体及交往礼仪

(一)股东关系

股东即公司的投资者,包括董事会成员、持有可转让和买卖股票的个人股东、职工股东等。

股东很少参与或完全不参与企业的日常生活经营活动,但他们拥有一定的权力,如选举董事会、制定公司的规章制度、批准或否决董事会的有关决议等。

很多企业只埋头于科技开发、新产品推广、市场营销等,只想以更新、更美、更好的产品满足普通大众的需求,却忽略了公司的股东关系维护。由于股东关系涉及企业的"权源"和"财源",特别是在当代资本国际化、社会化和分散化的趋势中,它与企业的生存和发展休戚相关,有时甚至决定一个企业的命运。

1. 股东关系的重要性

第一,良好的股东关系可以使企业获得雄厚的资金来源。建立良好的股东关系,其目的主要是加强企业与股东之间的信息沟通,提高企业的信誉度、知名度、可靠性和发展能力,加强现有股东和潜在投资者对本企业的了解、信任和支持,创造更加有利的投资环境和通力合作的融洽气氛,稳定已有的股东队伍,吸收更多新的投资者,最大限度地扩大企业的财源。

第二,良好的股东关系可以为企业创造良好的投资环境。

2. 股东分类

第一类:人数众多的持有一定股权的股东,他们分散在社会上,不直接经营,但非常关心企业的盈利状况。

第二类:董事会,其成员占有股份较多,由股东选出,作为决策机构。

第三类:专业的金融舆论专家,如证券分析家、股票经纪人、投资银行家、金融新闻人员等,他们对广大股票持有者和投资者的判断,具有很强的影响力。

3. 处理股东关系

商务人员应通过各种具体形式及时、准确、充分地向股东通报投资信息和投资效益的分析。如通过金融舆论界提供投资资料;通过股东刊物和股东大会公布经营状况和年度盈亏报告;通过举行信息发布会和各类座谈会,展示企业发展远景和投资前景分析等;组织股东或同业专家参观

企业。

4. 激发股东的主人翁意识

股东关系目前在我国还处于雏形阶段,在股份制公司工作的商务人员要正确评价入股行为,为争取"财源",应鼓励股东积极入股,同时要及时通报企业经营情况,取得股东的理解和支持,要鼓励股东为企业经营决策献计献策,要宣传和发动股东自觉地为企业的发展积极主动地开展宣传公关活动。

股东与企业之间的关系,不单纯是"投资—分利"的关系。企业应把股东作为"自家人",增强其"主人翁意识",使其与企业共荣共享,共进共退,休戚相关。股东本身可能是最大的主顾、最知己的顾客群或同舟共济的推销伙伴,应鼓励和吸引他们参与企业的生产与销售活动,利用他们广泛的社会关系扩大产品的销售网络。良好的股东关系不仅能保证和稳定企业财源,还可能意外地开辟新市场。

5. 让股东成为推销伙伴

(1) 尊重股东的主人翁意识,使股东掌握组织经营情况。

(2) 保证股东应有的经济权益:一是及时地发放真实的股金红利,二是保障股东要求退还或转让股金的权利。

(3) 培养股东对组织的感情。通过各种交往活动加强股东和组织双方的情感交流,使股东对组织产生亲切感和信任感。比如逢年过节,组织股东联谊会、茶话会、参观等各种活动,倾听股东对组织的意见和建议、对产品或服务的感想等,鼓励股东献计献策,吸引和鼓励股东参与组织经营活动,或向股东赠送本组织的产品。

6. 与股东保持有效的沟通

(1) 与股东保持热线联系。应及时将企业的情况向股东汇报,为股东提供全面准确的投资信息。

(2) 沟通的内容包括企业重大的经济决策、人事任免、重大成果等。企业有什么最新信息首先应该让股东知道,企业有什么新产品也应该让股东先试用,企业有什么重大失误也要通过适当的方式通报给股东。

(3) 与股东的信息交流要自始至终。从股东购入第一股股票起,至售出全部股票止,一直与其保持联系。国外优点公司,在股东购入第一股股票时,会发出由总经理签名的欢迎信,逢年过节,发出感谢信,股东抛出最后一股股票时则发出遗憾信。

(4) 传递信息的形式多种多样,可编写以股东为读者对象的刊物,召开股东大会,举办信息发布会、联谊会,安排股东参观企业等。

(二)上司关系

1. 尊重上司

(1)听从上司指挥,最重要的是对上司忠心,有时忠心可以弥补某些能力方面的缺失。

(2)能够及时完成上司交代的各项工作,最好在限定的时间里完成。这是跟上司搞好关系的根本。

(3)关心上司,除了在公事上辅佐上司以外,适度地为上司排忧解难。但是要掌握分寸,保持适当的距离,尊重上司的隐私。

(4)尊重上司,时刻注意维护上司的形象。在上司面前,保持谦虚的态度;在上司背后,不非议上司。关注上司的为人,上司出错时,如果上司是君子,其所造成的失误是会影响上司升职的正常的工作失误,那么,从大局出发,不妨主动代为受过。

(5)时刻注意自己的身份和地位,注意等级差别,认识到领导的权威与地位,从内心予以认可。对上司不直呼其名,不随便开玩笑,公开场合不直抒不满,任何时候不忘乎所以。

(6)提建议讲究方法。给上司提建议时,不要急于否定上司原来的想法,应先肯定其大方向,再有理有据地提出修正建议,同时,关注上司个性特点,有针对性地采取不同的建议方式。

2. 与上司有效沟通的方法

(1)重视沟通内容

①思想沟通。常言道"近朱者赤"。长期跟着上司耳濡目染,日积月累,也会形成类似的思维方式,看问题跟上司不谋而合,如出一辙,可以做到心有灵犀一点通。

②工作沟通。工作动态要经常沟通,形成共振,才能提高效率。

③信息沟通。上下级之间的信息传递有利于科学决策。

④情感沟通。与上司多接触,可使彼此关系更密切。

(2)注意沟通形式

①大胆建议。向上司提建议时,不必担心说错话或与上司想法不一致而影响相互关系,只有大胆提出建议,才能真正交流思想,真正触及问题本质。

②言辞辩证。为上司出谋划策,要懂得辩证法。客观地分析问题,言为心声,避免语言偏激。

③反应敏捷。上司询问有问有答、贵在精要,要机敏灵活地把握分寸。

(三) 下属、下级关系处理礼仪

1. 善于听取下属意见。要有亲和力，不要高高在上，要与下属打成一片，共进退。

2. 要尊重对方，尊重下属的权利、工作和人格，不颐指气使。下属具有独立的人格，不能因为自己是上级、有权指挥下级而损害其人格，这是为上司者最基本的修养，也是对下属最基本的礼仪。

3. 律他先律己。以身作则，不要双重标准，遵守各种规章制度，对下属宽容一点儿，对自己更加严格。

4. 善待有才干的下属。对下属的长处应该予以肯定和赞扬。学会赞扬下属，掌握赞美下属的技巧。比如夸其能力、工作手段、工作成效、审美等，且夸赞要真诚、及时。

5. 宽待下属，勇于承担责任。出现问题，不要推卸责任。要心胸开阔，以宽大的胸怀对待下属。

6. 批评要委婉，点到为止，就事论事，不要翻旧账、算总账，不要放大错误，也不要否定其人格、能力。

(四) 平级同事关系

1. 处理与平级同事关系的要求

(1) 真诚地关心别人。必须认识到，工作要顺利进行并取得成果，上司的信赖固然重要，同事的支持和合作也必不可少。要取得同事的支持和合作，就应该主动地、真诚地关心同事，更要付诸行动。首先要以谦虚、平等的态度对待同事，工作上应多体谅同事的难处，尽力给予帮助。其次要关心同事的生活和情绪，抽空多与同事接触，与他们谈心，以增加了解，消除隔阂，促进友好合作。

(2) 坚持平等友好。同事之间应尽量做到平等友好，而不要对某些人特别亲密，对某些人疏远。即使与某位同事特别情投意合，也应注意在公务场合不要表现出来。如不要经常同进同出、同桌吃饭、闲时聊天等，以免遭到其他同事的嫉妒或被上司怀疑搞小团体。

(3) 积极维护团结。维护同事间的团结，维护上下级之间的融洽关系，归根到底是为了维护整个组织的利益。

2. 同级关系的处理艺术

(1) 处理矛盾的艺术：要"治人"先"治己"。出了问题，先从自身找原因，从而产生强烈的"治人效应"，化解矛盾，解决问题。同事中出现意见分歧时，要能客观居中、不偏不倚。同事之间出现分歧，产生矛盾是正常现象，适时回避，能起到"釜底抽薪"的作用，使对方头脑冷静，便于解决问题。

(2)增进同级间感情的艺术：主动沟通；善于选择沟通交谈的时机、场合和对方感兴趣的话题；态度谦虚诚恳；善于体察对方心理，因势利导，循循善诱地深入；讲究语言艺术；相逢开口笑；善于"制怒"；关键时刻送温暖；求同存异。

3. 处理平级同事关系的方法

(1)公开竞争，权责分明。同事之间既有合作又有竞争，应明确权责，在自己的工作范围里施展才华，不侵占同事的业务领域。工作分工不分家。每个人都有自己的职责，一般来说，我们提倡商务人员在力所能及的范围内积极地应对别人的求助，不要推诿。只有在自己不能提供帮助时，才明确拒绝并说明理由。

(2)不与小人抢功争名。工作中有许多同事喜欢偷懒，把难事推给别人做，而在有了好结果的时候来抢功争名。工作中，这种小人不在少数，任何一份工作都可能遇到这样的人。在这种情况下，也要维持良好的工作关系。当你能帮助他人的时候，不要纠结，多帮助他人。当你不能帮忙的时候，要明确地告诉对方原因。当辛苦工作出成果时，如有人想抢你的功劳，要让着他。平级之间，敢于与你争功，或敢于把自己分内的工作先推给你，等做出成果的时候，再抢回功劳的人，基本上就是小人。对于小人，我们一定要敬而远之。敬的前提是表现出处处让着他，多尊重，多宽容，多帮忙，不要否定他，抗拒他，打击他。因为小人不按常理出牌，什么时候陷害你你都不知道。

(3)不传播流言蜚语，不议论同事隐私。同事当中，无论是君子还是小人的是非都不要传播。

(4)不拉帮结派。同事之间，君子之交，越淡越好。"淡"是指不要跟人疏离，也不要拉帮结派。同事地位相当，永远是不远不近，遵守社交距离为好。

(5)经济往来一清二楚。同事之间可能会发生馈赠礼品、借钱借物等物质往来，应认真对待，切忌轻易遗忘，引人误会。在物质利益上占人便宜，无论是有意为之，还是无心之过，都会让人心生不快，降低自己在对方心目中的人格地位。

(6)特别注意：与异性同事相处，要保持一定的空间距离。不要把私生活带入职场，与异性同事的情感应控制在友谊范围内。工作交谈时，不要对异性过多倾诉私生活，偶尔开玩笑不能流于低俗，不可有不必要的肢体动作；注意语言文明，不说脏话，说话不嗲声嗲气。

4. 影响同事关系的五种言行

同在一个单位或一个办公室，搞好同事间的关系是非常重要的。以下五种言行如果平时不注意，很容易把同事间的关系搞僵。

(1) 有好事不通报

单位里发物品、领奖金等，如果你先知道了，却一声不响地坐在那里，几次下来，别人自然会有想法，觉得你太不合群，缺乏共同意识和协作精神，以后有这类好事，也就有可能不告诉你，如此下去，彼此的关系就不会和谐了。

(2) 进出不互相告知

如果你请假不上班，或临时外出，要与同事打个招呼。这样，倘若领导或熟人来找，也可以让同事有个交代。如果你什么都不愿说，进出神秘兮兮的，受到影响的恐怕还是自己。互相告知，表明双方互有的尊重与信任。

(3) 不说可以说的私事

有些私事不能说，但有些私事说说也没有什么坏处。比如可以聊聊你的男朋友或女朋友的工作单位、学历、年龄及性格脾气等；如果你结了婚，有了孩子，就可以聊聊关于爱人和孩子的话题。这些话题可以增进了解，建立信任。

(4) 有事不肯向同事求助

轻易不求人是对的。但是有时求助别人反而能表明你对别人的信赖，融洽关系。比如，你身体不好，你同事的爱人是医生，你可以拜托同事进行介绍。倘若你偏不肯求助，同事知道了，反而会觉得你不信任人家。你不愿求人家，人家也就不好意思求你；你怕人家麻烦，人家就以为你也很怕麻烦。良好的人际关系是以互相帮助为前提的。当然，求助要讲究分寸，尽量不要使他人为难。

(5) 拒绝同事的"小吃"

如果同事带点水果、瓜子、糖果之类的零食到办公室，休息时分吃，你不要一概拒绝。有时，同事中有人获了奖或评上了职称，表示要请客，你要尽可能积极参与。如果人家热情分送，你却每每冷拒，时间一长，难免给人以清高和傲慢的印象，觉得你难以相处。

三、办公室人际关系禁忌

国外有企业家针对白领阶层归纳出13条职场戒律，分别以一种动物或物体做比喻，基本道出了商务职场中人际关系应该避免与克服的表现，商务人员应该避忌。

1. 没有创意的鹦鹉：只会做机械性的工作，不停地模仿他人，不会寻求自我创新、自我突破，认为多做多错，少做少错。

2. 无法与人合作的荒野之狼：丝毫没有团队精神，不愿与别人配合、分享自己的劳动，也无视他人的意见，只知自顾自地工作，离群索居。

3. 缺乏适应力的恐龙：对环境无法适应，对市场变动经常无所适从或不知所措，只知请教领导，也不能接受职位调动或轮调等工作改变。

4. 浪费金钱的流水：成本意识很差，常无限制地任意申报交际费、交通费等，不注重生产效率。

5. 不愿沟通的贝类：有了问题不愿意直接沟通或羞于讲出来，总是紧闭着嘴巴，任由事情恶化，没有诚意。

6. 不注重资讯汇集的白纸：对外界信息反应不敏锐，不肯思考、判断、分析，也不愿搜集、记忆有关信息，懒得理会"知己知彼，百战百胜"这句名言。

7. 没有礼貌的海盗：不守时，常常迟到早退，服装不整，讲话带刺，不尊重他人，做事或散漫或刚愎自用，根本不在乎他人。

8. 缺少人缘的孤猿：嫉妒他人，只对别人的成就飞短流长而不愿意向他人学习，以致在需要帮助时没人肯伸手援助。

9. 没有知识的小孩：事事仍然需要别人的照顾，生活能力极差；对工作也需一点一滴交代得十分清楚，否则干不好。对社会问题及趋势从不关心，不肯充实专业知识，很少阅读专业书籍及参加各种活动。

10. 不重视健康的幽灵：不注重休闲活动，只知道一天到晚地工作，常常闷闷不乐，工作情绪低落，自觉压力太大，并用这种压力影响别人。

11. 过于慎重、消极的岩石：不会主动工作，因此很难掌握机会，做事情前先发出悲观论调，列出一大堆不可能，同时对周围事物也不关心。

12. 摇摆不定的墙头草：从没有自己的观点，永远只是附和别人的意见。更重要的是一遇到公司纷争，哪边势力大就倒向哪一边，并煽风点火，一旦这方失势，又马上倒向另一方。

13. 自我设限的家畜：不肯追求成长、突破自己，不肯主动挑起力所能及的担子，抱着"努力也没用，薪水够用就好"的心态，人家给什么就接受什么。

第三节　办公区域的使用礼仪

办公室是处理公司业务的场所,办公区域的礼仪不仅是对同事的尊重和对公司文化的认同,更是每个人为人处事、礼貌待人的最直接表现。办公区域范围内,打电话、接待、会议、网络、公务、公关、沟通等都有各式各样的礼仪。

一、办公区域礼仪关注的问题

办公区域是指一个单位的办公室、楼道、电梯、餐厅、茶歇间、洗手间等员工共同使用的区域。

1. 分清哪些是公共区域哪些是个人空间。

2. 保持工位的整洁。在办公室中要保持工位整洁、美观大方,避免陈列过多私人物品。

3. 控制谈话声音和距离。在和他人进行电话沟通,或面对面沟通的时候,要适当控制音量,两个人都能够听到就可以了,避免打扰他人工作。即使电话信号不好时也应该这样。

4. 尽量避免在办公区域用餐。有些公司员工中午是在自己的工位上就餐的,这不是一个良好的商务习惯,应该尽量避免在自己的工位上进餐。实在不能避免的情况下,尽量节省用餐时间,或者就餐完毕后迅速通风,以保持工作区域的空气流通。

二、办公区域的礼仪范围

1. 办公室行为细节

(1)办公室内严禁吸烟、喝茶、看报和闲聊。

(2)进入他人办公室必须先敲门,再进入。已开门或没有门的情况下,应先打招呼,如说出"您好""打扰一下"等词语后,再进入。

(3)传话时不可交头接耳,应使用记事便笺传话。传话给客人时,不要直接说出来,而是应将事情要点转告客人,由客人与待传话者直接联系。

(4)退出时,按照上司、客人的顺序打招呼退出。

(5)会谈中途上司到来时,必须起立,将上司介绍给客人,向上司简单汇报会谈的内容,然后重新开始会谈。

2. 办公室工作秩序

(1)上班前的准备。上班前应充分计算时间,以保证准时出勤。作为一名社会人、一名公司员工,应以文明行为出现在社会、公司。如果发生缺勤、迟到等现象,应提前跟上级联系(最好提前一天)。

(2)计划当天的工作内容。

(3)工作时间要求。在办公室不要私下议论、窃窃私语。办公桌上应保持清洁,办公用品摆放整齐,以饱满的工作态度投入到一天的工作中。离开座位前,将去处、时间及办事内容写在留言条上以便他人安排工作,并将机密文件、票据、现金和贵重物品存放好。离开座位时,将办公桌整理好,椅子放回办公桌下。

三、办公区域行为礼仪

(一)引路礼仪

1. 在走廊引路时

(1)应走在来宾左前方2~3步处。

(2)引路人走在走廊的左侧,让来宾走在路中央。

(3)要与来宾的步伐保持一致。

(4)引路时要关注来宾,适当地做些介绍。

2. 在楼梯间引路时

遵从"以右为尊"原则,使来宾处于右前方,引路人处于左后方,两者相距约1米。适时伸出手臂引领示意。

3. 途中要注意引导提醒客人

拐弯或有楼梯台阶的地方应使用手势,并出声提示来宾"前面直走""前面右拐"或"前面上(下)楼梯"等。

(二)开门礼仪

1. 向外开门时,先敲门,打开门后把住门把手,站在门侧,用手势引领来宾"请进"。进入房间后,用右手将门轻轻关上。请来宾入座,安静退出。此时可使用"请稍候"等语言。

2. 向内开门时,敲门后,自己先进入房间,侧身,把住门把手,用手势引领来宾"请进"。轻轻关上门,请来宾入座后,安静退出。

(三)办公室用餐礼仪

现代社会工作节奏快,商务人士常常加班加点,有时会在办公室加班过程中用餐。在办公室中,与同事一起进餐是件方便、愉快的事,但这时需注意用餐礼仪,以免破坏了你已在同事心中树立的良好形象。在办公室用餐时应注意以下礼仪规范。

1. 心无二用

用餐时应放下手头工作,专心用餐。"民以食为天",即使在办公场所用餐也是如此。不要随意打断别人用餐，以免影响同事的食欲。

2. 用餐完毕要立即着手清理

用餐后将桌面擦拭干净，开窗通风，保持办公室空气清新。开口的饮料罐，长时间摆在桌上有损办公室美观，也应尽快扔掉。如果不想马上扔掉，或者想等会儿再喝，应把它藏在不被人注意的地方。食物掉在地上，要马上捡起扔掉。

3. 办公室用餐要注意吃相文雅

吃饭时不要随意讲话，特别是嘴里含有食物时，不要贸然讲话。他人嘴含食物时，最好等对方咽完再对他讲话。由于大家围坐一堂，难免有人讲笑话，因此要防止大笑喷饭的情形。

4. 不要用筷子指人，也不要拿着自己的碗四处游走甚至蹭饭。

5. 选用食品要慎重

尽量避免选择刺激性太强的食品，选择的食品要方便、干净、利落。有强烈味道的食品，尽量不要带到办公室，如臭豆腐、大蒜、韭菜、洋葱、榴梿等，不要现场冲泡方便面。这些食物即使你喜欢，也会有人不习惯的，而且其气味会弥漫在办公室里，有损办公环境和公司形象。

吃汁水四溅以及声音很响的食物，会影响他人，最好不吃。

6. 在办公室吃饭，拖延的时间不要太长

他人可能要及时进入工作，也可能有性急的宾客来访。

（四）电梯、楼梯使用礼仪

电梯内有人时，无论上、下都应外来宾客、上司优先；电梯没有其他人的情况下，应在宾客之前进入电梯，按住"开"的按钮，请来宾进入电梯。到达相应楼层出电梯时，应按住"开"的按钮，请客人先下。

多人乘坐电梯，进入电梯后，先期进入电梯者应靠里边站立，以免阻挡他人进入电梯；电梯内已有很多人时，后期进入者应面向电梯门站立。

在走廊、楼梯、电梯间走路时，要舒展肩背，不要弯腰、驼背。步幅平稳均衡，有急事可快步行走，但不可奔跑。在走廊、楼梯行走，应靠右侧通行。

1. 有序乘坐电梯，不争抢推搡。

2. 迎送宾客要合乎礼仪。抢先按钮、确定楼层；礼让来宾，先进先出。

3. 保持安静。不在电梯里谈论工作或议论他人，不大声交谈。

4. 上下楼梯让女士处在楼梯下方。上楼梯时，男士领先；下楼梯时，男士后下。

5. 上下自动扶梯，记得"右立左行"，站在扶梯右侧，留出左侧做应急通道。

(五)会议室的使用礼仪

1. 使用会议室之前要先申请，在批准时段内使用。
2. 会议之前如需布置会场，会议结束后应恢复原样。
3. 使用小会议室，桌面或地上如有污损或脏乱，离开时随手用抹布或吸尘器清理，以保持会议室的清洁。
4. 借用影像投影等设备，或美工文具用品，会议结束立刻归还。
5. 纸杯用后放置于垃圾桶。
6. 个人物品如衣服或书包，应摆放整齐，勿置于桌上。
7. 下雨天使用的雨伞等，应放置于室外走廊，以防止会议室湿滑。

(六)洗手间的使用礼仪

出入洗手间时不要用力过猛，将门拉得大开或者撞得很响。

在洗手间里的时间不应太长，使用洗手间时应自觉保持洗手间的清洁卫生，不应在洗手间里信笔涂鸦。

使用洗手间后一定要自动放水及时冲洗，并关好水龙头；纸屑应扔进纸篓；不要在洗手间内乱扔其他东西；注意保持洗脸池的清洁，不留脏水和污物。不要随手拿走洗手间里备用的卫生纸。

走出洗手间之前，应把衣饰整理好。不要一边系裤扣或者整理衣裙一边往外走，否则会显得很不雅观。

1. 遵守秩序。
2. 遇到同事要打招呼，不宜刻意回避，尽量先开口和对方搭话。
3. 勿与上司同时进入洗手间。
4. 注意在洗手间内简短、轻声交谈，或不交谈。
5. 讲究公共卫生，保持洗手间整洁。

第四节　办公设备的使用礼仪

传统的办公室设备有办公桌椅、电话、文件档案柜、报架、图片架、图书资料等。现代化的办公设备则增加了传真机、复印机、口授打印机、录音机、录像机以及以电子计算机为核心的科学管理信息系统。

一、设备环境

现代化的设备环境要求办公室日益强化和完善以下功能：

(一)办公设备功能

1. 数字计算功能。工作人员可通过电子计算机完成所需的各种计算。

2. 文字处理功能。工作人员能迅速处理各种业务文件、图片、报表。办公设备还具备编辑、转换、存储、识别和处理功能。

3. 信息查询功能。利用办公室自动化系统,能迅速查到所需的各种信息资料。

4. 通信功能。能实现传真、计算机网络等多种方式的通信,并能自动记录、存储、发送信息。

5. 管理和辅助决策功能。现代行政管理事务繁杂,信息量大,解决一个问题的方法很多,如何选择最佳方案,以提高决策和管理水平,是我们面临的重要课题。

(二)购买或更新设备时应遵循的原则

近年来,国际上办公自动化设备发展很快,各种型号的机器相继出现,使工作效率大大提高。购买或更新设备时应遵循以下原则:

1. 有利于提高办公效率。

2. 舒适安全,坚固耐用。

3. 性能良好,操作方便。

4. 用途广泛,与原有设备配套。

5. 设计美观,有利于环境建设。

6. 符合需要,节约资源。

(三)设备财产安全

办公室的设备、文件、档案以及仓库、金库是公司的财产,应该实行严格的安全防护措施,以防止盗窃、拐骗、泄密等现象的发生。除要有严格的制度作为保障外,还要购置必要的保险设备,并配有专人和专职部门负责这项工作。特别是机密文件的保护,更要从细、从严,必要时要配备武装警卫人员守护,从外围加强安全措施。

二、办公设备使用

这里的办公设备,指公用电脑、电话、打印机、传真机等。

(一)办公电话的使用

1. 拨打电话的基本程序及技巧

掌握拨打电话的技巧,便于提高通话效果、正确表达。

(1)电话机旁应备记事本和铅笔

即使是人们用心记住的事,经过 9 小时,遗忘率也会高达 70%,日常琐事遗忘得更快。

若在电话机旁放置记事本、铅笔,当他人打来电话时,就可立刻记录主要事项。如不预先备妥纸笔,就会措手不及、东抓西找,不仅耽误时间,而且会搞得自己狼狈不堪。

(2)先整理电话内容,后拨电话

给别人打电话时,如果想到什么就讲什么,往往会丢三落四,忘记了主要事项还浑然不觉,等对方挂断了电话才恍然大悟。因此,应事先把想讲的事逐条逐项地整理记录下来,然后再拨电话,边讲边看记录,随时检查是否有遗漏。另外,还要尽量在 3 分钟之内结束通话。实际上,3 分钟可讲 1000 个字,相当于两页半稿纸上的内容,按理是完全能行的。如果一次通话用了 5 分钟甚至 10 分钟,那么一定是措辞不当,未抓住纲领、突出重点。

(3)通话前的准备

情绪准备。打电话要保持愉快的心情,当不顺心的时候,尽量不要打电话,以免怒气通过话筒传到对方;非打不可时,一定要控制好自己的情绪,千万不能表现出不耐烦的态度,更不能因自己不称心而迁怒于对方。

内容准备。拨号前,要在记事本上逐一列出将要谈的事项,或者打好腹稿,以便在电话中讲清楚,避免遗漏。同时,如果有几件事情同时要说,要考虑其先后顺序。手头还应准备好通话时所需的文件、数据。

工具准备。应准备的工具主要包括最新的企业黄页、自编的常用电话号码表、国内外城市直拨电话区号(代码)、世界各地时差表以及记录用的笔、纸(或电话记录单)等,以便节约时间,提高效率。

拨号准备。拨号之前一定要查对清楚预打电话的号码以及预找之人的姓名、职务或身份,不能先摘机再查对,否则更是对电话资源的无效占用。

(4)选择合适的时间

打电话时,要考虑对方的时间,尽可能在对方方便的时候打电话。一般的公务电话最好避开刚一上班或临近下班的时间,这些时段,人们一般不太愿意被电话打扰。往国外打电话,还要注意时差。

(5)正确拨号,耐心等待

摘机后要立即拨号,拨号时要集中精力,以免拨错。拨叫电话要有耐心,要考虑到对方接电话的人可能恰巧不在电话机旁,要将对方在听到铃声后从其他地方走过来所需要的时间考虑进去,确认对方没人应答再挂机。如果听到占线的忙音,应暂时挂断电话,过一段时间后再重新拨叫。

(6) 及时自我介绍

自我介绍是通话的基本礼节。

电话接通后,如果对方未自报家门,首先应用亲切的语调向对方问好并确认对方,在得到对方确认后,主动自报家门,报出自己的工作单位、姓名、职务,说明来意。如果对方已自报家门,便可直接进行自我介绍并"直入主题"。如果接电话的正是你要找的人,便应亲切地称呼对方。如果找不到要找的人,千万不要"咔嚓"一声挂断电话,而应表示谢意或给对方留言。

(7) 清楚陈述

简明扼要、准确清楚地陈述预先准备好的电话内容,特别重要和容易弄错的地方,如双方约定的时间、地点、谈妥的产品数量、种类,认同及分歧的地方,确定的解决方案等,可以重复,确认对方已明白无误地听清记住。

(8) 道别挂机

通话结束,使用"谢谢!""再见!""请多多关照!"等礼貌告别用语,然后轻轻挂机。挂机时应先把耳机一头朝下,按住叉簧,切断通话,再放下话筒。

(9) 其他应注意的问题

如果不慎拨错了电话,要及时道歉,绝不可一挂了之,道歉的态度要诚恳,话不必多。

如果线路出现故障,电话临时中断,作为拨出的一方,应主动将电话拨回去,并向对方解释和道歉。

通话过程中如有紧急事项非马上处理不可,须向对方道歉,处理完毕接着通话时,应再次致歉;如果处理的时间较长,可与对方另约时间通话。

对于一些啰唆的电话,要学会及时摆脱,运用语言技巧,及时结束冗长的、难对付的谈话。

2. 拨打电话流程

打电话者:准备通话提纲—核查对方号码—拨出电话—主动自我介绍—确认对方身份—陈述内容—复述通话内容—道别挂机—整理记录。

3. 接听电话的基本礼仪

(1) 停止一切不必要的动作

拨打电话一方注意到你在处理一些与谈话无关的事情时,会感到你分心,这是不礼貌的表现。

(2)使用正确的姿势

如果姿势不正确,不小心让电话听筒从手中滑下来,或掉在地上,发出刺耳的声音,会令对方感到不满意。

(3)面带微笑迅速接起电话

虽然对方看不到你,但通过你的声音,可以感受到你的热情或冷漠。

(4)接听电话时应注意的内容

记忆口诀	详解	正误做法
铃响三声内接起	如果你让电话铃响的时间过长,对方可能会情绪不悦,甚至挂断电话而造成损失。	
主动问候并介绍	一拿起电话就应清晰说出自己的全名,有时也有必要说出自己所在单位/部门的名称。	正:"你好!我是×××公司的×××。" 误:"喂,找谁?"
对方身份礼貌问	千万不要唐突地问"你是谁"。	正:"请问您是哪位?" "对不起,可以知道应如何称呼您吗?" 误:"你是谁?"
适当回应表倾听	当听到对方的谈话很长时,必须有所反应表示你在听。	正:"是的。""好的。" 误:"说,讲!"
搁置电话勿长久	对于必须搁置的电话,除了应给予说明,并对造成的等候致歉外,每过20秒还要留意一下对方,询问对方是否愿意等下去。	正:"抱歉,我帮您查一下,请稍等片刻。" "您是稍候片刻,还是过一会儿我再给您打过去?" "××先生,我已经快替您找完了,请您再稍候片刻。"
转接电话要迅速	每个人都必须学会自行解决电话问题,如果自己解决不了再转接到正确的分机上,并要让对方知道电话是转给谁的。	正:"我们经理会替您处理好这件事,现在请他和您通话好吗?" 误:"这件事情不归我管,你找别人吧!"
礼貌感谢后挂断	在电话结束时,应用积极的态度,同时要使用对方的名字来感谢对方。	正:"××先生,感谢您的来电!再见!"

(5)通话中其他注意事项

① 语调：注意接听电话的语调，让对方感觉到你是非常乐意帮助他的，在你的声音中能听出你在微笑。

② 语速：注意说话的速度。

③ 措辞：注意接听电话的措辞，绝对不能用任何不礼貌的语言使对方感到不受欢迎。

④ 环境：注意双方接听电话的环境。

⑤ 线路故障：注意当电话线路发生故障时，必须向对方确认原因。

⑥ 双方态度：注意打电话双方的态度。

⑦ 称呼：要经常称呼对方的名字，表示对对方尊重。

(二)公用电脑的使用礼仪

1. 遵循工作优先原则。正事优先，急事优先，谨记紧急、重要的工作优于一般工作。

2. 公用电脑要注意保养。及时升级电脑，定期清理电脑，先杀毒后使用，尽量使用移动存储设备，或先发到自己的邮箱再存储下来。定期使用医用酒精进行外机消毒。

3. 合理使用公用电脑，不要随意删除、安装程序文件，出现问题要及时修复。使用过程出现故障时，要停止使用并关闭电源，并在设备上贴纸表明电脑故障，如"有故障、待修复"等，以提示他人。

(三)传真机的使用礼仪

1. 发传真前先给对方打电话确认。

2. 在传真上注明相关信息，包括接收单位、部门、人员名称和发件方的电话号码。在文件最前面标明文件个数和页数。

3. 不要传真太长的文件，最好控制在10页以内，否则分两次发送。发送太长的文件可以考虑电子文档等途径。

4. 机密文件不使用公用传真机，否则容易泄密。

5. 传真要注意格式、称呼和敬语，还有发送者姓名与发于何时何地。

6. 传送完毕要打电话与对方确认，看对方是否收到、收齐。

7. 使用完毕要做详细登记。

三、网络通信礼仪

(一)网络道德

在互联网上与人相处时，不能因为彼此不会谋面就表现粗鲁。在使用网络时，要注意以下几点：

1. 使用电子邮件的场合。一条基本原则是，在体面的个人交流中，手写的信函和便条仍然是首选。

2. 公私分明。不要在办公电脑上收发私人电子邮件。私人交往时，尽可能给对方留私人电话号码。

3. 规范上网。在使用网络时，必须对网上漫游的一系列规则有充分的认识，并严格遵守。

4. 注意网络语言的礼貌。不要在网络上攻击他人，不发布虚假信息。不使用网络暴力。

(二)邮件的收发

1. 不可随便发送无聊、无用的垃圾邮件。

2. 注意保密。电脑不是安全存款箱，所以不宜在国际互联网上发送涉及秘密的电子邮件。

3. 文件的电子管理

在工作中，电子邮件的使用十分重要。电子邮件中有几个比较重要的词：发送、抄送、密送。

(1)发送：即点一下把文件、信件送出去。涉及受理文件的人及与主要问题相关的人。一般来说，发送文件后会收到对方的回复。发送直接对应的是发送的对象，范围不广且有限，不会扩散。

(2)抄送：邮件只是发给相关人员，但在整个邮箱系统里类似身份的人并不只有一个。抄送的意思就是今天只是将文件、邮件发给A，但对于B、C、D来说，目前并不需要，以后有可能会需要，因此发给A的文件都可以阅读一下。

如：小李有工作需要找另外一个部门的小王帮忙，但小王不是他们部门的负责人，他有自己的领导，如果小李和小王没有什么交情就直接找小王做事，小王可能不会理睬，这时小李要发送一份邮件给小王，同时要将这份文件抄送给小王的直接领导，让小王知道他的直接领导知道外部门有求于他，并且不能拒绝小李的要求。如果小王因为帮小李的忙而占用了本职工作的时间，领导事先知道缘由也无法责怪小王。

小王和小李是直接联系人，和小王的领导没有关系，但小王的领导是抄送的对象。

(3)密送：密送的一定是需要保密的文件，而且阅读对象只能是某个特定的人或特定级别的领导，这种文件只能通过秘密渠道发送，其他人员无法看到。

发送和抄送的文件、邮件可以转发，范围较广。所以这些邮件、文件必须有鲜明的主题,主题不能空白。众多邮件中,主题空白的文件可能会被归为垃圾文件直接删除。设置主题时要把前两个字或核心凸显出来。公私邮件一定要分开管理。

案例分析

EMC 邮件门事件

某日晚,EMC 大中华区总裁陆纯初回办公室取东西,到门口才发现自己没带钥匙。此时他的私人秘书瑞贝卡已经下班。陆纯初试图联系后者未果。数小时后,陆纯初还是难抑怒火,于是在凌晨 1 时 13 分通过内部电子邮件系统给瑞贝卡发了一封措辞严厉且语气生硬的"谴责信"。

陆纯初在这封用英文写就的邮件中说:"我曾告诉过你,想东西、做事情不要想当然!结果今天晚上你就把我锁在门外,我要取的东西都还在办公室里。问题在于你自以为是地认为我随身带了钥匙。从现在起,无论是午餐时段还是晚上下班后,你要跟你服务的每一名经理都确认无事后才能离开办公室,明白了吗?"(事实上,英文原信的口气比上述译文要激烈得多)陆纯初在发送这封邮件的时候,同时传给了公司的几位高管。

面对大中华区总裁的责备,瑞贝卡用中文写了一封邮件,口气咄咄逼人地回复:

第一,我做这件事是完全正确的,我锁门是从安全角度考虑的,否则一旦丢了东西,我无法承担这个责任。

第二,你有钥匙,你自己忘了带,还要说别人不对。造成这件事的主要原因都是你自己,不要把自己的错误转移到别人的身上。

第三,你无权干涉和控制我的私人时间,我一天就 8 小时工作时间,请你记住中午和晚上下班的时间都是我的私人时间。

第四,从到 EMC 的第一天到现在为止,我工作尽职尽责,也加过很多次班,我没有任何怨言,但是如果你们要求我加班是为了工作以外的事情,我无法做到。

第五,虽然咱们是上下级的关系,也请你注意一下你说话的语气,这是做人最基本的礼貌问题。

第六,我要在这儿强调一下,我并没有猜想或者假定什么,因为我没有这个时间也没有这个必要。

本来,这封咄咄逼人的回信已经够令人吃惊了,但是瑞贝卡选择了更加过火的做法。她回信的对象选择了"EMC(北京)、EMC(成都)、EMC(广州)、EMC(上海)"。这样一来,EMC 中国公司的所有人都收到了这封邮件。

结果毫无悬念,第二天,瑞贝卡被迫离开了公司。

(选自华洁芸:《现代秘书实务》,首都师范大学出版社,2007)

思考题

1. 如果每个员工都可以利用群发系统发泄怨气，公司会陷入怎样的混乱？
2. 一味忍受确实不是好办法，但不顾后果的宣泄是好办法吗？
3. 作为公司总裁，陆纯初对待下属的做法合乎职场礼仪吗？为什么？

(三)邮件保密

使用密码是防止偷窥的最佳方式。有几点需要注意：

1. 保管好你的密码。
2. 密码设置要复杂。最安全的密码是包括数字、标点和大小写字母等的多符号组合。
3. 认真选择邮件发送对象，严格发出程序。
4. 不可公邮私用，也不可私邮公用。
5. 如果你认为自己会忘记密码，写下来做个备忘录。

案例分析

希拉里"邮件门"事件

2009年至2013年，希拉里任国务卿期间利用私人电子邮箱和位于家中的私人服务器收发公务邮件，其中包括一些涉及国家机密的绝密邮件。这批邮件一共有6万多封，在调查开启之前，其中3万多封已经被希拉里团队以涉及私人生活为由删除了，只剩下另外约3万封邮件可供调查。

2015年7月，美国联邦调查局（FBI）启动对这件事情的调查，然而，这一次的"邮件门"危机被希拉里糊弄过去了。在接受FBI调查时，她不断以"不记得""不清楚"来回答问题。当被问及如何保存政府文件、处理涉密信息等相关问题时，希拉里至少有39次用"忘记了""想不起来"来应答。

第二天，美国司法部长决定，不会对希拉里提出指控。但是，就在美国司法部宣布不指控希拉里的两周之后，阿桑奇领导下的维基解密公布了希拉里乙方民主党委员会内部约2万封的绝密邮件，所有邮件中主要讨论的当然是怎么把希拉里送上总统宝座。

希拉里在联合国大厦亲自召开了新闻发布会，对"邮件门"首度做出回应。站在以毕加索名画《格尔尼卡》为图案的挂毯前，面对100多名记者期待的眼神，希拉里坚定地说："我完全遵守政府的每一项规章制度。"希拉里拿出多条理由一一反驳对她的指控，说使用私人邮箱只是"图个方便"。

希拉里的解释并未平息外界对她的质疑。11日，美联社正式起诉美国国务院，通过法律途径敦促美国国务院立即公开希拉里担任国务卿期间的邮件和若干政府文件。12日，美国国务院发言人普萨基称，希拉里在任国务卿期间并没有使用政府提供的黑莓手机。美国国务院公布的这一消息，使得已经深陷"邮件门"的希拉里处境更加尴尬。

思考题

1. 如果在与同事相处时遇到小人，不仅故意推卸工作，还在工作完成后邀功争利，该如何处理这个棘手的问题？

提示：不要一味忍气吞声，但要视对方职位来处理，轻易不要得罪小人。有句话说"宁得罪君子，不得罪小人"。平常多注意与他人的交流，谨言慎行。

2. 遵照办公环境礼仪，商务人士应该如何管理自己的办公区域？

3. 邮箱是自己使用的，只要密码不广而告之，使用于工作或私事无须分开。这种想法对吗？为什么？

4. 使用手机、电脑、网络时，你关注过数码礼仪吗？有无必要关注？应该怎样关注？

第四章　商务会议礼仪

商务会议是企业开展商务活动的重要构成部分。对内，议事决策、布置落实、推进进程、协调督促等，通常通过会议来完成；对外，行业交流、营销公关、拓展市场、达成合作、产品研发、引进技术等业务，也通过会议完成。商务会议在企业的生存、发展中具有不可替代的作用。

成功举行一次商务会议，离不开与会各方代表对会议礼仪的遵从。

第一节　商务会议主办方礼仪

对主办方而言，会议礼仪从会议开始到会议结束贯穿始终，本书着重从会前准备和会后收尾两方面加以阐述。会议进行中的大量工作，一般由商务秘书承担，此处不作赘述。

一、会议前的准备工作礼仪

（一）会议要有计划

会议计划是会议成功的前提。这里的计划，主要是做好会前筹划方案。商务人员会前筹划涉及五个方面。

1. 会议主题和内容要符合礼仪规范

会议必须有主题和会议内容，有目的，有组织，有领导。主题一定要考虑礼仪细则。多方参与的会议在拟定会议内容时要考虑与会人员的身份、地位以及各种禁忌，如海峡两岸的商务会谈应尽量避免政治类的会议内容。

2. 会议地点的选择要合适

会议场地的选择是会议成功的基础条件，只有选择和公司相匹配的场地，才可以为会议增色，因此，公司对如何选择会议场地都非常重视，选择一个能让会议组织者和与会者都满意的会议场地非常重要。面对众多的场所，应如何选择会议地点呢？

（1）会议地点要符合会议的目的。以休闲娱乐为主的会议可在度假村和名胜风景区举办；展示会可在展览中心举办。

（2）会议地点的选择要考虑与会人员参加会议的便利性和与会人员的安全性。

（3）选择会议地点的操作程序

①列出可供选择的清单

必须制作一个会议场所清单表，清单表上需注明会议要求的所有重要条件。如果清单设计合理，将有利于各个场所的比较和选择。

②选择合适类型的场地

选择合适的会议场地，必须依据当地可提供的会议资源状况及该会议的程序、预计的与会人数、与会人员的背景情况，以及最重要的会议目的、目标和与会者的偏好等因素综合考虑。

③会议类型与场地的搭配

举办培训活动的最佳环境是能提供专门工作人员和专门设施的成人教育场所（公司的专业培训中心或旅游胜地的培训点）。

研究和开发会议需要有利于沉思默想、灵感涌现的环境（培训中心或其他安静场所最为适合）。

重大的奖励、表彰型会议一定要有档次，要引人入胜，会议的目的是对员工的杰出表现予以奖励。

对于交易会和新产品展示会，需要选择有展厅的场所，还要求到达会场及所在城市的交通必须便利。

④会议地点事宜

在考虑现场参观之前，先检查一下是否已具备了前提条件：

报价方接受和同意会议明细表中各项事宜；

报价方应是候选名单中较好的一个；

对报价方拟订的合同条款基本接受。

⑤亲临现场实地考察

定位要准。确定是以一个普通客人的身份不宣而至，去考察酒店对客人的接待情况；还是事先通知酒店，以贵宾身份前往，考察酒店是如何接待贵宾。

⑥考虑另一家酒店作为"备选"

总之，在选择会议场地时，每一个细节都非常重要，应该首先列好细节上需要注意的地方，这样才可以解决好如何选择会议场地的问题，选择一家让大家都满意的会议场所。

3. 会议人员的确定要合理

根据会议的目的、内容合理地确定与会人员的范围。会议人员确定要遵循"多一个错误，少一个也错误"的原则。

4. 会议邀请

会议通知要提前，以恰当的方式通知与会人员，如书信通知、发邀请函等，避免邮箱、微信通知或直接拨打电话通知。

5. 会期和会议程序的安排礼仪

(1)会期不宜太长。

(2)会议程序要考虑人的精神和生理状况。上午人的精力通常比较旺盛，可安排学习或大会发言；下午精力次之，可安排讨论以活跃气氛。

(二)商务会议要有相关物质准备

主要是会场布置和会议用品准备，音响设备和生活设施要配备齐全并安全可靠，要万无一失。

1. 会场气氛布置

会场布置是指根据会议的内容，选择适当的背景色调或摆放会议物品，悬挂突出会议主题的装饰物等，其目的是营造会议气氛，这对与会者的情绪和心理状态有着很大的影响，与会议效果有着密切的联系。

(1)悬挂会标和会徽。正式、隆重的会议都应当悬挂会标。将会议的全称以醒目的标语悬挂于主席台前幕的上端或天幕上。会徽即体现或象征会议精神的图案性标志，一般悬挂于主席台的天幕中央，形成会场的视觉中心，具有较强的感染力和激励作用。

(2)贴挂对联和标语。在主席台两侧可贴挂对联，在会场内外可适当地贴挂标语，以烘托会议的主题，渲染会议的气氛，振奋与会者的精神。

(3)插放旗帜。重要的会议应当在主席台、会场内外插一些旗帜，以增加会议的庄重气氛。

(4)摆放花卉。在主席台前和空旷的会场角落可适当摆放鲜花、盆景等，点缀会场，给人一种清新、活泼的感觉，并能减轻与会者的疲劳。

2. 会场形式布置

会场的布局有多种形式，应根据会议的不同规模、主题，选用不同的布置形式，以体现不同的意义、气氛和效果，适用于不同的会议目的。

(1)相对式。特征是主席台与代表席采取上下面对面的形式，使整个会场气氛显得比较严肃和庄重。它可以分为礼堂式、教室式、弦月式等（如图 4-1-1 至图 4-1-4）。

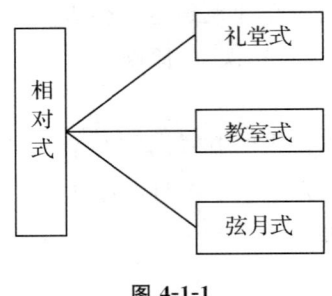

图 4-1-1

①礼堂式

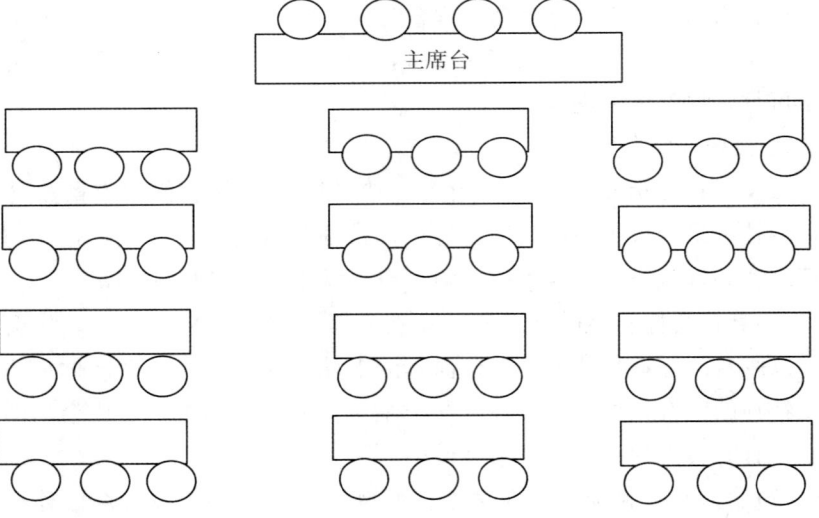

图 4-1-2

②教室式

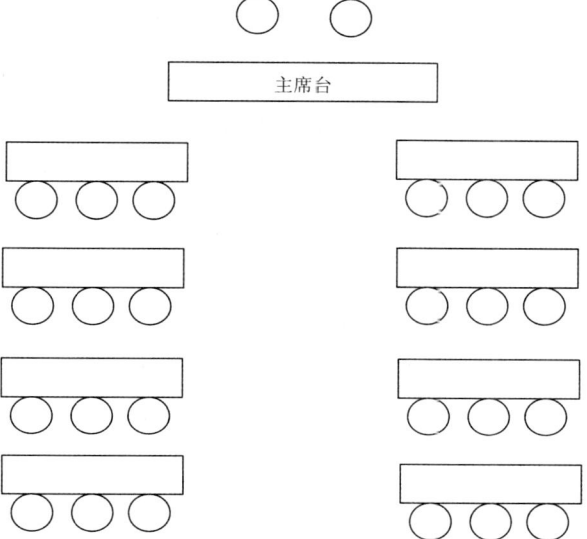

图 4-1-3

③弦月式

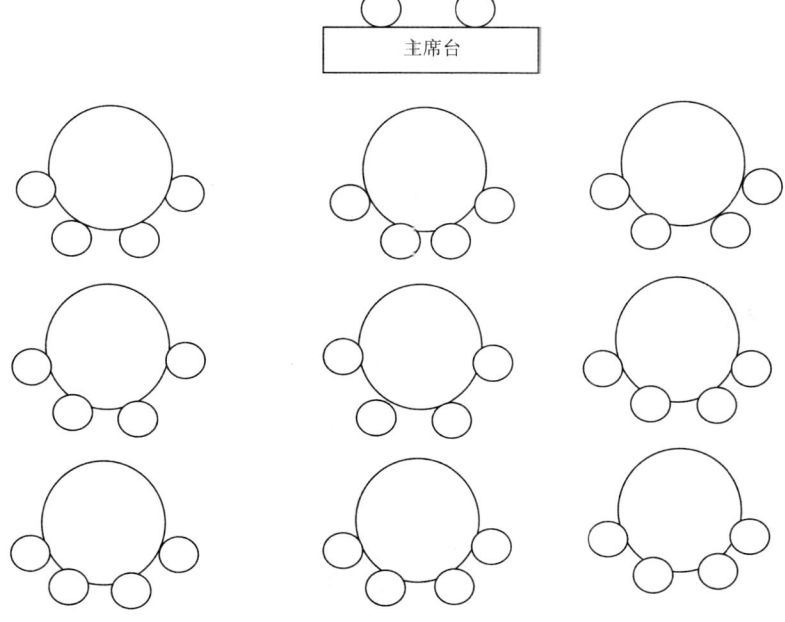

图 4-1-4

(2)全围式。特征是不设专门的主席台,会议的领导和主持人与其他与会者围坐在一起,从而形成融洽与合作的气氛,体现平等与相互尊重的精神,有助于与会者之间相互熟悉、了解与不拘形式的发言与插话,使与会者畅所欲言,充分交流思想、沟通情况,也便于会议主持者细致观察每位与会者的意向、表情,及时准确地把握与会者的心理状态,从而保证会议取得成果。它可以分为多边形、椭圆形、长方形、圆形等(如图4-1-5至图4-1-9)。

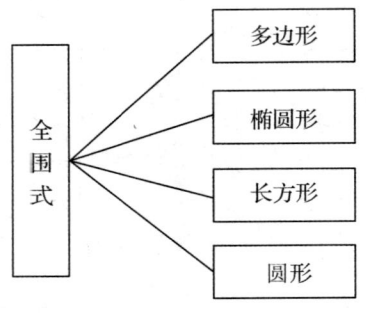

图 4-1-5

① 多边形

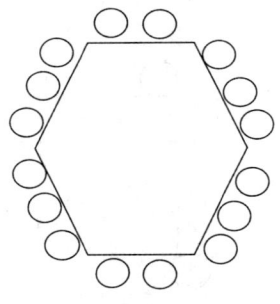

图 4-1-6

② 椭圆形

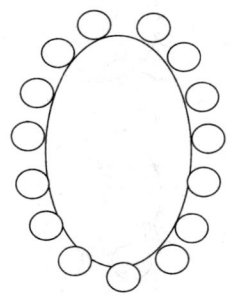

图 4-1-7

③长方形

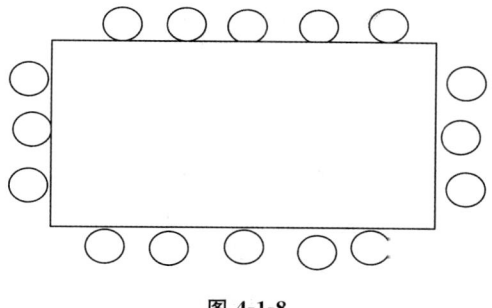

图 4-1-8

④圆形

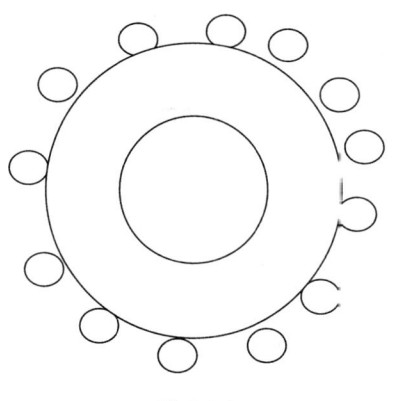

图 4-1-9

(3)半围式。介于相对式与全围式之间,在主席台的正面和两侧安排代表席,形成半围的形状,既突出了主席台的地位,又增加了融洽的气氛。它可以分为桥形、T 字形、马蹄形等(如图 4-1-10 至图 4-1-13)。

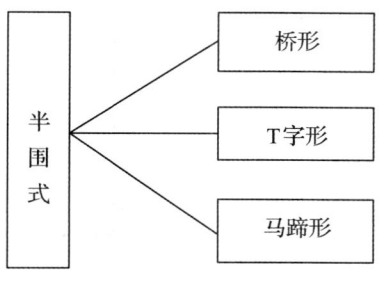

图 4-1-10

①桥形

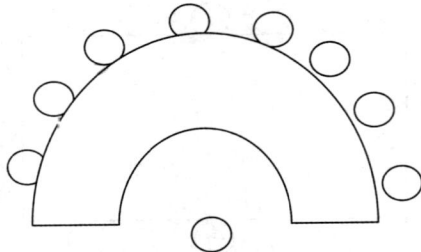

图 4-1-11

②T 字形

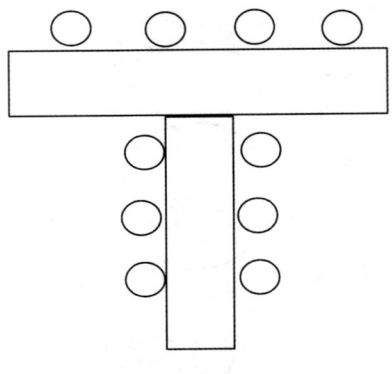

图 4-1-12

③马蹄形

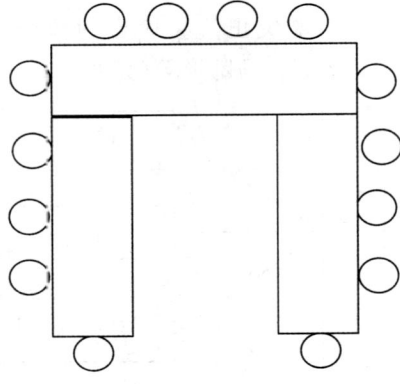

图 4-1-13

（4）分散式。将会场分成若干个中心，每个中心设一桌席，与会者根据一定的规则安排入座。领导人就座的桌席叫"主桌"。这种格局既在一定程度上突出领导，又给与会者提供了多个谈话、交流的中心，使会议气氛更轻松和谐。它可以分为方桌形、V字形、圆桌形等（如图 4-1-14 至图 1-1-17）。

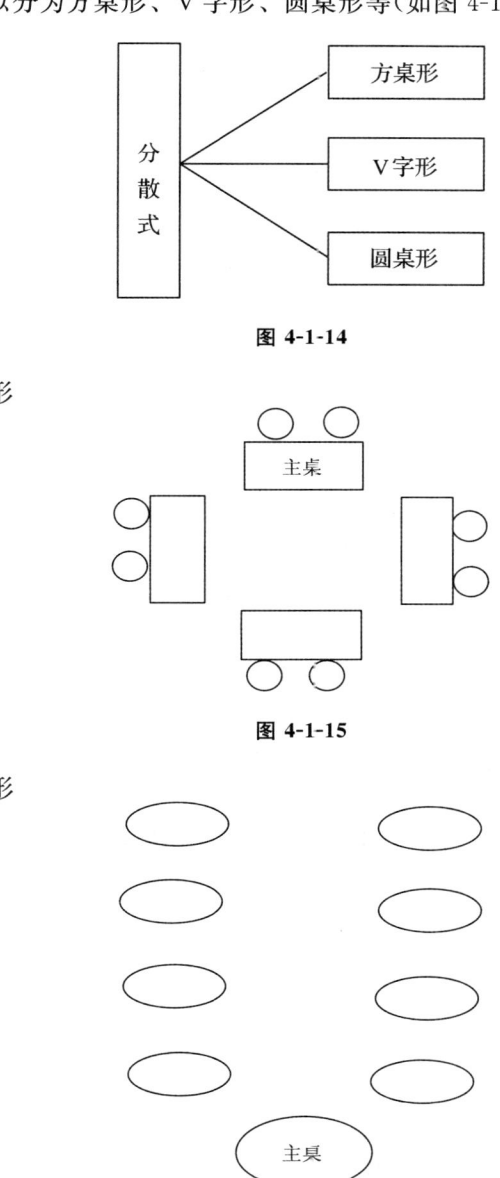

图 4-1-14

① 方桌形

图 4-1-15

② V 字形

图 4-1-16

③圆桌形

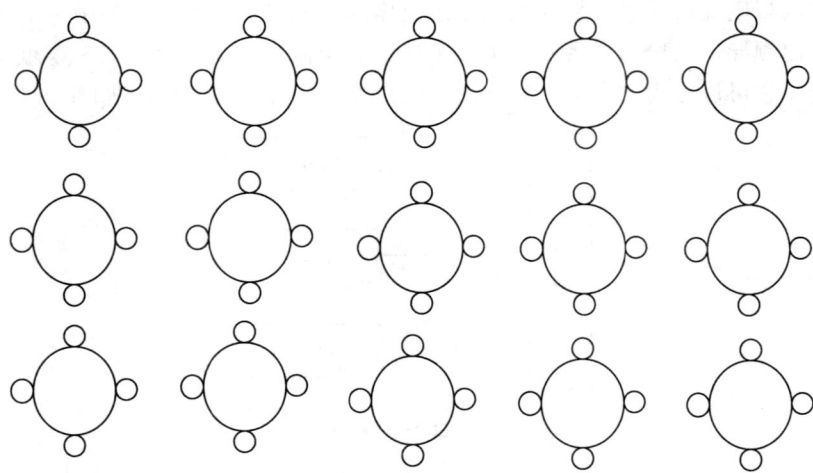

图 4-1-17

(三)会后工作处理

1. 会后服务。安排与会者返程,及时调配车辆,送别与会者;清理会场,清理茶具,退还设备。

2. 整理会议资料。收集文件,整理归档。

3. 拟发会议纪要。会议纪要是根据会议的主旨,用准确而精练的语言综合记述其要点的书面材料。是在会议记录的基础上,分析、综合、提炼而成,用来概括反映会议精神和会议成果的文件。会议纪要有两个目的:一是让与会者带回去作为传达贯彻会议精神的依据;二是上报,使上级主管部门和有关单位了解会议的情况或予以转发。

4. 会务工作总结。为了积累会议经验,会议结束后,应当进行总结,作为今后会议的借鉴。会务工作总结要以总结经验、激励会务工作人员为目的。要根据岗位责任制和工作任务书的内容,逐条对照检查,在此基础上写出会务工作总结报告。总结可采取座谈会、表彰会等方式,并且要安排在大家对会议还记忆犹新时进行。

商务会议是综合性的系统工作,需要主办方全体参与者协同配合,各部门要按筹划方案,具体落实,责任到人,做到职责分明。

(四)会议结束后的工作礼仪

会议结束后的工作,一般有几项必做:

1. 及时形成并保存会议纪要。

2. 陪同会议来宾参观企业或产品。

3. 收取人员通讯录、会议留影。

4. 业务对接人员离会时，应参与送别。

5. 结清费用。会议结束后要及时结算账目，对会议费用列出明细，对与会者交纳费用多退少补，对实际使用部分开具发票。

第二节　出席会议礼仪

出席会议应自觉遵守会议礼仪，这是对会议的尊重，也是自我良好教养的体现。

一、遵守会议日程安排时间表

1. 提前到会，准时出席。

2. 遵守会议纪律。所有活动遵守会议日程，不可随心所欲，应听从安排作息。

3. 会议开始前，要将手机关闭或调到振动状态。会议开始后，不随意走动、说话，手机设置成静音状态。

4. 开会应尊重会议主持人和发言人，坐姿端正，专心听讲。当别人讲话时，应认真倾听，精彩之处应带头鼓掌。记录与自己工作相关的内容和要求。

5. 如果长时间离开或提前退场，应与会议组织者打招呼，说明理由，征得同意后再离开。

6. 尽量不在中途离席，确有必要离席，在会议中间休息时离场为宜。会中离开会场时，要轻手轻脚，尽量不要影响发言者或其他与会者。

7. 他人发言时，应认真倾听；自己发言时，要简明扼要。想要发言时应先有心理准备，举手或用目光向主持人示意或直接提出要求。发言应简明、清楚、有条理、实事求是。

8. 反驳别人时不要打断对方，应等对方讲完再阐述自己的观点；别人反驳自己时要虚心听取，不要急于争辩。

9. 积极参加会议的所有活动，尽量多与其他地区的代表交流信息，增进友谊，拓宽人脉。

二、按主办方安排座位就座

一般大、中型会议，会议座位安排，考虑主席台和群众席。

1. 主席台座次

主席台就座的人员多是主办方的负责人、贵宾或主席团成员，安排座次时，一般应按照台上就座者职务的高低排列，职务最高者居中，然后按由左至右、由前至后的顺序依次排列。

主席台座次的编排应编制成表，报主管领导审核；在主席台的桌上，在每个座位的左侧放置姓名卡。

一般主席台面对会场主入口，与群众席相对。主席台是会场的中心，众人瞩目，是整个会场布置工作中的重点之一。主席台的座位布置，一般采取横式，大体有以下几种方式：

(1) 横式、通栏式

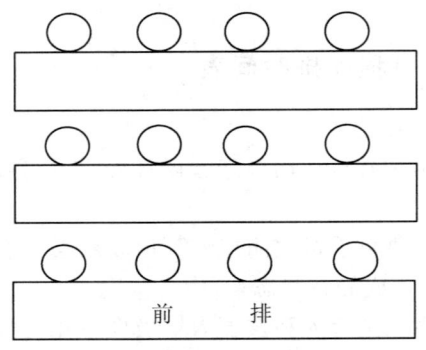

图 4-2-1

(2) 横式、分栏式

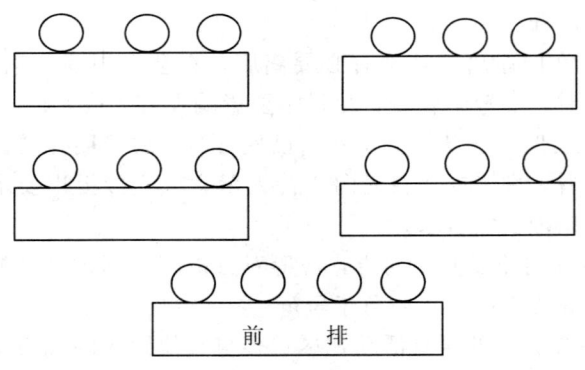

图 4-2-2

其基本规则是，前排为尊，后排次之，越往后越次之；同排中，职位高者居中，余者依职位高低次序，围绕尊者依次分列两边。以主席台方向定位，右高左低。

同排位次由高到低，用数字表示，依次为：

| 座位数是奇数时 | 6、4、2、1、3、5、7 |
| 座位数是偶数时 | 5、3、1、2、4、6 |

2. 群众席座次

主席台下所有座位都是群众席，其排座规则有以下两种：

(1)不统一排座，与会者尽量坐满前排，依次序就座。

(2)按单位、部门、行业或工作共性排座，无主次分别。

并非所有的会议都需要对会场内其他人员的座次进行排列，但如果是中型以上较严肃的工作会议、报告会议或代表会议，一般要对座次进行适当排列。常见的排列方法有三种：

横排法。按照参加会议人员的名单以其姓氏笔画为序，从左至右横向依次排列座次。选择这种方法时，应注意先排出会议的正式代表或成员，后排出列席代表或成员。

竖排法。按照各代表团或各单位成员的既定次序或姓氏笔画从前至后纵向依次排列座次。选择这种方法也应注意将正式代表或成员、职务高者排在前，列席成员、职务低者排在后。

左右排列法。按照参加会议人员的姓氏笔画或单位名称笔画排序，以会场主席台中心为基点，向左右两边交错扩展排列座次。选择这种方法时应注意人数。如果一个代表团或一个单位的成员人数为奇数，排在第一位的成员应居中；如果一个代表团或一个单位的成员人数是偶数，那么排在第一、二位的成员应居中，以保持两边人数的均衡。

三、着装得体

商务人员出席会议应着正装，即男西装、女西装套裙，色彩、图案应素雅简洁。

四、主持会议

会议主持人应了解和具备基本会议主持礼仪，会议主持人的礼仪主要有以下几种：

1. 做好会前的准备工作

开会前要明确会议目的，确定议题、程序和开会的方式方法；选定出席人员；确定会议的时间、地点。要把会议目的、议题、时间、地点、要求事先通知参会者，请他们做好准备。会前应收集意见，准备必要的资料，做好会场的准备，搞好卫生，桌椅的排列方法要适于会议的特点。

2. 控制出席人数

国外群体心理学家研究表明，会议参加者超过10人，就容易出现不思考问题和滥竽充数的人。有的单位规定与会者一般不超过 12 人。据研究表明，参加会议的人数同人与人沟通的渠道数量和难度成正比，如下式：

$$\sum m = n \times (n-1) \div 2$$

式中，$\sum$ 为总和符号；m 为需要沟通的渠道数量；n 为与会者人数。

如：3 个人的会议，就会出现 3 条[即 $3\times(3-1)\div2=3$]沟通渠道；4 个人的会议，就会出现 6 条沟通渠道。

与会者越多，能够充分利用个人才智的可能性就越少，主持者也就越难有效地控制会议进程。

3. 严肃会议作风

第一，准时到会，不能迟到。第二，不准私下交谈，不允许干私活儿、早退席。第三，发言不能信口开河，不能离题胡扯。第四，要集中时间和精力解决主要问题。第五，要发扬民主，不搞一言堂。与会者只有自由地说出自己的意见，才能集思广益。主要结论应当场确认，会而有议，议而有决，决而必行。

4. 保持自然大方的主持姿态

主持人主持会议时，从走向主持位置到落座等环节都应符合身份，其仪态姿势都应自然、大方。

(1) 走姿

主持人在步入主持位置时，步伐要刚强、有力，表现出胸有成竹、沉稳自信的风度和气概，要视会议内容掌握步伐的频率和幅度。主持庄严隆重的会议，步频要适中，以每秒 2 步为宜，步幅要显得从容；主持热烈、欢快的会议，步频要快，每秒 2~2.5 步之间，步幅略大；主持纪念、悼念类会议，步频要放慢，每秒 1~2 步之间，步幅要小，以表达缅怀、悲痛之情；平常主持工作会议，可根据会议内容等具体情况决定步频、步幅。一般性会议，步频适中、步幅自然；紧急会议、重要会议，可以适当加快步频。行进中要挺胸抬头，目视前方，振臂自然。重要会议开始前，在步入主持位置的过程中，不要与熟人打招呼。一般性工作会议，如果时间未到，落座后可适当与邻座寒暄，与距离远的人微笑点头示意。行进中步频不能过快，不能跨大步，以免显得紧张、不安。如遇特殊情况因故来迟，不要破门而入、跑步到位、大喘粗气。应该以手轻轻推门，进门后快步到位，放下文件袋并落座，先向等候者道歉，并简要说明原因，求得大家谅解后，立即主持会议。

(2) 坐姿

主持人主持会议多为坐姿。坐立应端正，腰要挺直，颈项伸直，面对前方,虚视全场,双臂前伸,两肘轻按会议桌沿并对称,呈"外八字"。

5. 会议主持人应注意的礼仪

各种会议的主持人,一般由具有一定职位的人来担任,其礼仪素养的高低对会议能否圆满成功有着重要的影响。

(1)主持人应衣着整洁,大方庄重,精神饱满,切忌不修边幅。

(2)走上主席台应步伐稳健有力,行走的速度因会议的性质而定。

(3)入席后,如果是站立主持,应双腿并拢,腰背挺直。单手持稿时,右手持稿的底中部,左手五指并拢自然下垂。双手持稿时,讲稿应与胸齐高。坐姿主持时,应身体挺直,双臂前伸。

(4)两手轻按桌沿。主持过程中,切忌出现搔头、揉眼、捏腿等不雅动作。

(5)主持人言谈应口齿清楚,思维敏捷,简明扼要。

(6)主持人应根据会议性质调节会议气氛,或庄重,或幽默,或沉稳,或活泼。

第三节 一些特殊会议的礼仪规范

一、茶话会的礼仪

茶话会取意"茶之大道,和合天下",以时尚的方式招待客人,以健康的茶,品味生活,享受生命的一点一滴。与其他会议相比,茶话会是社交色彩最浓的一种。茶话会礼仪,主要涉及会议的主题和来宾邀请、时间地点的选择、茶点的准备、座次的安排、会议的议程、发言六个方面。

所谓茶话会,即意在联络老朋友、结交新朋友,具有对外联络和招待性质的社交性集会。它的重点往往不在"茶",而在"话"。

除主要供应茶水之外,在茶话会上还可以为与会者略备一些点心、水果或地方风味小吃。需要注意的是,在茶话会上为与会者供应的点心、水果或地方风味小吃,品种要对路、数量要充足,并且要便于取食。因此,最好同时将食品与擦手巾一并端上桌。

按惯例,茶话会举行之后,主办单位通常不再为与会者备餐。关于会议的议程,第一项议程是主持人宣布茶话会正式开始;第二项议程是主办单位的主要负责人讲话;第三项议程是与会者发言;第四项议程是主持人略作总结。

(一)茶话会的组织礼仪

1. 茶话会的主题

茶话会的主题大致可分为以下三类：

第一，以联谊为主题。以联谊为主题的茶话会，是平日所见最多的茶话会。它的主题是增进主办单位与应邀与会的社会各界人士的友谊。在这类茶话会上，宾主通过叙旧与答谢，往往可以增进相互之间的进一步了解，密切彼此的关系。除此之外，它还为与会的社会各界人士提供了一个扩大社交圈的良好契机。

第二，以娱乐为主题。以娱乐为主题的茶话会主要是指在茶话会上安排一些文娱节目或文娱活动，并且以此作为茶话会的主要内容。这一主题的茶话会，主要是为了活跃现场的气氛，增强热烈而喜庆的气氛，调动与会人员参与的积极性。与联欢会不同的是，以娱乐为主题的茶话会所安排的文娱节目或文娱活动，往往不需要事前进行专门的安排与排练，而是以现场的自由参加与即兴表演为主。它不必刻意追求表演水平的一鸣惊人而是强调重在参与、尽兴而已。

第三，以专题为主题。以专题为主题的茶话会是指在某一特定的时刻或为了某些专门的问题而召开的茶话会。它的主要内容是主办单位就某一专门问题收集反映、听取某些专业人士的见解，或者同某些与本单位存在特定关系的人进行对话。召开此类茶话会时，尽管主题既定，仍须鼓励与会者畅所欲言，并且不拘情面。为了促使会议进行得轻松而活跃，有些时候，茶话会的专题可以宽泛一些，并且许可与会者的发言稍微脱题。

2. 茶话会的主要与会者

茶话会的与会者，除主办单位的会务人员之外，其余都为来宾。邀请哪些方面的人士参加茶话会，往往与其主题存在着直接的因果关系。

主办单位在筹办茶话会时，首先，必须围绕其主题确定邀请对象，尤其要确定好主要的与会者。其次，安排专人送达邀请函，邀请函必须制作精良。按惯例，茶话会的邀请函应提前半个月送达或寄达到被邀请者手中，但对方对此可以不必答复。

一般情况下，茶话会的主要与会者大体上可分为以下五种情况：

第一，本单位的人士。以本单位人士为主要与会者的茶话会，主要是邀请本单位的各方面代表参加。意在沟通信息、通报情况、听取建议、嘉勉先进、总结工作。有时，这类茶话会亦可邀请本单位的全体员工或某一部门、某一阶层的人士参加，它也叫作内部茶话会。

第二，本单位的顾问。以本单位的顾问为主要与会者的茶话会意在表达对本单位有帮助的各位专家、学者、教授的敬意。他们受聘为本单位的顾问，自然对本单位贡献良多。特意邀请他们参会，既表达了对他们的尊敬与重视，也可以进一步直接向其咨询，并听取其建议。

第三，社会贤达。所谓社会贤达，通常是指在社会上拥有一定的才能、德行与声望的知名人士。作为知名人士，他们不仅在社会上具有一定的影响力、号召力和社会威望，还往往是某一方面的代言人。以社会贤达为主要与会者的茶话会，可使本单位人员与社会贤达直接交流，加深对方对本单位的了解与好感，并且倾听社会各界对本单位意见或建议。

第四，合作者中的伙伴。此处特指在商务往来中与本单位存在一定联系的单位或个人。除了协作者之外，还应包括与本单位存在着供、产、销等其他关系的合作者。以合作伙伴为主要与会者的茶话会，重在向与会者表达谢意，加深彼此之间的理解与信任。这种茶话会有时亦称联谊会。

第五，各方面人士。有些茶话会，往往会邀请各行各业、各个方面的人士参加，这种茶话会通常叫作综合茶话会。以各方面人士为主要与会者的茶话会，除了可供主办单位传递必要的信息外，还可为与会者创造一个扩大个人交际面的社交机会。

3. 茶话会的时机选择

一次茶话会要取得成功，其时机、时间的具体选择都是主办单位必须认真对待的事情。

（1）茶话会举行的时机

通常认为，辞旧迎新之时、周年庆典之际、重大决策前后、遭遇危难挫折之时等，都是酌情召开茶话会的良机。

（2）茶话会举行的时间

茶话会开始的时间要符合邀请对象的工作和作息习惯，举行茶话会的最佳时间是下午四点左右。有些时候，亦可将其安排在上午十点左右。在具体进行操作时，不必墨守成规，应以与会者尤其是主要与会者方便与否以及当地人的生活习惯为准。

茶话会的长度，可由主持人在会上随机应变，灵活掌握。若将其限定在 1~2 小时之内，效果往往更好。

4. 茶话会的空间选择

茶话会邀请的人员一般以百人为限。举行茶话会的空间选择指的是茶话会的举办地点、场所的选择。

按照惯例，适宜举行茶话会的大致场地主要有以下几种：一是主办单位的会议厅；二是宾馆的多功能厅；三是主办单位负责人的私家客厅；四是主办单位负责人的私家庭院或露天花园；五是包场高档的营业性茶楼或茶室。

在选择举行茶话会的具体场地时，还需兼顾与会人数、支出费用、周边环境、交通安全、服务质量、档次名声等问题，餐厅、歌厅、酒吧等处，均不宜用来举办茶话会。

5. 茶话会的座次安排

同其他正式的工作会、报告会、纪念会、庆祝会、表彰会、代表会相比，茶话会的座次安排具有自身的鲜明特点。从总体上来讲，在安排茶话会与会者的具体座次时，必须使其与茶话会的主题相适应，绝对不能令二者相互抵触。

具体而言，根据约定俗成的惯例，目前，在安排茶话会与会者的具体座次时，主要采取以下四种方式：其一，环绕式；其二，散座式；其三，圆桌式；其四，主席式。

座次安排较为随意，尊卑一般不宜过于明显。也可以不排座次，随到随坐，允许自由活动。

(二)茶话会的议程礼仪

第一项：主持人宣布茶话会开始。

宣布开始后，主持人可对主要与会者略作介绍。

第二项：主办单位的主要负责人讲话。

讲话应以阐明此次茶话会的主题为中心内容，还可以代表主办单位，对全体与会者表示欢迎和感谢。

第三项：与会者发言。

这些发言在任何情况下都是茶话会的重心。为了确保与会者在发言中直言不讳，畅所欲言，通常，主办单位事先不对发言者进行指定和排序，也不限制发言的具体时间，而是提倡与会者自由地进行即兴发言。一个人还可以多次发言，不断补充、完善自己的见解、主张。

现场发言在茶话会上举足轻重。假如没有人踊跃发言，或者与会者的发言严重脱题，都会导致茶话会最终失败。茶话会与会者的发言以及表现必须得体。在要求发言时，可以举手示意，但要注意谦让，不要争抢。不管自己有什么高见，都不要打断别人的发言。肯定成绩时，要力戒阿谀奉承。提出批评时，不能讽刺挖苦。切忌当场表示不满，甚至私下进行人身攻击。

第四项：主持人总结。

主持人略作总结后，可以宣布茶话会结束。

(三)参加茶话会的商务礼仪

1. 与会前要了解茶话会的内容。
2. 会议期间要遵循会议程序。茶话会通常都有领导参加。
3. 茶话会与会者的发言以及表现必须得体。
(1)在要求发言时,可以举手示意,要注意谦让,不要争抢。
(2)尽量避免打断别人的发言。不论自己有何高见,打断他人的发言都是失当行为。
(3)发言要简明扼要,语速适中,口齿清晰,神态自然。切忌啰唆、重复。
4. 茶话会发言要有分寸。
(1)不要对领导、富商阿谀奉承。
(2)肯定别人或自己的成绩时切勿夸大其词。
(3)与他人意见不合时,要注意"兼听则明",不能讽刺挖苦。
(4)切勿当场表示不满,或在私下对对方进行人身攻击。
(5)不能在茶话会上借题发挥,排挤他人。

二、年会礼仪

公司年会是目前很多企事业单位年底的必修课。一般来说,公司年会分为多个部分,有领导致辞、表演抽奖、表彰员工、吃团圆饭等环节。公司年会可谓是企事业单位一年里最大的一次盛会,除非有非常特殊的情况,否则最好不要请假。

1. 尽量不带孩子出席

公司年会是轻松的、非正式的,但有很多领导及嘉宾参加。参加公司年会时,将孩子、家属一同带上的做法不可取。

2. 服从安排积极配合

商务人士除了在工作上要服从领导和组织的安排外,在参加公司年会时同样需要服从与配合。坐什么位置、什么时候喝彩都有讲究,切不可毫无组织性和纪律性、随意乱坐、瞎起哄。

3. 尽量不要迟到和早退

迟到和早退是无组织、无纪律的典型表现,会给别人留下不好的印象,在某种程度上还会使所在部门失分。

4. 着装不可太随意

无论男女,着装并非一定要高档华贵,但要保持清洁并熨烫整齐,看起来大方得体。女性佩戴的饰品不宜过多。男士着装上,皮鞋、皮带、皮包应该是一个颜色,并且首选黑色。

如果公司有统一的着装要求,请务必按照要求进行服饰搭配。不要为了追求个性,别出心裁乱穿衣;女性着装不宜太暴露。

5. 宴会表现

很多单位在公司年会结束后,还会宴请员工吃团圆饭,不要把宴会看作一次普通的用餐,要抓住机会给领导、同事留下深刻印象。要注意一些细节,使你得体的表现让人刮目相看。

(1)身为公司晚辈,最好向自己的长辈和上司敬酒,不要只顾着自己玩乐,此时的冷漠和躲避会被人视为不礼貌。

(2)饮酒适度。尽管是欢乐的聚会,还是要克制,不要喝醉。

(3)敬酒要适可而止。敬酒是为了交流感情和互相问候,千万不要强人所难,不要缠着自己的敬酒对象;敬酒时,要上身挺直,以双手举起酒杯并向对方微微点头示礼,对方饮酒时再跟着饮。

(4)同事之间,不要开过分的玩笑,以免伤感情。

(5)要与本部门的同事围成一圈,喝一杯跨年酒,象征来年齐心协力,工作顺利。

三、文艺晚会的礼仪

文艺晚会要考虑来宾的兴趣爱好,节目要健康,注重来宾所在地区的风俗习惯、宗教传统。

1. 主办方礼仪

(1)发出邀请,注明晚会时间、地点及着装要求。

(2)晚会要事先精心安排好节目,根据来宾的性质、身份、风俗习惯、双方的关系、本地的传统文化和实际能力准备,应以具有本地特色的音乐、歌曲、戏剧、舞蹈为主,必要时可加入一两个来宾所在地的知名节目或来宾本人喜爱的节目。

(3)也可在邀请函中向来宾征求演出节目并准备节目单。演出时应印制专门的节目单,人手一份,对每个节目略加介绍。专场演出在贵宾出现之后开始。

(4)入场时,普通观众先入场,来宾由东道主陪同入场,观众起立欢迎,来宾座位的安排要便于安全保卫,位置要最佳。不得提前离场。在正规的剧场内观看文艺演出,通常最好的座位在第七至九排的中间。要让宾主集中就座,来宾进场、退场要比较方便。

(5)演出前,接待人员要在门口迎候,并专门设立休息厅,东道主与来宾共同步入剧场,其他观众应起立鼓掌欢迎。

(6)演出结束时,东道主与来宾要一同上台,安排专人向演员献花,邀请来宾与演员合影。观众起立鼓掌,目送东道主陪同来宾出场。

2. 参加晚会礼节

(1)回复邀请。明确邀请方是否出席,如参加,确定参加人数,以利于主办方安排席位。

(2)修饰仪表。按商务人士出席晚会着装要求修饰仪容、服饰等。

(3)提前入座。在邀请函上注明的晚会时间之前,提前5～10分钟入座,不宜踩着开场钟点入场,以免影响他人观赏节目。

(4)遵守规则。具体落实到行为细节上,表现为不抽烟、不喧哗、不随意走动、不喝倒彩、善意鼓掌。

四、舞会礼仪

组织舞会要确保男女性别相当,配备一定的礼宾、接待、安保人员和演奏、灯光、音响、服务人员及伴舞者。

(一)舞会现场礼仪

1. 交谊舞舞会举办时间

通常安排在晚上8点至10点,一般以两小时为宜,最多延时至凌晨12点之前结束。

2. 场地礼仪

大约每人占1平方米,以来宾总人数确定舞池大小。舞池地面要平滑干净;要根据不同舞曲打出不同灯光;音量要适度,切忌尖声扰人;桌椅要足够,以供来宾休息。

3. 舞曲礼仪

舞曲要快慢交错,快、中、慢三种节奏根据现场情况调整;每支舞曲时间长度大体相等,单支舞曲时长4～5分钟;遵循惯例,整场舞会舞曲数量适中、安排有序,不同国家、风格舞曲穿插播放;最后一支舞曲一般是华尔兹《友谊地久天长》,使来宾知道舞会结束。

(二)如何邀请来宾

1. 注意邀请来宾男女比例恰当。

2. 至少提前一周邀约。

(三)舞会接待礼仪

1. 确定主持人,一般由善于调节气氛的女性担当。

2. 挑选接待员,提供必要服务,如男宾多,女服务员可担当舞伴。

(四)参加舞会礼仪

1. **修饰仪表。**要求服装整洁大方,男士可着西装,女士可着长裙,不穿长裤和凉鞋;要打理发型、施妆。

2. 每曲音乐结束时,男士应将女士送到邀请她时的座位上,再去邀请下一位。

3. 如果男士带舞伴,第一支舞和最后一支舞必须跟舞伴跳。

4. 同性不宜共舞。男士应主动请女士共舞,女士可以婉拒,但只可拒绝一次,不能二次拒绝;女士如果主动邀请男士,男士不得拒绝。一般来说,只能请一位异性跳一支舞。

5. 不与他人越过亲密距离交谈,要注意保持社交距离。

6. 如果男女来宾数量悬殊,女士可以与女士共舞,但男士不能与男士共舞。

7. 如果是家庭舞会,第一支舞是主人与女伴跳,第二支舞是主要来宾与女伴跳,第三支舞大家一起跳。

8. 一曲终了,全体跳舞者须在原地立定,面向乐队鼓掌致谢后,方可离去。

9. 礼待他人,表情、举止自然,不要做作,口腔与身上不要有异味。

思考题

1. 商务会议主办方要做哪些准备?
2. 参加商务会议人员要注意哪些礼仪规范?
3. 商务会议安排座位要讲究哪些礼仪?
4. 哪种特殊会议可以不排座位?为什么?
5. 年会、晚会与舞会的礼仪规则是否通用?举例说明。

第五章　商务宴请礼仪

宴请是商务交往中常见的交际活动之一，是洽谈工作、联络感情、增进友谊、寻找商机的有效途径，往往用来迎送接待、答谢庆贺，有其系统的礼仪规范。

第一节　宴请形式与准备

一、宴请形式

根据不同的标准，宴请可以划分为多种形式，每种宴请都有不同的要求。目前常见的宴请大致分为宴会、招待会、茶会和工作餐四种形式。

(一)宴会

宴会是正餐，是宾、主坐在一起饮酒吃饭的聚会，有招待员顺次上菜。根据隆重程度、出席规格和菜肴品种与质量等要求的不同，分为正式宴会和非正式宴会。

1. 正式宴会

商务宴请采用的多为晚宴。西方规定，晚宴一般在晚 8 点以后开始，中国一般在晚 6 点开始，晚上举行的宴请比白天举行的宴请更为隆重。通常发请柬，表明主人对宾客的高度重视。宾主按省份排位就座，宴请现场要求专门布置，对宾客着装有要求，席间可安排乐队演奏音乐。

2. 非正式宴会

也叫便宴。便宴的举行时间一般为中午和晚上，称为午宴、晚宴，有时候也有早餐。便宴形式简便，可以不排座位，菜肴道数酌减。比较适合一般商务接待，可用于招待熟悉的客户或亲朋好友。

(二)招待会

招待会是指各种不备正餐的宴请形式，形式比较灵活，主、宾可以自由活动。常见的招待会有以下两种：

1. 冷餐会

也叫自助餐。冷餐会可在室内或院子里、花园里举行，通常站着用餐，出席者可以早来晚走，也可以中途离开。宾客可自由活动，多次取食。适用于各种正式的商务活动之后，作为商务活动的附属环节。

2. 酒会

也叫鸡尾酒会。以酒水为主，略备小吃。一般只设置摆放小吃、酒水、饮料的小桌子，不设置椅子，让人随意走动。

鸡尾酒会以饮为主、以食为辅。除鸡尾酒外，还备有其他饮料，但一般不备烈性酒。

酒水按一定比例混合调配，点心均放在小桌子或茶几上，举办时间可以是中午、下午、晚上，附有请柬，标明时段，没有迟到早退一说，可以随意来去，不使用烈性酒（12%＜酒精浓度＜38%）。点心是软质点心，用牙签或叉子取用。

（1）水果的各种切法：苹果切成橘子瓣形；橘子、香蕉一般不剥皮；橙子切瓣，皮去一半；梨一般不放置；小型水果如小番茄、草莓等直接放置。

（2）小吃中如有烧烤类食品，一串不超过三块肉。

（3）酒会中的酒一般为现场调制，调酒的基酒为：威士忌、白兰地、杜松子酒、伏特加、朗姆酒、龙舌兰。

（4）鸡尾酒的调制：倒酒、兑扣，使其分层。

调制鸡尾酒的时候一般要用摇酒壶、滤冰器、吧勺、盎司杯、冰铲。

准备需要用的酒品、辅料以及装饰。

准备好之后，先用冰铲在摇酒壶的壶身中加入 5~6 块冰（冰的量要根据杯子大小和摇酒壶大小而定），用盎司杯量取辅料（如果汁、牛奶等），倒入摇酒壶身，然后依次加入辅酒、基酒，最后放上杯饰。如果需要盐边、糖边，要在调制酒品之前用柠檬油擦一圈杯边，然后把盐或糖倒在一个平整的面板上，把杯子倒过来转圈蘸取。

（三）茶会

茶会是一种简便的招待形式，多为纪念或庆祝活动举行，茶会举行的地点一般为单位的会议厅，设座椅但不排座位，采取圈式，不设主席台，主要是以茶会友，略备小点心，也可准备饮料和水果。如果有英国或法国客人，适当准备牛奶、糖、柠檬片。

1. 茶会的目的是交流沟通而非喝茶，所以不讲究茶道。因为参会者一边品茶一边交流，所以比较注重茶叶的品质和茶具。一般分为上午茶和下午茶。冬天一般选红茶，夏天一般选绿茶。有西方人参与时，适当加入咖啡和奶茶。

2. 茶会一般不需书面邀请，可邀请一方也可进行多方茶会，时间灵活，可长可短。茶会一般配有点心食物。

3. 需要注意的是，奶茶是将红茶茶汁倒入鲜奶中，而不是用奶茶粉冲泡。

(四)工作餐

工作餐是商务活动中经常采用的非正式宴请形式。主要利用进餐时间，围绕工作，边吃边谈，常用于午间。谈话为主，就餐为辅。

案例分析

李嘉诚请客

长江CEO班有三十几个同学，包括马云、郭广昌、牛根生等大家认为很了不起的人。有一次，班上组织他们去香港见一次李嘉诚，他可谓华人世界的超级大哥了。

他们去了之后，见面之前，心里都有个情景假定，比如衣服要穿整齐等。当时他们就想：见老大哥相当于见领导，一般见这种人，第一，可能见不到大哥，只能先见到椅子、沙发；第二，伟大的人来了，我们发名片人家不会发名片；第三，人家跟我们握手，我们站着听他讲话，就像我们被接见；第四，吃饭肯定有主桌，大哥在那儿坐一下，吃两筷子说忙先走了，然后我们很激动地回来写感想。因为我们做小人物很习惯，见大人物时经常这样被轻慢，已经习惯了，没有发现自己很重要，我们老觉得自己在大人物面前不重要，受委屈似乎是应该的事情。

结果这次见面完全颠覆了之前的想法。

首先，长江顶楼电梯刚一开，70多岁的大哥站着跟他们握手，这样的开场很不一样，他们有点愣。其次，一见面大哥先发名片，这个也很令人诧异，而且发名片时还给大家递过来一个盘子。递盘子干吗？抓阄儿，盘子里有号，拿名片时顺便抓个号，这个号决定他们吃饭的时候坐哪桌，避免到时候这些同学为谁坐1号桌、谁坐2号桌心里有想法。大家后来才知道，照相也根据这个号，站哪儿就是哪儿。大家觉得这样挺好，避免尴尬。

站好之后，小人物的能力出现了，他们鼓掌希望大哥讲话，大哥说没准备讲话，但这时候大哥不讲，小人物的角色就演不下去了，所以必须让他讲。最后大哥说："我没有准备，我只讲八个字——'创造自我，追求无我'。"

大哥读书很多，讲的都是哲学。"创造自我，追求无我"，大哥用普通话讲完后又用广东话讲一遍，之后发现还有外国人，于是用英文再讲一遍。讲完了让他们体会这话里的深意。

什么叫"追求无我"？你在芸芸众生中，把自己越做越强大，自我膨胀，超越别人，这个过程就容易给别人压力。因为你强大了后很强势，别人就不舒服。所以你要追求无我，让自己化解在芸芸众生中，不要让别人感觉到压力。一方面创造自我，一方面让自己回归平淡，让自己舒服，也不给大家制造压力。

听完讲话，大家开始鼓掌，然后开始吃饭。运气不错的，抽到了跟大哥一桌，当时想，和大哥挺近的，吃饭时可以多聊一会儿，所以开始没着急说话，没想到吃了十几分钟，大哥站起来说抱歉要到另一桌坐一下。这时大家才发现，四张桌子，每张桌子都多放了一副碗筷，他每张桌子都坐。一个小时的吃饭时间，他四张桌子轮流坐，而且几乎都是15分钟。到这时，大家都被大哥周到和细致的安排感动了。

大哥大概每张桌子都转完晚宴基本也就结束了。结束之后他没先走，而是逐一跟大家握手，在场的每个人都要握到，就连墙角站着的服务员，大哥也专门走到他面前和他握手。这时候有人想起看过他的一个演讲，问他有没有关于这个演讲的书，大哥当时没准备，他交代了下面一下，结果下车的时候，那本书就送到大家手里了。整个过程中，每个人都感觉很舒服。

思考题

1. 案例中，李嘉诚请客有哪些让你心动的东西？对照所学礼仪知识分析一下。

2. 平等待人与"创造自我，追求无我"有怎样的交集？

二、宴请准备

(一)时空选择

时空选择是指确定宴请的时间与地点。商务宴请无论是哪种类别和方式，要达到宴请的目的，取得事半功倍的效果，在选择时间和空间上都必须讲究技巧。

1. 时间选择技巧

(1)民俗习惯。在绝大多数情况下，确定正式宴请的具体时间，要遵从民俗惯例。例如，正式宴会通常安排在晚上，因业务交往而安排的工作餐，大多选在午间。在筹备商务宴请时，最好尽量避开重要的活动日、纪念日、节假日、某一方不方便的日子或忌日。

(2)主随客便。优先考虑被邀请者，尤其是主宾。如有可能，应先与主宾协商一下，力求方便对方，双方达成一致。

(3)打提前量。给对方宽裕的准备时间，安排好工作。

(4)注意事项

①不选对方繁忙的时间。

②避开对方文化中的重大节日。

③避开重要活动或有禁忌的日子。

④考虑对方个人禁忌。

⑤提前约定时间。

⑥避开特定节日或纪念日。

2. 空间选择技巧

宴请地点可依据宴请目的、规模、形式来定。确定地点最便捷的方式是：按人数多少确定地点，按宴请类型确定地点，订宾、主都熟悉的地方，按来宾意愿确定地点。具体可考虑以下几点：

(1)环境优雅

选择卫生良好、清静、舒适、有格调的地点。首选有声誉的饭店、宾馆。

(2)设施完备

选择餐具用品和音响设施等完备的地点。首选负有盛名的老字号或名酒家。

(3)交通方便

主要考虑位置、线路、停车、出行便利等因素。

(二)确定菜单

宴请的酒菜根据宴请规格，在规定的预算标准内安排。

1. 点菜礼规

量入为出为礼规，用餐点菜时虽然最重要的是让客人吃饱吃好，但也要量力而行。

2. 点菜艺术

点菜有两种办法：一是整点，即点套餐或包桌；二是零点，即根据个人预算，在用餐时现场临时点菜。不论采用何种办法，点菜都应尽量征求来宾意见，特别是主宾的意见，不要只凭自己的个人喜好行事。

定宴请菜单时，一部分要符合客人口味，一部分要体现东道主地方特色。菜肴道数和分量要合适。

3. 点菜技巧

(1) 丰俭得当。

(2) 冷热搭配，荤素适当，有主有次。

(3) 营养丰富，味道多样。

(4) 备家常菜，调剂口味。

(5) 晚宴要比午宴隆重，菜品更丰富。

(6) 要有时令菜，加入地方特色。

(7) 在餐桌上摆放菜单。

4. 点菜技巧

(1) 优先考虑有中餐特色和文化标记的菜肴，如麻婆豆腐、夫妻肺片、宫保鸡丁、西湖莼菜羹和东坡肉等。尤其是宴请外国来宾时，更应当高度重视。

(2) 兼顾具有本地特色的菜肴。宴请他人，尤其是宴请外地来宾时，应尽量安排具有本地特色的菜肴。

(3) 选择餐馆的招牌菜。在知名餐馆点菜时，应尽量选择一些餐馆的招牌菜。

(4) 适当加入一些家常菜，用以调剂口味。

(5) 不忘时令菜。考虑宴请当地的季节时令菜，突出地方特色。

(6) 丰俭得当，荤素搭配，山珍海味，味道多样。

(7) 冷热搭配，主次分明。

三、菜系参考

中国菜肴在烹饪中有许多流派。其中最有影响力和代表性的有鲁、川、粤、闽、苏、浙、湘、徽几大菜系，即人们常说的中国"八大菜系"。

一个菜系的形成和它的悠久历史与独到的烹饪特色分不开，同时也受到这个地区的自然地理、气候条件、资源特产、饮食习惯等影响。有人把"八大菜系"用拟人化的手法描绘为：苏、浙菜好比清秀素丽的江南美女；鲁、徽菜犹如古拙朴实的北方健汉；粤、闽菜宛如风流典雅的公子；川、湘菜就像内涵丰富充实、才艺满身的名士。中国"八大菜系"的烹调技艺各具风韵，其菜肴之特色也各有千秋。

（一）鲁菜

宋以后鲁菜就成为"北食"的代表。明清两代，鲁菜已成宫廷御膳主体,对京、津、东北各地的影响较大,现今鲁菜是由济南和胶东两地的地方菜演化而成的。其特点是清香、鲜嫩、味纯,十分讲究清汤和奶汤的调制,清汤色清而鲜,奶汤色白而醇。济南菜擅长爆、烧、炸、炒,其著名品种有糖醋黄河鲤鱼、九转大肠、汤爆双脆、烧海螺、烧蛎蝗、烤大虾、清汤燕窝等。胶东菜以烹制各种海鲜而驰名,口味以鲜为主,偏重清淡,其著名品种有干蒸加吉鱼、油爆海螺等。中华人民共和国成立后,创新名菜的品种有扒原壳鲍鱼、奶汤核桃肉、白汁瓤鱼、麻粉肘子等。

(二)川菜

川菜在秦末汉初就初具规模,唐宋时发展迅速,明清已富有名气,现今川菜馆遍布世界。正宗川菜以四川成都、重庆两地的菜肴为代表。重视选料,讲究规格,分色配菜主次分明,鲜艳协调。其特点是酸、甜、麻、辣香、油重、味浓,注重调味,离不开三椒(即辣椒、胡椒、花椒)和鲜姜,以辣、酸、麻脍炙人口,为其他地方菜所少有,形成川菜的独特风味,享有"一菜一味,百菜百味"的美誉。烹调方法擅长烤、烧、干煸、蒸。川菜善于综合用味,收汁较浓,在咸、甜、麻、辣、酸五味基础上,加上各种调料,相互配合,形成各种复合味,如家常味、咸鲜味、鱼香味、荔枝味、怪味等二十三种。代表菜肴有大煮干丝、水煮鱼、怪味鸡块、麻婆豆腐等。

(三)粤菜

西汉时就有粤菜的记载,南宋时受御厨随往羊城的影响,明清发展迅速。20世纪,随着对外通商,粤菜吸取西餐的某些特长,被推向世界,仅美国纽约就有粤菜馆数千家。粤菜是以广州、潮州、东江三地的菜为代表而形成的。菜的原料较广,花色繁多,形态新颖,善于变化,讲究鲜、嫩、爽、滑,一般夏秋力求清淡,冬春偏重浓醇。调味有所谓五滋(香、松、臭、肥、浓)、六味(酸、甜、苦、咸、辣、鲜)之别。其烹调擅长煎、炸、烩、炖、煸等,菜肴色彩浓重,滑而不腻。著名的菜肴品种有三蛇龙虎凤大会、五蛇羹、盐焗鸡、蚝油牛肉、烤乳猪、干煎大虾和冬瓜盅等。

(四)闽菜

闽菜起源于福建省闽侯县。它以福州、泉州、厦门等地的菜肴为代表发展起来。其特点是色调美观,滋味清鲜。烹调方法擅长炒、熘、煎、煨,尤以糟最具特色。由于福建地处东南沿海,盛产多种海鲜,如海鳗、蛏子、鱿鱼、黄鱼、海参等,因此,多以海鲜为原料烹制各式菜肴,别具风味。著名菜肴品种有佛跳墙、醉糟鸡、酸辣烂鱿鱼、烧片糟鸡、太极明虾、清蒸加力鱼、荔枝肉等。

(五)苏菜

苏菜起始于南北朝时期，唐宋以后，与浙菜共同成为"南食"两大台柱。江苏菜是由苏州、扬州、南京、镇江四大菜构成的。其特点是浓中带淡，鲜香酥烂，原汁原汤，浓而不腻，口味平和，咸中带甜。其烹调技艺擅长炖、焖、烧、煨、炒。烹调时用料严谨，注重配色，讲究造型，四季有别。苏州菜口味偏甜，配色和谐；扬州菜清淡适口，主料突出，刀工精细，醇厚入味；南京菜、镇江菜口味和醇，玲珑细巧，尤以鸭制的菜肴负有盛名。著名的菜肴品种有清汤火方、鸭包鱼翅、松鼠鳜鱼、西瓜鸡、盐水鸭等。

(六)浙菜

浙菜以杭州、宁波、绍兴、温州等地的菜肴为代表发展而成。其特点是清、香、脆、嫩、爽、鲜。浙江盛产鱼虾，又是著名的风景旅游胜地，湖山清秀，山光水色，淡雅宜人，故其菜如景，不少名菜来自民间，制作精细，变化较多。烹调技法擅长炒、炸、烩、熘、蒸、烧。久负盛名的菜肴有西湖醋鱼、生爆鳝片、龙井虾仁、干炸响铃、叫花童鸡、清汤鱼圆、干菜焖肉、大汤黄鱼、爆墨鱼卷、锦绣鱼丝等。

(七)湘菜

湘菜以湘江流域、洞庭湖区和湘西山区的菜肴为代表发展而成的。其特点是用料广泛，油重色浓，多以辣椒、熏腊为原料，口味注重鲜香、酸辣、软嫩。烹调方法擅长腊、熏、煨、蒸、炖、炸、炒。其著名菜肴品种有腊味合蒸、东安子鸡、麻辣子鸡、红煨鱼翅、汤泡肚、冰糖湘莲、金钱鱼等。

(八)徽菜

徽菜以沿江、沿淮、徽州三地的地方菜为代表构成。其特点是选料朴实，讲究火功，重油重色，味道醇厚，保持原汁原味。徽菜以烹制山野海味而闻名，早在南宋时，沙地马蹄鳖、雪中牛尾狐就是那时的著名菜肴了。其烹调方法擅长烧、焖、炖。著名的菜肴品种有符离集烧鸡、火腿炖甲鱼、腌鲜鳜鱼、火腿炖鞭笋、雪冬烧山鸡、红烧果子狸、奶汁肥王鱼、毛峰熏鲥鱼等

四、排定座位

商务宴请中，座位安排最能体现礼仪细节。安排座位时首先安排桌

次，然后安排每桌位次。

1. 桌次安排

遵从"面门定位，以右为尊，门远为上"的原则安排。

(1)如安排两桌，无论横排、竖排，原则不变。

(2)如安排三桌及三桌以上，除遵从原则确定主桌外，还要兼顾其他各桌与主桌的远近，通常距离主桌越近，地位越高，距离主桌越远，地位越低。（图 5-1-1）

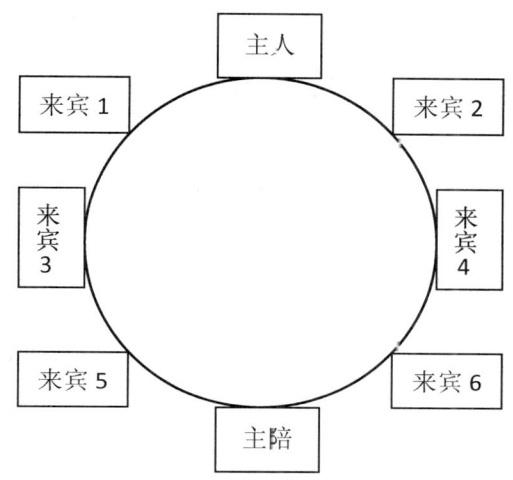

图 5-1-1　每一桌一个主位，主要宴请人在主人右侧入座

2. 位次规则

不要忽视每张餐桌上所安排的用餐人数，应限于 10 人之内，并以双数为宜。

根据上述席位各桌次序的排列方法，每张桌子的具体位次也有主次尊卑之分。圆桌上主位确定后，其他来宾分两种情况安排位次，仍然遵从"面门定位，以右为尊，门远为上"的原则。

(1)每桌一个主位的排列方法。其特点是：每桌只有一名主人，主宾在其右侧就座，每桌只有一个谈话中心。

以正门为标准，面门为上，背门为下。

(2)每桌两个主位的排列方法。其特点是：主人夫妇就座于同一桌，以男主人为第一主人，以女主人为第二主人，主宾和主宾夫人分别在男女主人右侧就座。每桌从客观上形成了两个谈话中心。（图 5-1-2）

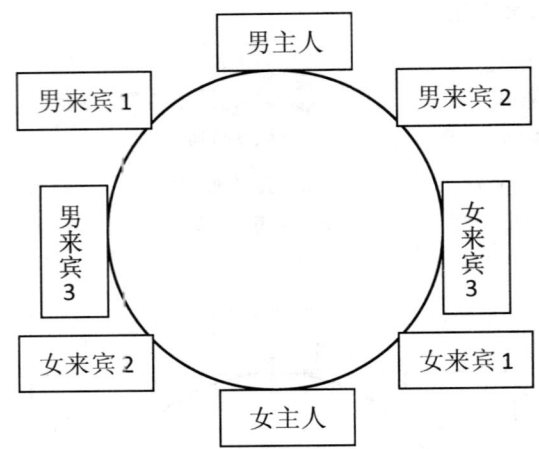

图 5-1-2　每桌两个主位，即主人偕夫人参加

(3)西餐长桌座次

①男女主人在长桌中央面对而坐，桌子两端一般安排座位。

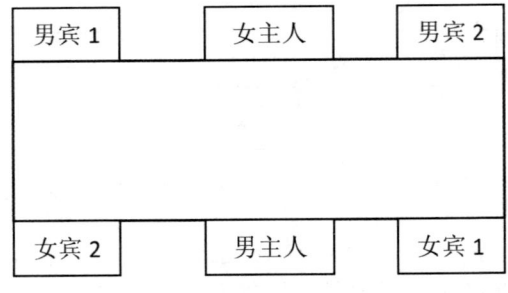

图 5-1-3

②男女主人在长桌两端面对而坐，女主人身边安排最重要的客人。

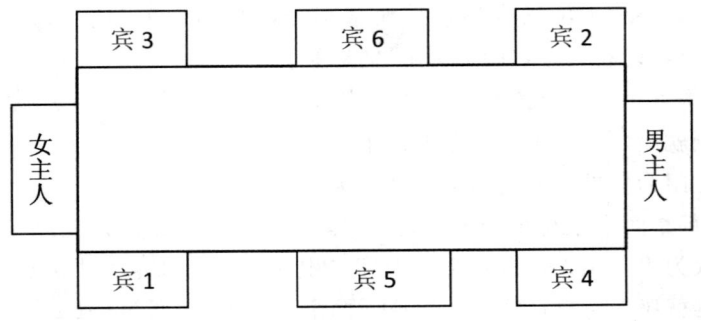

图 5-1-4

(4)方桌座次

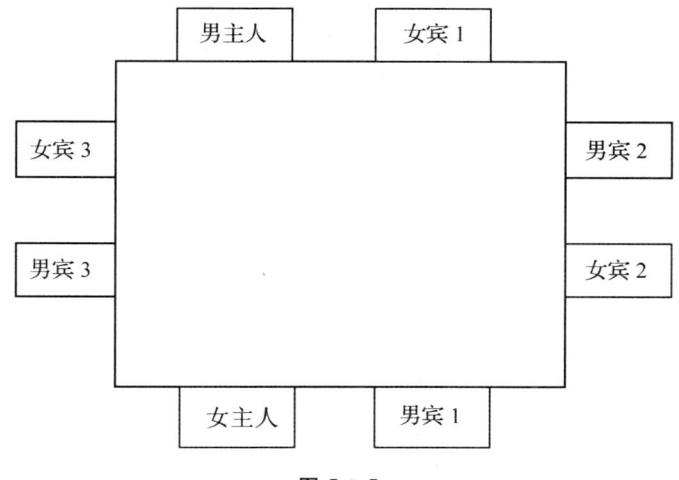

图 5-1-5

五、发出宴请邀请

请柬提前 1~2 周发出,电话至少提前 2 天邀约。请柬上注明活动形式、时间、地点、邀请方东道主姓名。人名和节日名称用全称,中文请柬要写职务或尊重的称呼。请柬下方填落款。

请柬分为横式请柬和竖式请柬。

横式请柬:

被请人:
务请/敬请着正装、礼服(化装舞会)
＿＿年＿＿月＿＿日＿＿＿时(时间),＿＿＿＿＿＿(详细清晰的活动地点),举行＿＿＿＿＿(年底聚餐、工作聚餐、宴请等)。
敬请光临!(恭迎大家!或恭贺光临!)
发出邀请人
＿＿年＿＿月＿＿日

竖式请柬：

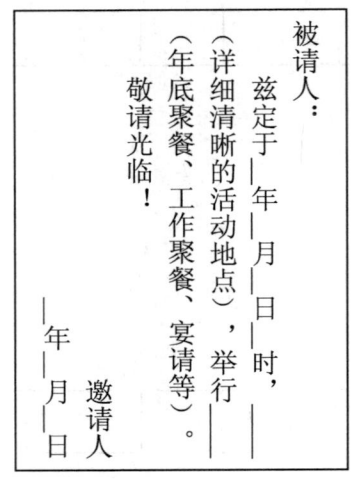

被请人：
兹定于__年__月__日__时，
（详细清晰的活动地点），举行
（年底聚餐、工作聚餐、宴请等）。
敬请光临！

邀请人
__年__月__日

第二节　用餐礼仪

商务宴请中，用餐者必须讲究就餐礼仪，本节将从商务用餐的一般礼仪、中餐用餐礼仪和西餐用餐礼仪、自助餐用餐礼仪四个方面阐述。

一、商务用餐一般礼仪

1. 掌握出席时间

出席宴请，抵达时间早晚、逗留时间长短，在一定程度上反映出对主人的尊重与否。迟到或逗留时间短，常被视为有意冷落他人或失礼的表现。一般不提前退席，确有事情需要提前退席，应向主人说明后再悄悄离去；也可以事先打好招呼，到时很快离席；常规情况下，应在主宾离席后，其他宾客再告辞。

2. 入席前准备

到达宴请地点后，宾客应先到衣帽间脱下外套和帽子，然后前往主人迎宾处，向人问好。如带有礼品，应及时交给主人。

3. 入座与进餐

应按照主人要求按位次就座，不可造次。注意从自己行进方向的左侧入座，坐姿自然端正；双腿不交叉，双手不可搭在邻座椅背上，不托腮；眼光柔和，不可紧盯菜盘。入座后，如邻座是年长者或女性，应主动协助其入座。

进餐取菜要适量，如遇本人不喜的菜式，主人劝菜时，不要拒绝，在服务员上菜时可取少量放在盘内，并及时致谢。进餐时不要发出声响，要注意吃相，保持形象。文明进餐要求做到五个"不"：吃喝不出声，残渣不乱吐，不劝人喝酒，不给人布菜，不松解衣饰。

4. 交谈适度

商务环境进餐，应该主动与同桌交谈。无论是主人还是客人，都应积极参与同桌人的交谈，特别是左右邻座。不要只顾埋头吃，一言不发；不只和熟悉的人交谈，还要和主人方面不熟悉的人交谈，交谈对象要广泛；交谈内容要轻松、高雅、有趣，不要对饭菜妄加评论；交谈音量要适中，不可大声喧哗；嘴里有食物时不要说话。

5. 祝酒时不要交叉碰杯

在主人和主宾致辞、祝酒时，应暂停进餐，停止交谈并注意倾听。碰杯时，目光要正视对方以表诚意。

6. 不宜使用浓烈香水

无论男女，出席正式场合可能都会使用香水，应该使用清香型香水，过重的香气会盖过食物的味道，影响用餐气氛。

二、中餐用餐礼仪

1. 中餐菜序

中餐的出菜顺序大致为开胃菜—主菜—点心。

标准的中餐，上菜顺序通常是：先冷后热，先炒后烧，咸鲜清淡的先上，甜的味浓味重的后上，最后是饭菜。

(1)冷盘荤素搭配，以荤为主，可以冷拼、花拼，海鲜不做凉菜，甜咸辣淡口味兼顾；吃至三分之二时，上热炒。

(2)有规格的宴席，热菜中的主菜（比如燕窝席里的燕窝、海参宴里的海参等）应该先上，即最贵的热菜先上。如只有一道主菜，将其作为呈现给来宾重头品尝的风格标志；如主菜按双数出现，一般是兼顾宴请人数递加，并不分主次。热炒可视规模选用滑炒、软炒、干炸、爆、烩、烧、蒸、浇、扒等组合。

大菜（不是必需的）指整只、整块、整条的菜肴，比如一头乳猪、一只全羊、一大块鹿肉等。

(3)甜菜：包括甜汤，如冰糖莲子、银耳甜汤等。

(4)点心：一般是米面制品。一般中餐正规宴请不供饭，而以糕、饼、团、粉、各种面、包子、饺子等做主食。

（5）水果：多为水果拼盘，用以爽口、消腻。

此顺序并非一成不变，如水果有时可以算在冷盘里；点心可以算在热菜里；较浓的汤菜，应该当作热菜上；贵重的汤菜如燕窝等要作为热菜中的头道。

出于季节的考虑，则有冬重红烧、红焖、红扒和砂锅、火锅等；夏以清蒸、白汁、清炒、凉拌为主。

此外，颜色搭配、原材料的多样化也应考虑。

2. 餐具使用

中餐餐具主要有杯、盘、碗、碟、筷子、汤匙等。

中餐餐具放置讲究一定的礼仪：面前是盘子。盘前为三个杯子，从左至右依次放置大、中、小杯。盘左面为碗，碗中有勺，用于盛汤、羹、丁，碗碟不端离桌面。盘右面是筷子、大汤勺。桌上放两条湿毛巾。

（1）筷子的使用

讲究长短一致，两头对齐，成双使用。用于夹取食物。

（2）碗的使用

使用时注意不用双手端碗进食，也不要双手都不扶碗，应该一手端碗或扶碗，用餐具取用碗内食物，碗内不可放置残渣。

在尊长面前，一手托住碗底是表示尊重。

（3）汤匙的使用

汤匙主要用来喝汤，或取食颗粒状食物。

（4）盘碟的使用

盘碟同型，盘大碟小。餐桌上，盘子保持原位不动，用来存放从公共菜盘里取来的食物。碟子可放调料、蘸料。

（5）杯子的使用

标准的中餐，一般有三只杯子，大、中、小各异，大杯用于倒茶水饮料，中杯用于盛放红酒，小杯用于喝白酒。

（6）餐巾的使用

正式的中餐宴会，会配备一条餐巾，用于擦嘴、擦手，不可擦汗、擦餐具。桌上会放两条湿巾，饭前的湿巾用来擦手、擦汗，不擦嘴；饭后的湿巾用来擦嘴，不擦汗。

（7）水盂的使用

一般水盂中的水，漂有玫瑰花瓣或柠檬片等，用于洗手，不能饮用。

（8）牙签的使用

牙签用于剔牙，一般不当众剔牙，如非剔牙不可，应以餐巾或手掌掩住口部。注意牙签不可叼在口中。剔出残渣不可再次入口,不可乱弹,不可当众查看。

3. 餐具使用的文化禁忌

(1) 筷子的使用禁忌

①三长两短:用餐前或用餐中,将筷子长短不齐地放在桌子上,好像"三长两短",其意思是代表"死亡"。

②仙人指路:拿筷子时用大拇指和中指、无名指、小指捏住筷子,而食指伸出,好像骂街,带有指责的意思。用筷子指人,等同于用手指人,等于指责别人。

③品箸留声:把筷子的一端含在嘴里,用嘴来回嘬,并不时发出咝咝的声响。这种行为是缺少家教的无礼行为。

④击盏敲盅:用餐时用筷子敲击盘碗,好像行乞讨饭。

⑤执箸巡城:用餐时旁若无人地用筷子来回在桌子上的菜盘里寻找、翻检。

⑥迷箸刨坟:用餐时筷子在菜盘里不住地扒拉,以求寻找"猎物",就像盗墓刨坟一般。这种做法同"执箸巡城"相近,都属于缺乏教养的做法,令人生厌。

⑦泪箸遗珠:用筷子夹菜时,将菜汤滴落到其他菜里或桌上。

⑧颠倒乾坤:用餐时将筷子颠倒使用,给人饥不择食的感觉。

⑨定海神针:用餐时用一根筷子去插盘子里的菜品,这被认为是对同桌用餐人员的一种羞辱。

⑩当众上香:出于好心帮别人盛饭时,为方便省事把一副筷子插在饭中递给对方。这被视为大不敬,类似于民间传统中的为死人上香。

⑪交叉十字:用餐时将筷子随便交叉放在桌上。饭桌上打叉,是对同桌其他人的全部否定。

⑫落地惊神:失手将筷子掉落在地上,这是严重失礼的一种表现。

(2) 调羹使用的文化禁忌

①出声勺:喝汤时发出"啧啧"的瘪嘴声或"呼噜噜"的喝汤响声。

②回锅勺:将自己经口用过的或舔过的调羹重新回锅盛汤。

③吹风勺:用比较大或比较急的口风,吹凉调羹中的汤。

④敲打勺:没有轻拿轻放,致使调羹碰到碗、盘而发出声响。

⑤滴漏勺:调羹吃食就口的程度,要以不离碗、盘正面为限,切不可使汤滴在碗、盘的外面。

⑥反手勺:舀汤盛饭的时候勺子外翻。

⑦游走勺：拿着勺子走动或招待客人，这是对客人不礼貌、没有诚意的表现。

⑧花脸勺：每次用过后，勺子上沾附的汤汁或酱水，若不注意随时清洁，则形成一张花脸。

4. 中餐就餐的细节注意

(1)用餐时不能用手拿着盘子。

(2)尽量用一道菜配一个专用的取用盘，以免味道混淆。

(3)使用中的筷子以纵放为原则，禁止把筷子搁在盘缘或碗缘上。

(4)菜肴需由主宾开动后其他人才可动筷。

(5)取菜兼顾同桌，共餐制时，即使自己喜欢吃的菜肴也不可多取。

(6)取汤汁较多的菜肴时，取菜盘需靠近大盘去接。

(7)不可站起来、伸长两手至远处夹菜，这是很不礼貌的行为。

(8)取用面食时，用公筷夹面条，放在面前的小碗中再享用。

(9)不可将装有面食的碗端起来直接食用，更不能发出声音。

(10)喝茶时，若没有服务员，宴请者要为所有客人倒茶，等茶叶沉下后，把杯盖稍微挪开再饮用。

(11)自己取菜盘上的菜必须全部吃完。

(12)口里有小骨头时，可以餐巾掩口，用筷子取出，放置盘上。

(13)肉或蔬菜等若体积太大，可在碗内夹成一口大小再吃，不可放进嘴里再咬。

(14)喝汤必须使用汤匙，每次只舀一口分量。吃粥也是同样的要诀。

三、西餐就餐礼仪

1. 西餐菜序

基于饮食习惯的不同，西餐的菜序与中餐有着明显的不同。正式宴请中，西餐的正餐由八道菜肴组成。

(1)开胃菜。在西餐里，它往往不被列入正式的菜序，仅充当"前奏曲"。开胃菜既可以是沙拉也可以是由海鲜、水果、蔬菜组成的拼盘。如果均已切割好，用餐叉食用即可。

(2)面包。西餐正餐面包一般都是切片面包，吃面包时，可根据个人口味涂上黄油、果酱或奶酪。面包一般放在自己的左前方，吃一道菜时方可食用。鲜面包的正确吃法是：用左手撕下一块大小适中、刚好可以一次吃下的面包，全部涂上黄油和果酱，再送入口中。不能拿起一块面包，全部涂上黄油，双手托着吃；不能用叉子叉着面包吃；不能用刀叉切开吃；

也不能把面包浸在汤内捞起来吃。如是烤面包片,则不要撕开。甜食上来后,最好不要再吃面包。

(3)汤。汤分为两大类,即清汤和浓汤,具有开胃作用。正式喝汤时,才算正式开始吃西餐。喝汤时注意事项:第一,不要端起盘子喝汤;第二,喝汤时不要发出"嘶嘶"的声音;第三,身子不要俯得太低,趴到汤盘上去吸食;第四,不要用嘴吹,可用汤匙搅拌降温。

(4)主菜。主菜有冷有热,正式的西餐宴会上,大体上要上一道冷菜、两道热菜。

冷菜多为冻子、泥子。冻子是煮熟的食品(鸡肉、虾肉、鱼肉)与汤凝结成的。泥子是动物肝脏或脑泥+芹菜+鸡蛋,戌糊状。

两道热菜中,讲究先上一道鱼菜,由鱼和虾以及蔬菜组成;再上一道肉菜,为西餐中的大菜,是必不可少的,多为烤肉,再配以蔬菜,往往代表着此次用餐的最高档次和水平。吃鱼时,可用餐刀将其切开,将鱼刺、骨剥出后再切成小块,用叉取食。吃肉菜时,要用叉子按住食物,用餐刀切下一小块,吃完后再切第二块。

(5)点心。吃过主菜后,一般要上些蛋糕、饼干、吐司、三明治等西式点心,可以用手拿着吃。但是,吃通心粉时不能一根一根挑着吃或吸着吃;应该右手握叉,在左手所握汤匙的帮助下,把面条缠绕在餐叉上,然后送入口中。

(6)点心之后,接着上甜品,最常见的甜品有布丁、冰淇淋等。西餐上桌的布丁一般是流质的,不直接用手取食,以专用的餐匙取食。冰淇淋上桌时,通常被置于专用的高脚玻璃杯内,应以餐匙食用。

(7)水果。吃完甜品,一般还要摆上干鲜果品,常用的干果有核桃、榛子、腰果等,鲜果有草莓、菠萝、苹果等。

(8)热饮。在用餐结束之前,还要为用餐者提供热饮。西餐的热饮,可以在餐桌上饮用,也可以离开餐桌去客厅或休息厅饮用。一般为红茶和咖啡。

2. 餐具使用

西餐非常讲究餐具,使用餐具必须遵从既定的规矩。刀叉是西餐最重要的餐具,此外还有匙、盘、碟、杯等,讲究不同的菜使用不同的刀叉,不同的酒用不同的酒杯。

(1)刀叉

刀叉是餐刀、餐叉的统称。

刀是用来切割食物的,不可用刀挑起食物往嘴里送,一般右手持刀。

用餐时，有三种不同规格的刀同时出现：带小锯齿的、较大的刀用来切割肉制品；中等大小的刀用来切割大片蔬菜；小巧的、刀尖呈圆头的、顶部略微上翘的刀，用来切开面包或挑起果酱、奶油涂面包。

用刀时，刀刃不可向外；不用刀时，将其横放在盘子右上方。

叉是用来叉起食物的，一般左手持叉。用餐时，叉自外到内的摆放顺序是鱼叉、肉叉、沙拉叉。叉起食物入嘴时，牙齿只碰到食物，不咬叉，食物一次性入口，不可咬一口再放下。

多数情况下，刀叉同时配合使用。不容易叉起的食物，可以用刀轻轻地推上叉。切割食物时，左手用刀按住食物，右手用刀切成小块，送入口中。

欧洲人使用刀叉时不换手，切一块吃一块；美国人则不同，切割一块即把刀放下，换右手持叉送入口中。

就餐中，按刀叉顺序由外而里取用，最先取用摆在离主菜盘最远的刀叉，切割食物不能一次全部切细，应切下一片或一块吃掉。

就餐过程中需暂时离开或攀谈时做手势，应放下手中的刀叉，刀右叉左，刀口向内，叉齿向下，呈"八"字形，摆放在餐盘之上，以此表示此菜尚未用毕。吃完或不想再吃时，可以刀口向内，叉齿向上，刀右叉左，并排放在餐盘上，以此表示不再吃了，可以连刀叉带餐盘一起收掉。

使用刀叉时要注意：不要动作过大影响他人；切割食物时不要弄出声响；切下的食物要一口吃掉；不要挥动刀叉和指点他人；不可一手拿刀或叉，一手拿酒杯或拿餐巾擦嘴；任何时候，都不可将刀叉的一端放在盘子上或桌上。

（2）匙

正式场合下，匙有很多种，小的用于咖啡和甜点，扁平的用于涂黄油分蛋糕，大的用于喝汤或舀碎小食物，最大的用于自助餐公用。

西餐正餐，至少有两把匙，一般大的是汤匙，小的是甜品匙。一般汤匙喝汤；小匙也称茶匙，用于搅拌等，用完应从杯中取出，放入托盘。

（3）餐巾

用餐前打开，平铺在大腿上，正方形餐巾折成等腰三角形，直角朝向膝盖方向，或将长方形餐巾对折，折口向外平铺。餐巾可用来保持服装整洁，女士用来擦唇膏或掩口。

当女主人把餐巾铺在腿上时，暗示用餐开始。当女主人把餐巾放在餐桌上时，暗示用餐结束。当中途暂时离开，还要去而复返继续用餐时，可将餐巾放置于本人座位上。

餐巾使用规范：不要用餐巾擦汗、擦脸、擦手；不要用餐巾擦餐具、擦桌子；不要用餐巾擦口红、擦鼻涕、吐痰；不要用餐巾擦眼镜；不要在离席时把餐巾掉到地上；不要把餐巾用到污迹斑斑；不要把食物残渣放在餐巾上；等等。

3. 西餐菜式吃法礼仪

(1) 喝汤的礼仪

喝汤不出声，不能吸着喝，汤匙轻拿轻舀轻放，尽量不要碰撞出声；不要任意搅和热汤，不要用嘴吹凉；舀汤时汤匙斜入汤碗，由身边往外舀汤，一汤匙一口喝下，不分几口；吃完汤菜，汤匙留在碗盘中，匙把指向自己；暂时离开座位时，可斜放或横放汤匙。

(2) 吃面包的礼仪

取面包用手去拿，取自己左手前面的，不可取错；面包撕着吃，吃一块撕一块，用左手拿来吃；黄油取出放在小碟里，不直接往面包上抹；不用面包蘸汤吃，不用面包抹盘子。

(3) 吃蔬菜和沙拉的礼仪

吃沙拉只用右手持叉吃，叉尖朝上；蔬菜一般用叉吃，体积较大的蔬菜，可用刀叉折叠、切分，再用叉送入口中；青豆一类的蔬菜，可用叉压扁，再用叉舀来吃，不可一颗一颗叉着吃。

(4) 吃白肉的礼仪

西餐中的白肉指鱼肉、鸡肉和海鲜。

吃全鱼时，用刀将头尾切下，堆在盘边，用刀切割上层鱼肉，叉着吃，吃完上层鱼肉不可将鱼翻身，应用刀叉剔除主刺后再吃下层鱼肉；吃鱼块时，用刀叉拨开鱼刺，入口的鱼骨、鱼刺用叉接住后放入盘中，不可扔在桌上或地上。

吃整鸡时，用刀从胸脯处一剖为二，切肉食用，不可翻身，鸡腿也用刀去骨，不要用手拿着吃。

整只龙虾，用手撕去虾壳再吃，半只龙虾，右手持刀插进虾尾，压住虾壳，左手用叉拉出虾肉再切食。

吃贝类海鲜，用左手持叉，将肉挑出来吃。

配食的柠檬，用手挤汁，滴在鱼虾海鲜上，以去腥味。

(5) 吃红肉的礼仪

西餐中的红肉指牛肉、羊肉、猪肉等。

牛排熟度可分为三分熟、五分熟、七分熟、全熟，点菜要准确，事后重烤或不敢吃，都是失礼的。牛排切割要由内而外，一下一下切，不要来来回回锯着切,应切一块吃一块。

猪排、羊排要熟透,吃法与牛排相同。

(6)吃水果、甜点的礼仪

西餐中水果吃法比较烦琐,除葡萄外,其他水果一般不用手拿着吃。苹果、梨等先切成四块或六块,去皮、核,用叉子叉着吃。

蛋糕、西饼用小叉子吃,冰淇淋、布丁用甜点匙吃。

给人拿点心时,用刀叉托住送过去。

(7)喝咖啡礼仪

喝咖啡可以右手端杯、左手端碟,也可只端杯子,将碟子留在桌上。喝咖啡可加奶、加糖,用方糖夹取糖,放在咖啡碟近身一侧,再用小咖啡匙把方糖放进杯子,如加砂糖,用咖啡匙舀取。咖啡太热时,用咖啡匙搅拌,不可用嘴吹凉。喝咖啡可就点心,但不可一手拿点心,一手端咖啡,吃一口喝一口交替进行。一般喝咖啡时放下点心,吃东西时放下咖啡。咖啡匙仅用来搅拌,用完放回小碟,不可用来舀着喝。

(8)喝酒的礼仪

标准的西餐宴请,使用的酒分为餐前酒、佐餐酒、餐后酒三类。

餐前酒,也叫开胃酒,在餐前饮用或吃开胃菜时饮用,品种有鸡尾酒、味美思、威士忌、香槟。

佐餐酒,大多是葡萄酒,要求"白酒配白肉,红酒配红肉",即主菜是肉类则搭配红葡萄酒,主菜是鱼类则搭配白葡萄酒。

餐后酒,是指在用餐之后,用于助消化的酒水。最常见的是香甜酒,最有名的餐后酒,则是有"洋酒之王"美称的白兰地酒。

在一般情况下,饮用不同的酒水,要用不同的专用酒杯。在每一位用餐者面前,桌面上大都会横排放置着三四只酒水杯。取用时,可依次由外侧向内侧,亦可"紧跟"女主人的选择。在它们之中,香槟杯、红葡萄酒杯、高脚杯、白兰地杯及水杯,往往必不可少。

4. 西餐就餐礼仪

(1)着装讲究,在隆重的宴会上,往往要求穿礼服。在普通宴会上,通常要求穿正装。

(2)尊重女士,特别要尊重女主人,礼待女宾客。

(3)举止优雅。要坐姿端正,文明用餐,禁止出声,主动交际。商务环境下的西餐,应该多利用此机会主动与对方交流沟通,拓展人脉。

四、自助餐就餐礼仪

自助餐可以不排座位,节省费用,各取所需,招待多人,目前是商务活动中通行的一种非正式宴请形式。具体做法是：不备正餐，就餐者自行选择食物、饮料，或坐或立，自由选择与他人一起或独自用餐。自助餐礼仪是指就餐者需遵从的礼仪规范。

1. 排队取菜。讲究先来后到，不可以乱挤、乱抢、乱插队。
2. 循序取菜。讲究依次序取菜，按凉菜、汤菜、热菜、点心、甜品、水果的顺序取菜。
3. 量力而行。也称"每次少取"原则，不可将食物狂取一通，最后剩余浪费。
4. 多次取菜。自助餐选取菜肴，可以多次取用，直至吃好吃饱为止，相反，为图省事一次过量取菜，倒是失礼。
5. 避免外带。可以在现场多次取用，不可打包外带。
6. 送回餐具。自助餐用餐完毕，应将餐具放到指定处。
7. 照顾他人。排队、取菜、就位、走动时，要谦让、适当帮助其他就餐者，不可目中无人、横冲直撞、蛮不讲理。
8. 乘势交际。商务活动中的自助餐，吃是次要的，寻找机会与他人适当交际是主要的，不可只顾埋头大吃，不可去了就吃，吃完就走，要主动与主人攀谈，与朋友叙旧，与陌生人结交。

五、赴宴就餐的禁忌

1. 用餐时响声大作，包括喝饮料、喝酒，咀嚼食物，敲打餐具的声音。
2. 剔牙不掩饰。剔牙时要用餐巾进行遮挡，剔除出来的东西应该悄悄处理。
3. 将残渣吐在桌上或地上。
4. 一次入口过多。切一大块牛排塞满嘴巴还与人交谈是极其糟糕的表现。入口过多，吃相粗俗。
5. 吃到冒汗不擦、嘴角有菜渍等仍旧进食是被禁止的。
6. 用餐时咳嗽、打喷嚏、吐痰。感冒或身体不舒服时应不赴宴，这是对他人的理解和尊重。如果进食中不小心呛到咳嗽，应该立刻向邻座道歉："不好意思，我呛了一下。"这样邻座就不会责怪你。
7. 用餐时吸烟。在所有宴请中，吸烟都是不文明的。
8. 当众宽衣解带。热了就脱衣服、解领带，吃多了松皮带，吃螃蟹时挽起袖子，都是失礼的行为。
9. 餐桌上整理发型或补妆。职场中的女士不要在餐桌上整理发型或补妆，这是轻浮的行为。

10. 口含食物与人交谈，会造成口齿不清，同时喷洒饭菜。

11. 替人布菜。越俎代庖，有失礼仪。

12. 不停劝酒。

13. 猜拳行令，很不文明。

14. 用手抓取食物，既不卫生，也不文雅。

15. 乱用餐具。该用筷子时不能用勺子。西餐吃意大利面时可以用叉子卷着吃，中餐吃面时不可用筷子卷着吃。

16. 品味餐具。不可将筷子放在口中咂味道。

17. 跟人抢菜。招待会中，应该按次序拿菜。

18. 捡食掉出的食物。食用掉在桌子上、衣袖上的食物是不卫生的。

19. 边走边吃，边走边喝。鸡尾酒会上，喝酒和吃东西的时候不说话、不走动，交谈时不走动、不进食。

20. 乱吹乱搅食物。吃热菜、喝热汤或热咖啡时，轻轻搅动，搅动的范围是勺子碰到餐具底部，不可上下翻搅。

21. 双手乱动乱放。手可放在桌子边缘，也可以放在大腿，勿双肘放在桌面。即使旁边是好友，也不可把双手搭在对方椅背上。

22. 掩口说话、窃笑、抓痒、摸鼻子耳朵、玩弄餐具、玩弄自己的手指。

23. 埋头苦吃，不搭理别人。别人用言语、眼神示意时，应该热情主动地进行回应。

24. 交谈内容隐晦或话题让人倒胃口。不可涉及葬礼、细菌等话题，餐桌上应该谈论健康、愉快、有趣的话题。

25. 对菜肴进行非议。赴宴时提及菜品不合口味、比较其他场合的菜品，是不礼貌的。

第三节　饮品礼仪

宴请离不开饮品，饮品品种众多，各具特色，各有其用。本节主要介绍酒水、茶水和咖啡等商务宴请中常备的饮品，它们在饮用过程中各有礼仪规范。

一、饮酒礼仪

（一）宴请时酒的种类

1. 白酒

白酒就是中国人喜欢喝的烧酒，也叫白干，它是由高粱、玉米、甘薯等发酵、蒸馏制作出来的酒。

白酒的特点是没有任何颜色、透明，酒精含量比较高，属于典型的烈性酒。白酒在中国各地都有生产，工艺不同，香型也不同。

白酒有多个品牌，每个品牌都有高、中、低端的产品。在选用酒品的时候最好选用有品牌的酒，这样可以提高整个招待会的规格和档次。

一般来说，白酒可以干饮，也可以就菜下饭，有的时候还可做中药药酒的药引。白酒不能跟其他酒或汽水混在一起喝，否则会造成醉态；也不要掺水，否则就成了假冒产品。

2. 啤酒

啤酒是历史悠久的酒类，在西方，啤酒是日常的一种饮料，也叫"液体面包"。

啤酒也称麦酒，它是用大麦和啤酒花发酵制成的。喝啤酒不会感到饿，但啤酒喝多了会发胖。

啤酒有大量的泡沫，有很香的味道，味道微苦，酒精含量很低，一般在4°左右，所以喝啤酒一般不会醉。

世界各国生产的啤酒大体有三大类，德国式的啤酒是最有名的，还有捷克式和丹麦式。啤酒根据不同的生产方式可分成生啤和熟啤。从颜色上来看，还可分为黄啤、黑啤和红啤。一般最常见的是黄啤，黑啤最贵。

啤酒的最佳饮用温度是7℃，7℃的啤酒整体感觉是凉的。喝啤酒使用透明的玻璃杯或水杯，大容量带把手，不用中小型杯子或高脚杯。啤酒讲究大口饮用，不能像喝咖啡一样小口啜饮。

3. 葡萄酒

作为正式的佐餐酒，葡萄酒的地位逐渐上升，它是以葡萄为主要发酵原料制成的，有营养，酒精含量不高，一般是12°。

根据色彩的不同，葡萄酒可分成三类：白葡萄酒、红葡萄酒和玫瑰红葡萄酒（或者叫桃红葡萄酒）。颜色主要有深红色、淡色的白以及桃红色。桃红葡萄酒是专给女性饮用的。

葡萄酒可以单独饮用，一般来说，白葡萄酒跟啤酒一样，在7℃左右饮用，所以葡萄酒可能会放在冰桶里；而18℃左右的葡萄酒可以不加冰，加冰的葡萄酒一般都是白葡萄酒。

另外，葡萄酒按照糖分的多少分成干红葡萄酒（制作时不加糖，完全靠葡萄酒里面的糖分发酵）、半干葡萄酒、微干葡萄酒、微甜葡萄酒、甜葡萄酒。最贵的是干红葡萄酒，甜葡萄酒最便宜。

干红葡萄酒有点涩，所以要醒酒（醒酒就是倒在大酒器中轻微摇晃，让它蒸发掉一些涩嘴的成分），同时闻味道，过一会儿再喝。

喝酒时要注意西餐中的白肉配白葡萄酒，红肉配红葡萄酒。

葡萄酒杯分为三种类型：郁金香型、敞口型、收口型。

杯子端法：在拿葡萄酒杯的时候，用右手的三个手指捏杯脚。

葡萄酒的质量和价值根据每年的年份、自然环境、气候温度、干旱和雨季的天数以及葡萄的品种、是否有空气污染、收葡萄的时间、能否经得起霜冻、制作工艺以及发酵时间、装桶的时间和温度控制等因素决定。全球目前公认最好的葡萄酒就是1982年波尔多地区拉菲酒庄产的葡萄酒，价格为每瓶10万到100万元之间。

4. 香槟酒

在我国，香槟酒的知名度比其他酒高，多用于庆祝和庆典仪式上。

香槟酒原产于法国香槟省，因地名而得名，也叫发泡葡萄酒。它的原料是葡萄，也称为爆塞洒。开香槟时，声音越响、射得越远、泡沫越多，喜庆的气氛越浓厚。

香槟酒的饮用温度以7℃～8℃为宜，所以一般放在冰中冰镇。因为冷却后泡沫会减少，所以在开香槟时，为了增加泡沫，往往会用力摇晃后再开软木塞。香槟酒喷射时，人们往往乐意让泡沫洒在身上，这代表着喜庆。

5. 白兰地

白兰地是葡萄酒中比较名贵的酒，与威士忌、中国的茅台并称为世界三大名酒。

白兰地的原料为葡萄，是蒸馏之后所得，产量低，成本高，酒精浓度高达38°～40°，是洋酒中比较烈性的酒，色泽金黄，香甜醇美。

白兰地产自法国干邑地区，所以干邑葡萄酒单指白兰地。

白兰地与普通葡萄酒的区别：普通葡萄酒分为干葡萄酒、半干葡萄酒、甜葡萄酒，存期一年，时间长了酒会变酸；而白兰地是储存时间越长越好，就像中国的白酒。白兰地的价格昂贵，一瓶可高达几十万甚至几百万元。

白兰地的饮用与白酒有所不同，白兰地是以盎司为单位计算，因为太昂贵。白兰地的饮酒温度是18℃，饮用时一般倒在矮脚杯或收口杯中，减少其气味的挥发。喝白兰地时，两手捧杯暖一暖酒，让酒的味道散发出来，闻一闻，再慢慢地小口品。

6. 威士忌

威士忌的地位仅次于白兰地，如果说白兰地是洋酒中的贵族，那么威士忌就是穿着贵族外衣的平民,是价廉物美的好酒。

威士忌是经过大麦、玉米等谷物发酵以后再蒸馏的酒。它的度数最高可达40°,最有名的是英国苏格兰地区生产的。

威士忌可以直接喝,也可以加冰块、苏打水或者姜汁。

与白兰地一样,威士忌也是存放时间越久越值钱。

7. 鸡尾酒

严格意义上说,鸡尾酒不是一种酒,而是一种混合型的酒,用各种不同的酒和果汁、糖浆、汽水加蛋清调和而成。酒精含量有高有低,口味有浓有淡,颜色不止一种,有好几种颜色且层次分明。鸡尾酒品种很多,每个酒吧都可以自创,比较有名的有红粉佳人、血腥玛丽等。

在应聘时,会调鸡尾酒可以作为个人特长写在简历中。

(二)中、西餐中酒水与菜肴的搭配礼仪

中国有句俗话:"无酒不成席,无菜不成酒。"美酒佳肴,相辅相成,才能显得协调欢乐。

1. 中餐中酒菜的搭配

若无特殊规定,正式的中餐宴会通常要上白酒与葡萄酒两种酒。因为饮食习惯方面的原因,中餐宴请中上桌的葡萄酒多半是红葡萄酒,而且一般都是甜红葡萄酒。选用红葡萄酒,是因为红色充满喜气,而选用甜红葡萄酒,则是因为不少人对口感不甜、微酸的干红葡萄酒不太认可。通常在用餐者的正前方依次排列着大小不等的三只杯子,小杯喝白酒,中杯喝葡萄酒,大杯喝水。

具体来讲,在搭配菜肴方面,中餐所选的酒水讲究不多。爱喝什么酒就可以喝什么酒,想什么时候喝酒亦可完全自便。

正规的中餐宴会一般不上啤酒。在便餐、大排档中,它的身影更为多见。客观来说,啤酒与凉菜搭配,效果要更好一些。

2. 西餐中酒菜的搭配

在正式的西餐宴会里,酒水是主角,它不仅最贵,而且与菜肴的搭配也十分严格。一般来说,吃西餐时,每道不同的菜肴要配不同的酒水,吃一道菜要换一种酒水。西餐宴会中的酒水,可以分为餐前酒、佐餐酒、餐后酒三种,它们分别拥有许多种类。

(1)餐前酒,别名开胃酒,是在正式用餐前饮用,或在吃开胃菜时与之配伍的。在一般情况下,人们喜欢在餐前饮用的酒水有鸡尾酒和香槟酒。

(2)佐餐酒,又叫餐酒,是在正式用餐期间饮用的酒水。西餐中的佐

餐酒均为葡萄酒,而且大多数是干葡萄酒或半干葡萄酒。在正餐或宴会上选择佐餐酒,有一条重要的讲究不可不知,即"白酒配白肉,红酒配红肉"。这里所说的白肉,即鱼肉、海鲜、鸡肉。吃白肉时,须以白葡萄酒搭配。这里所说的红肉,即牛肉、羊肉、猪肉。吃红肉时,则应配以红葡萄酒。这里所说的白酒、红酒,都是葡萄酒。

(3)餐后酒,指的是用餐之后,用来助消化的酒水,最常见的是香甜酒。最有名的餐后酒,是有"洋酒之王"美称的白兰地酒。一般情况下,饮用不同的酒水,要用不同的专用酒杯。

(三)敬酒礼仪

1. 如果敬酒碰杯,自己要干杯,他人可随意。

2. 记得多给上司或客户添酒,不要随意给上司或客户代酒,即使要代,也要选择上司或客户想找人代酒时。

3. 端起酒杯,右手扼杯,左手垫杯底,记得自己的杯子永远低于他人。

4. 如果没有特殊人物在场,碰酒最好按顺时针顺序,不要厚此薄彼。

5. 碰酒、敬酒时要有恰当的祝酒词。

6. 敬酒时不谈生意,不要太功利。

二、饮茶礼仪

(一)茶的品类

我国大部分地区都生产茶叶。由于受土质、气候以及制作方法等因素的影响,各个地区生产的茶叶又有细微的差别,可以说,一方水土养育一方茶。无论是外观、香气还是口感,各地茶叶都独具特色,因而造就了茶叶的多种风貌和不同的名称。茶叶的主要品种有绿茶、红茶、乌龙茶、花茶。

1. 绿茶

绿茶是中国的主要茶类之一,在我国被誉为"国饮"。绿茶是采取茶树的新叶或芽,未经发酵,经杀青、整形、烘干等工艺而制成的。其制成品的色泽和冲泡后的茶汤较多地保留了鲜茶叶的绿色格调。

(1)绿茶的功效:常饮绿茶能解腻、醒神降火和防癌,绿茶对女性的健康有很大的帮助,但美中不足的是长久饮茶会导致皮肤衰老。

(2)常见的绿茶种类:西湖龙井、太湖碧螺春、安徽黄山毛尖、安徽六安瓜片、河南信阳毛尖、贵州都匀毛尖。

2. 红茶

红茶是我国第二大类茶。红茶属于全发酵茶,是以适宜的茶树新芽叶为原料，经萎凋、揉捻、发酵、干燥等一系列工艺过程精制而成的茶。红茶因其干茶冲泡后的茶汤和叶底色呈红色而得名。红茶的香气物质较鲜茶叶有明显的提高。

(1)红茶的功效：常饮红茶能暖胃补气、减脂。

(2)红茶的品种：红茶的品种有很多，尤以安徽祁门红茶、西双版纳滇江红茶最为出名。

3. 乌龙茶

乌龙茶亦称青茶，属于半发酵茶。乌龙茶是经过采摘、萎凋、摇青、炒青、揉捻、烘焙等工序制成的品质优异的茶类。乌龙茶外形肥壮匀整，紧结卷曲，颜色比红茶浅、比绿茶深，既具有绿茶的清香和花香，又具有红茶醇厚的滋味，其香气浓烈持久，饮后留香。品啜时，通常先将闻香杯置于双手手心间，使闻香杯口对准鼻孔；再用双手慢慢来回搓动闻香杯，使杯中香气尽可能地送入鼻腔，以得到最大限度的享受。

(1)乌龙茶的功效：常饮乌龙茶能化解油腻、健胃提神。

(2)乌龙茶的主要品种：闽南安溪铁观音、武夷岩茶。大红袍是武夷岩茶中的佼佼者，历史上的大红袍本来就很少，是专供皇家享用的贡茶，现被公认的大红袍，仅是九龙窠岩壁上的那几棵。所以大红袍极为珍贵。

4. 花茶

花茶是中国特有的一类再加工茶。花茶主要以绿茶为茶坯，配以能够吐香的鲜花作为原料，采用窨制工艺制作而成。根据其所用的鲜花品种的不同，分为茉莉花茶、桂花茶、玉兰花茶、玫瑰花茶等，其中以茉莉花茶销量最大。

我国南方人爱喝红茶，北方人爱喝茉莉花茶。

西方人偏爱红茶。西方人泡茶是将茶叶末连袋一起放入热水杯里，不是以水冲茶，而是将茶包浸入热水中，一小袋茶只泡一杯水，喝完就丢弃。西方人喝茶一般采用调饮法，如：红茶加牛奶；红茶加柠檬片；红茶加糖。

(二)饮茶的礼仪规矩

饮茶时要懂得悉心品味，具体礼仪涉及饮茶、敬茶、上茶等环节。

1. 要小口品尝，慢慢下咽，右手持杯，左手托底，不握杯口。

2. 饮茶不宜过浓，以免造成"醉茶"，使人过于兴奋。

3. 待客要上热茶，以七分满为佳，以免"茶满欺人"，导致热茶从杯中溢出烫伤人。传统文化讲究"七茶八饭酒满"，就是说斟茶不可过满。

4. 上茶的顺序要合乎礼仪的做法，应当先客后主，先主宾后次宾，先男士后女士,先长辈后晚辈。

5. 敬茶需双手捧杯,从来宾左后侧上茶,不可单手捧杯,切忌左手上茶。

6. 续水斟茶不可妨碍对方,及时续茶,不可茶叶见底。

7. 上茶不过三杯,第一杯叫敬客茶,第二杯叫续水茶,第三杯叫送客茶,暗示对方可打道回府。因此,宴请待客以茶,切勿再三为其斟茶。

(三)敬茶的礼仪

1. 茶水不能太烫,热饮不能马上递上,而要等它晾一会儿,并提醒宾客。

2. 注意上茶顺序,先客后主,客人中先敬主宾,先女后男,先长辈后晚辈。

3. 姿势:双手端茶,左手托杯底,右手拿杯身。

4. 茶杯最好放于桌上,如果对方伸手则递到对方的手上;别人敬茶时,自己也得动动手。

5. 喝完的要续杯,没有喝的半小时后要倒去三分之一,再倒七分满;再续杯再换,一共进行三次。

三、喝咖啡的礼仪

饮用适量咖啡,可以提神醒脑,因此,咖啡也是最受欢迎的饮品之一。

咖啡的种类也很多,商务宴请中,选择何种咖啡,不只是个人习惯问题,还是选择者的身份、教养、见识问题。因此,有必要充分了解有关常识与饮用礼仪。

(一)咖啡的种类

1. 根据配料划分

根据饮用时添加的配料不同,咖啡可分为最常见的六种。

(1)黑咖啡,指不加糖,也不加奶的纯咖啡。在正式宴会里压轴的,就是这种易于化解油腻的黑咖啡。时至今日,饮用黑咖啡在西方仍被视为出身高贵或出身于上流社会的标志。

(2)白咖啡,指加奶咖啡。可加糖也可不加糖。适合在各种场合饮用,尤其是非正式场合。

(3)浓黑咖啡,即意大利式浓黑咖啡。以特殊的蒸气加压方法制作,极浓,不宜多饮,可加糖或茴香酒,但不宜加奶。

(4)浓白咖啡,即意大利式浓白咖啡。可加柠檬皮榨汁,不加奶。是否加糖自定。

(5)爱尔兰式咖啡。味道浓烈,刺激提神。加威士忌,不加奶。是否加糖自定。

(6)土耳其式咖啡。可加奶与糖,特点是不除去咖啡渣,而是装入杯中与咖啡一起供人饮用。

2. 根据制作划分

根据制作方法不同,咖啡可分为现煮咖啡和速溶咖啡。

(1)现煮咖啡。用咖啡豆现磨现煮,费时费力,技术含量较高。

(2)速溶咖啡。简单方便,口味单一。正式场合一般不上速溶咖啡。

(二)咖啡饮用的礼仪

饮用咖啡要依礼而行,注意饮用数量、配料添加、饮用方法。

1. 饮用数量

(1)杯数要少。饮用咖啡一杯就好,至多不过三杯,因为咖啡是交际的陪衬。

(2)入口要少。饮用咖啡不为解渴,小口慢品,才能悟出难言之妙,显出优雅脱俗。

2. 配料添加

饮用咖啡,一般根据个人习惯,添加牛奶、方糖等配料。

(1)自己负责。不要越俎代庖,自作主张地帮他人添加配料,否则可能强人所难,令对方反感。

(2)文明添加。避免不讲卫生,动作夸张,弄脏衣物,你争我抢。

3. 饮用方法

注意持杯、咖啡匙使用、取食甜点和交谈四个方面。

思考题

1. 参加宴请需要带礼物赠送邀请者吗?选择什么礼物合适?该以怎样的方式送礼?

2. 女性在参加宴会时,若在酒杯上留有口红印该如何处理?

3. 组织宴请时应做哪些准备?针对来宾身份、地位、人数的不同,如何安排宴请形式?

4. 选择宴请时间、地点需要考虑哪些因素?

5. 自助餐的"多次少取"原则是什么意思?

6. 中、西餐礼仪可否融通?

7. 如何避免宴请中可能出现的礼仪错误?举例说明。

8. 中国人接待外国人喝茶时应注意什么礼仪?

第六章　商务交往礼仪

随着经济的蓬勃发展，信息交流越来越便捷，各方交往越来越频繁。商务交往中，一些交往行为几乎每天都在发生。要建设良好的商务环境，使各项活动得以顺利开展，必须利用一定的规范来约束和调节种种交往，以奠定商务交往的友好基础。本章着重阐述商务交往中拜会引见、迎送接待、礼物馈赠、商务差旅等几个重要环节的礼仪规范。

第一节　拜会引见礼仪

每一轮商务活动都有发生、发展和告一段落等诸多环节，每一环节都需要与一方或多方交流信息、沟通博弈、磋商谈判，因此需要拜访约见特定的对象，并与其交谈，以促成合作。

一、拜访约见礼节

拜访约见，简称拜会，是为了商务活动的需要，对相关对象提出约见，进行拜访的行为。

1. 拜会的类型

(1)事务性拜会：传达上级意图。

(2)业务性拜会：加强业务联系，宣传产品情况。

(3)情感性拜会：加强联络，增进感情。

(4)礼节性拜会：加强关心和尊重。

2. 拜会的方式

(1)主动拜会：指主动联系对方的拜访约见。

(2)应邀拜会：指接到对方邀请而赴约拜访。

3. 拜会的礼仪

(1)提前预约。主动拜会，可事前电话预约；也可事中为下次拜会当面预约；重要的事或较长时间后需要拜会可以通过信件预约。

(2)认真准备。根据拜会目的的不同,撰写提纲,并准备相关材料和适当的礼品。

(3)约必准时。体现诚意的一个表现就是准时,这是个人礼貌,体现个人修养和良好的信用。

(4)客气登门,应声而入。礼节上必须敲门,对方回应后方可进入对方指定地点。

(5)礼貌交谈,态度诚恳,目的要表明;语速适中,主题明确;把握分寸,不卑不亢。

(6)话题沟通完毕,就应主动告辞;如果初次拜会,时间不宜超过10分钟;所备礼品,此时送出。

二、交谈礼节

交谈可以沟通感情、交换信息、建立联系、协调关系、促进合作。要使交往顺利进行下去,必须遵守相关的礼仪规范。

1. 态度从容坦诚

"诚为万事之本",真诚是美德,也是交谈礼仪的基本要求。只有直率坦诚、诚恳友善,才能引起对方的情感共鸣,制造出和谐融洽的交谈气氛。

2. 语言文明礼貌

"言为心声",语言恰当礼貌直接影响交谈双方的情绪及交谈效果,交谈中要多用谦语敬语。

3. 内容适宜恰当

所有商务沟通内容都需合法,同时合乎商业惯例,不可越出法律底线和行业规范。

4. 方式妥帖得体

商务交谈要注意倾听,给对方充分的时间,让对方表明意愿。一般自己谈、倾听对方谈和对方表述时自己发问的时间各占三分之一;注意位距,不要咄咄逼人、迫近他人身边,突破亲密距离会给人压迫感。

三、见面引见程序

见面是交往的开始,是建立融洽的商务关系的第一步。见面有相关礼节。

(一)重视首因效果

首次见面,给对方的第一印象完全是视觉外观,如发型、服饰、体态、仪表。心理学研究认为,初次见面彼此都会审视对方,往往会在7秒内做出对对方的总体评估。因此,要充分重视外在仪表的适当修饰。

(二)互致见面礼

常见而通行的见面礼是握手礼。握手的力量、姿势与时间的长短往往能够表达不同的礼遇与态度,显露自己的个性,给人留下不同的印象。也可通过握手了解对方的个性,从而赢得交际的主动权。

美国著名女作家海伦·凯勒曾写道:手能拒人千里之外;也可充满阳光,让你感到很温暖……事实也确实如此,因为握手是一种语言,是一种无声的动作语言。

通常,与人初次见面,熟人久别重逢,告辞或送行时均以握手表达自己的善意。有时在一些特殊场合,如向人表示祝贺、感谢或慰问时,双方交谈中出现令人满意的共同点时,或双方原先的矛盾出现了某种良好的转机或彻底和解时,都可以以握手为礼。

握手是在见面时相互表示情谊、致意的一种礼节,双方往往是先打招呼,后握手致意。

1. 握手的顺序

男女之间,女士先伸手,如果女士没有握手的意思,男士可行点头礼。主宾之间,主人先伸手;长幼之间,长者先伸手;上下级之间,上级先伸手。一个人与多人握手,应该先尊后卑,即先长后幼、先师后生、先女后男、先已婚后未婚、先上级后下级。

具体来说,主人、长辈、上司、女士主动伸出手,客人、晚辈、下属、男士再相迎握手。长辈与晚辈之间,长辈伸手后,晚辈才能伸手相握;上下级之间,上级伸手后,下级才能相握;主人与客人之间,主人宜主动伸手;男女之间,女方伸出手后,男方才能伸手相握;如果男性是女性的父辈年龄,在一般的社交场合中仍以女性先伸手为主,如果男性已是女性的祖辈年龄,或女性未成年,则男性先伸手是适宜的。但如果对方忽略了握手礼的先后次序而已经伸了手,应毫不迟疑地回握。

2. 握手礼的正确姿态

两人相距约一步,立正。目光注视对方,面带笑容。上身略微前倾,头微低。伸出右手,四指并拢,拇指张开,两人的手掌掌面与地面垂直,两手互握时上下轻摇。

掌心向下握住对方的手,显示一个人强烈的支配欲,无声地告诉别人自己此时处于高人一等的地位,应尽量避免这种傲慢无礼的握手方式。相反,掌心向里同他人握手,显示出谦卑与毕恭毕敬,如果伸出双手与对方相握，则更是谦恭备至了。平等而自然的握手姿态是两手的手掌都处于垂直状态，这是一种最普通也最稳妥的握手方式。

3. 握手的礼规

（1）握手时应伸出右手，不能伸出左手与人相握。即使你是左撇子，握手时也一定要用右手。如果右手受伤了，可以向对方声明。

（2）戴着手套握手是失礼行为。男士在握手前应先摘下手套和帽子，女士可以例外。在寒冷的室外有时可以不摘，这时一般应先说声"对不起"。

（3）握手时双目注视对方，微笑，问候，致意，传达出你的诚意和自信，不要看第三者或显得心不在焉。握手只需几秒即可，双方手一松开，目光即可转移。

（4）握手的力度要掌握好，用力应该适宜，太过用力和绵软无力都是无礼。

（5）互握时间不宜过长，以1~3秒为宜。随即松开。

（6）作为企业代表在洽谈中与人握手，一般不要用双手抓住对方的手上下摇动，否则显得太谦卑，使自己的地位无形中降低了，完全失去了企业代表的风度。

（7）被介绍之后，最好不要立即主动伸手。年轻者、职务低者被介绍给年长者、职务高者时，应根据年长者、职务高者的反应行事，即当年长者、职务高者用点头致意代替握手时，年轻者、职务低者也应随之点头致意。

（8）和年轻女性或异国女性握手时，一般男士不要先伸手。

（9）多人相见时，不要交叉握手，也就是当两人握手时，第三者不要把胳膊从上面架过去，急着和其他人握手。礼仪规定要避免两人握手时与另外两人相握的手形成交叉十字。

（10）在任何情况下，拒绝对方主动要求握手的举动都是无礼的。但手上有水或不干净时，应谢绝握手，同时必须解释原因并致歉。

4. 世界通行的其他见面礼

（1）拥抱礼

两人相对而立，上身稍稍前倾，各自举起双臂，右臂偏上、左臂偏下，右手环拥对方左肩，左手环拥对方右腰，先向左侧拥抱一次，再向右侧相互拥抱，最后向左侧拥抱一次。

（2）亲吻礼

点到为止，不要过于热烈。按照国际惯例，长辈亲晚辈额头，晚辈亲长辈下颚或面颊；同辈之间贴面颊；接吻仅限夫妻间或恋人间，且不宜当众进行。

(3) 脱帽礼

女性在社交场合可以不必脱帽,男士必须脱帽。在庄重、正规场合应自觉脱帽,但遇到熟人时只需要抬帽子即可。

(4) 合十礼(合掌礼)

正确姿态:轻轻合起双掌,手指并拢,手肘自然弯曲,置于胸前呈45度。

行礼规则:神态庄严,面带微笑;双掌十指正对,指尖不超过额头。

案例分析

握手的魅力

玫琳凯·艾施(1918—2001)最初是一名推销员,她在一次会议结束后,想和经理握手,但由于和经理寒暄的人太多,因此她排队等了3小时。后来,终于轮到她了,可经理连看都不看她,只是去看她身后的队伍还有多长。玫琳凯很伤心,她感觉自尊心受到了伤害,于是暗暗下定决心:将来如果有一天,有人排队等着跟自己握手,不管有多累,自己都会对对方表示充分尊重,集中注意力。

1963年,玫琳凯创办了一家公司。后来,她终于实现了曾经的诺言,多次与数百人挨个儿握手,每次都要持续好几个小时。但是无论多累,她总是设法同对方说句话,表示对对方的尊重。

玫琳凯让与她握手的人在那一刻都觉得自己是最重要的,因为她的坚持和对每个人的尊重,她的公司也发展壮大,成为世界著名企业。

思考题

1. 经理握手时看队伍多长,给玫琳凯怎样的感觉?她为什么伤心?

2. 玫琳凯与人握手的方式,会给人怎样的感觉?请从握手的礼仪规范分析。

(三)出声问候

问候对方及现场人员。

1. 问候有序。一般下级先问候上级,主人先问候客人,男士先问候女士。

2. 称呼恰当。可按行政职务、技术职务称呼;也可按职业称呼;不要造次或使用庸俗称呼。

3. 敬语要准确。选择敬语要依据场合、对象、现场气氛灵活处理。

(四)呈上名片

1. 名片的使用

可以用在自我介绍、结交朋友、维系关系、业务介绍、通知变更、拜会他人、简短留言时使用名片。

(1)初次见到对方

首先要以亲切的态度打招呼,并报上自己的公司名称,然后将名片递给对方。名片夹应放在西装的内袋里,不应从裤子口袋里掏出。

①递接名片时最好用左手,名片应正对着对方,最好拿名片的下端,让对方易于接受。

②如果是有约拜会,对方已对自己有一定了解,或有人介绍,就可以在打招呼后直接交谈,在交谈过程中或临别时,再拿出名片递给对方,以加深印象,并表达保持联络的诚意。

③异地拜访时,名片上要留下住地名称、电话。对方递出名片时,应该用左手接,同时立刻伸出右手,两手一起拿着名片。递送名片时,双手递送。

④接过名片后要点头致谢,不要立即收起来,也不应随意玩弄和摆放,而是认真读一遍,要注意对方的姓名、职务、职称,并轻读不出声,以示敬重。对没有把握念对的姓名,可以请教对方,然后将名片放入自己的口袋或手提包、名片夹中。

(2)名片的其他使用方法

①去拜访他人时,如果对方不在,可将名片留下,以期对方看到名片后联络。

②把注有时间、地点的名片装入信封发出,可以代替正规请柬。

③向来宾赠送小礼物时,如让人转交,则随附名片一张,注明恭贺之意。

④熟悉的同事、伙伴家中发生了大事,不便当面致意,可寄出一张名片,省时省事。

2. 名片设计

国内最常用的名片规格为 $9cm \times 5.5cm$。版面要简洁,以白色为宜,文字为黑色或蓝色。名片内容包括公司全称、人名、职务、联系方式。如果工作涉外,则需要中英文对照,正面中文,反面英文。

3. 存放名片

名片的存放方法大致有四种:

(1)按姓名的英文字母或汉语拼音字母顺序分类;

(2)按姓名汉字笔画数分类；
(3)按部门或专业分类；
(4)按国别地区分类。

四、引见礼节

引见礼节也称介绍礼节，是商务交往中建立联系的一种基本常规礼节，是初次见面的双方开始交往的起点。介绍在人与人之间起桥梁作用，几句话就可以缩短人与人之间的距离，为进一步交往开好头。

介绍可以在许多场合使用，如宴请、会议、邂逅，具体分为自我介绍和为他人介绍两种。

1. 自我介绍

当对方不认识自己，自己有意结识，而现场无人从中介绍时，需要自我介绍。自我介绍的方式有：

(1)应酬式。一般说："你好，我叫……"

(2)工作式。一般说："你好，我叫……，是……公司的……（职位）"

(3)交流式。一般说："你好，我是××的……（共同单位、系统、籍贯、同学、同乡……），都是……（共同点）"

(4)礼仪式。一般说："大家好，我是……，希望大家多多关照。"

2. 为他人介绍

为他人介绍时，对介绍内容要字斟句酌，慎之又慎。正式场合，介绍内容以双方姓名、单位、职务为主，一般可以只介绍最高职务或与之相关的职务；也可以只介绍姓名一项，甚至可以只提到姓氏为止。介绍时要实事求是、把握分寸，既不要忘记对方的重要身份，也不要胡乱吹捧。

(1)介绍应讲究次序和礼貌。

①先将年轻者介绍给年长者。

②先将未婚女子介绍给已婚女子。

③先将职位低的介绍给职位高的。

④集体介绍时，即向一人介绍多人时，应先高后低、先长后幼、先女后男。

(2)介绍方式：伸出右手，手心向上，四指并拢，以肘关节为轴，自身前平行转向被介绍一方，同时向另一方点头微笑，不可用手指指来指去。

(3)介绍要求：为他人介绍时，对介绍内容要字斟句酌，慎之又慎。正式场合，介绍内容以双方姓名、单位、职务为主，一般可以只介绍最高职务或与之相关的职务;也可以只介绍姓名一项,甚至可以只提到姓氏为止。介绍时要实事求是、把握分寸,既不要忘记对方的重要身份,也不要胡乱吹捧。

第二节　商务接待礼仪

商务接待是指商务人员以主人身份招待有关人员,以达到某种交往目的交往方式。要求来有接、去有送、待客过程讲究规范。

一、接待准备

1. 制定接待方案

(1)了解客户信息,包括单位、姓名、性别、身份、人数、来意、停留时间、抵离日期、国籍、信仰、爱好、禁忌等,信息要尽量详细。

(2)根据客户身份,确定接待规格。

从陪同人员角度讲,主陪人员比客户身份高的接待为高规格;主陪人员与客户身份相当的接待为同规格;主陪人员比客户身份低的接待为低规格。

2. 布置接待场所,要做到环境整洁、空间敞亮、清新怡人。

3. 落实接待经费,预算接待所需经费,专项专用。

4. 人员安排到位,人员举止文明,言谈得体,分工明确。

二、待客过程礼规

1. 迎客礼仪

(1)时间:提前到达接待地点,一般接待人员比客户早10~15分钟抵达,不可迟到。

(2)语言:接待人员称呼客户要得体,见面要礼貌问候。

(3)表情:保持面带微笑,目光接触要点头致意。

(4)见面:接到客户的第一时间,要主动上前,亲切问候,施以握手礼。

2. 乘车礼仪

不同车辆、不同身份的司机开车,位次不同。

(1)乘轿车

①有专职司机开车,后排尊于前排。

座位重要程度依次是:后排右侧位、后排左侧位、前排右侧副驾驶位。

②主人开车时，前排尊于后排。

座位重要程度依次是：前排右侧副驾驶位、后排右侧位、后排左侧位。

③主人夫妇驾车时，则主人夫妇坐前座，客人夫妇坐后座，男士要照顾自己的夫人，宜开车门让夫人先上车，然后自己再上车。

④如果主人夫妇搭载友人夫妇的车，则应邀友人坐前座，友人之妇坐后座，或让友人夫妇都坐前座。

⑤主人亲自驾车，若乘坐客只有一人，应坐在主人旁边。若多人乘坐，中途坐前座的客人下车后，在后面坐的客人应改坐前座，此项礼节最易疏忽。

⑥女士登车不要一只脚先踏入车内，也不要爬进车里。需先站在座位边上，把身体降低，让臀部坐到位子上，再将双腿一起收进车里，双膝一定保持并拢的姿势。

(2)乘商务车

①有专职司机开车

座位重要程度依次是：司机后排靠窗位、司机后排靠门位、司机再后排左侧靠窗位、司机再后排右侧靠窗位、司机再后排中间位、司机同排右侧位。

②主人开车

座位的重要程度依次是：司机同排右侧位、司机后排靠窗位、司机后排靠门位、司机再后排左侧靠窗位、司机再后排右侧靠窗位、司机再后排中间位。

(3)乘吉普车

上座是副驾驶座，因为吉普车底盘高，功率大，主要功能是越野，减震及悬挂太硬，坐在后排颠簸得厉害。

(4)乘面包车

乘坐原则是：司机后排为尊，由前向后、由左向右排列。也就是说司机后面靠窗的位子为主座。

(5)乘商务车（与中巴原则相似）

乘坐原则是：司机后排为尊，离门近者为主座（司机后排右边靠门的座位为主座），由前向后、由右向左排列，离门越近，地位越高。

(6)乘其他车辆

如果是中巴、大巴，中间是过道，则乘坐原则是离门近者为主座，由前向后、由右向左,离门越近,地位越高。也就是说,司机后排靠门的位子是主座,这个位子前面通常有扶手,贵宾上下车方便、安全。

　　副驾驶位、司机后位、司机对角线位哪个重要,要因人而异,因时而异,最标准的做法是客人坐在哪里,哪里就是上座。所以,不必纠正并告诉对方"您坐错了"。尊重别人就要尊重别人的选择,这就是商务礼仪中的"尊重为上"原则。有一点是必须明确的:服务人员坐面包车或中巴、大巴时,应坐副驾驶位或尽量到后排就座。

　　3. 开门护顶

　　客人上车时,要为客人打开车门,一只手挡在车门上方,以免客人上车时磕碰头部。

　　4. 举止规范

　　遵从个人礼仪要求。

三、送客礼仪

来有接,去有送,客人告别时,应主动相送,不可无动于衷。

1. 主动伸手,与人握手告别。
2. 送出门外或送到楼下。
3. 目送客人所乘汽车远去,挥手示意,目力不及时再转身离去。

第三节　商务馈赠礼仪

现代社会仍然通行礼尚往来,企业与企业之间、企业与个人之间、企业与其他组织之间,各种交往频繁。在庆典、合作、竣工、开业等活动中,互相馈赠礼物在所难免。懂得馈赠礼仪,掌握馈赠礼物技巧,可以增进友谊,加深感情。

一、礼品馈赠通行规则

馈赠注重情义,淡化功利性。礼品是商品,但代表的祝福无法以金钱衡量。国际上有一条通行的礼品馈赠规则——"6W"规则,指馈赠礼品时,有6个要点必须在总体上统筹考虑。

1. Who:明确对象、年龄、阶层、文化程度、背景等不同,礼品选择也不同。
2. What:送什么要兼顾双方关系和送礼者能力。
3. Why:表达美好的祝福,而非贿赂、收买、拉拢。

4. When：作为客人，第一次见面时送；作为主人，客人临走时送。

5. Where：公务交往，大庭广众下送礼，显示郑重，光明正大；因私交送礼，应在私宅，不能有第三人在场。

6. How：中国人更注重礼物的内容，西方人则相反，更注重礼物的包装。

二、礼品馈赠技巧

礼品要恰如其分，适应收礼者的身份，具体考虑以下几点：

1. 时间：在喜庆、庆典、开业、问候时适宜。

2. 地点：馈赠地点公私有别。一般公务交往在国外场合赠送礼品；商务活动之外如谈判之余赠送礼品，应在私人居所赠送。

3. 方式

（1）当面馈赠：最常见的馈赠方法。公务赠送以企业领导身份出面，赠予对方职务相当者。

（2）委托馈赠：委托第三方转赠礼品。一般礼品要附上卡片或名片，写明馈赠原因。

（3）邮递馈赠：身处异地的双方，用礼物表达友谊以保持良好关系时采用。必须附卡片写明馈赠原因。

三、礼品选择原则

1. 礼品定位

（1）突出纪念性。

（2）明确对象性。

（3）体现民族性。

（4）讲究时效性。

（5）考虑便携性。

2. 礼品禁忌

（1）不要送奢侈品、货币、有价证券、稀有金属。

（2）不要送涉嫌揣摩对方隐私的物品、药品、补品、保健品。

（3）不要送与违法物品、受保护的珍贵动物及其毛皮、黄赌毒物品等。

（4）不要送容易引起异性误会的物品，如内衣、成人用品等。

（5）不要送广告性、宣传性物品。

（6）不要送冒犯他人的物品。物品品种、形状、色彩、图案、数目、外包装或物品自身寓意，不可冒犯受赠者的个人禁忌、职业禁忌、民族禁忌、宗教禁忌、文化禁忌。

(7) 不要送涉及国家机密或行业机密的物品。

四、礼品馈赠原则

1. 纪念性原则：礼品体现民族性、思想性、艺术性，具有实用性，收受者愿意保存。

2. 轻重原则：礼品内核不是含金量，而是情谊，特别是送上级的礼品不能有行贿嫌疑。

3. 投好避忌原则：尽量选择对方喜欢和实用的礼品，注意民族禁忌等。

4. 时间原则：不同商务交往活动，礼品选择不同。喜庆活动礼品与悼念活动礼品含义不同，选择时要有意区分。

五、接受礼品规则

1. 大方愉悦地接受，高高兴兴，落落大方，双手接礼。

2. 当众打开并且欣赏赞美一番。

3. 拒绝有方。触犯禁忌，或有恶意、有害双方关系的礼品，可坚辞不受。可待客人离开后，派人或自己送至对方家中。

4. 有来有往，适当时机回馈。若不会回送礼品，一周内致电、发邮件再次感谢。

六、恰当选择礼物

(一) 按人际关系属性分类

1. 朋友婚礼

(1) 可事先询问其需要什么。

(2) 红包。

2. 工作伙伴

选择对方喜欢的，投其所好。

3. 送女性

选择化妆品、丝巾、头花、包、口红等礼品。

4. 商场中人

选择既有文化含量，又有适度的含金量的礼品，如皮带，但不能送鞋；也可选择有使用价值的礼品，如毛衣。

5. 送男性

男性专用化妆品、古龙水。

(二)按礼品属性分类

不需要任何条件就能长久保存的礼品,优于需要外在条件才能保持质量的角色,即使用物品优于食品。

(三)按对方的社会分类

1. 政府官员:礼品要有内涵,不选贵重物品。
2. 大学教授:讲究礼品高雅,琴棋书画诗酒花,皆可。
3. 商人:有一定经济价值的东西,衣食住行相关物品。

七、通行礼品——鲜花

1. 鲜花是社会通行的礼品。花代表着大自然,使人类对大自然充满向往;花代表着生机勃勃,使人对生命充满希望。花是美好的、浪漫的,送给病人能够安抚病人的心情,送给爱人能够增加浪漫气氛,送给朋友能够带来快乐……总之,鲜花是一种高雅的礼品,通过赠花能够表达微妙的心情,别有一番意境。

2. 我们可以赠送与花相关的礼品,表达对对方的心意。比如:手环、花环、花束(不带根,单枝扎在一起)、带根的盆花(送给有个性的人、喜欢花艺的人)。

3. 鲜花是美好的事物,不同种类的花有不同的含义,因此,我们要了解花语。

花卉禁忌:黄菊花象征死亡;国际上忌送黄色花;秋海棠象征相思;玫瑰花象征爱情,尤其是红玫瑰,赠送时也要慎重,送错对象,就会有一种暧昧之情,影响形象。

4. 送花要选对对象。

父母:康乃馨、百合花,满天星,祝福父母百年好合。

新婚:送并蒂莲,表示夫妻恩爱;送牡丹,表示家庭幸福。

情人:送玫瑰花,表示求爱;送丁香花,表示对爱情忠贞不渝。

送别:万年青、芍药花、满天星等。赠送亲友万年青,表示友谊长存。

八、送礼的时机

1. 公共场合

参加公共场合宴会时,在进入或者离开时向在场的每个人赠送礼物。

2. 私人聚会

可以向每一位都赠送礼物,如果和某一位特别要好,只准备了一份礼物，一定要避开群体私下送，绝不可当着所有人的面只送给某一个人。

3. 固定住所

如果对方有固定住所或固定下榻酒店，一定要在离开的时候再赠送礼物。

4. 上门拜访

带有目的性拜访对方时，应该在进门时就展示礼物，以表诚意。

5. 特定节日

遇上特殊的节日，比如圣诞节就应送平安果为礼，是再合适不过的，送其他就不太应景了；又比如万圣节的时候，符合"不给糖就捣蛋"的习俗，就应该准备一些糖果作为礼物，中秋送月饼、端午送粽子等，礼品赠送应该在节日来临之前，或正当时，节日后赠送一般意义不大。

第四节　商务差旅礼仪

商务人员出差旅行的目的大多是商务洽谈或考察，要高效达成目的，且轻松愉快，不产生无端的压力，出行前需要做好相关准备。

一、选择预定交通工具

商务出差主要的交通工具有汽车、火车、飞机，一般短途选择汽车，长途选择火车或飞机，考虑时间成本和社会客观因素，更多选择高铁和飞机。各种交通工具各有优劣，比较如下：

1. 汽车

（1）自驾

自驾的优势：时间自由支配，随时出发返回；能直接起止，无须换乘其他交通工具；成本低。

自驾的劣势：驾车途中需专心致志，不能一心二用；容易疲劳，工作效率受到一定影响；需找到停车地点。

（2）乘车

乘车的优势：途中可思考、办公、休息，充分利用时间。

乘车的劣势：必须跟定班次，且起止都需换乘。

2. 火车

乘坐火车的优势：速度较快；途中可办公、休息；无须寻找停车场。

乘坐火车的劣势：预定车票需固定班次，时间受限制；起止点需换乘其他交通工具。

3. 飞机

乘坐飞机的优势：速度快；途中可休息、办公。

乘坐飞机的劣势：需预定，时间受限制；成本高；行李受限；可能需要中转；起止需其他交通工具。

二、准备资料和行装

对于需要携带的资料和用品，可以分类别列出，自我检查，防止遗漏。

1. 需要携带的资料

根据商务活动的内容选择所需资料。一般有谈判提纲、合同草本、意向书、报价资料、工程图表、公司宣传资料、对方的背景资料等。

2. 旅途所需资料

到达地详细地址、对方的请柬、通知、相关人员个人通信资料、预订住宿宾馆的确认资料等。

3. 个人所需用品

车票或机票、身份证、手机、笔记本电脑、充电器、银行卡和少量现金等。

三、旅途中的礼仪

商务旅行以顺利完成工作任务为要，旅行中要注意自身形象，切忌放任自流，不顾形象。

(一)旅途中的基本礼仪

1. 维护形象。着装佩饰与社会身份相符，正式场合着职业正装，休闲场合着便装。不可赤身露体、不修边幅，也不可奇装异服、浓妆艳抹。要讲究个人卫生，要讲公德。

2. 待人以礼。第一，尊重他人，行为举止讲究礼仪，换位思考，尽量不给他人增加不便；第二，遵守公共秩序，不争抢，守交规；第三，保持职业微笑，商务活动中所有结交人员留下好印象。

3. 爱护环境。保持环境卫生、安静，珍惜古迹建筑，爱护自然植物，注意防火防损防污染。商务活动结束，要清理场地，保持整洁。

4. 公私分明。个人行为与需求，由自己承担，不可假公济私，浑水摸鱼。越是出差在外，无人监督，越要讲究慎独。

(二)乘飞机的礼仪

现代社会生活中，飞机已经成为非常普遍的交通工具之一，人们需要经常乘飞机出差、开会、旅行。因此,也应该知道乘飞机时的礼仪。一般来说,乘飞机要注意的礼仪包括三个方面:一是登机前的候机礼仪;二是登上飞机后的机舱礼仪;三是到达目的地下飞机出机场的礼仪。

1. 登机前的礼仪

(1)提前一段时间去机场

这是乘坐飞机前的基本要求。一般来说,国内航班要求提前一小时到达,国际航班需要提前两小时到达,以便托运行李、检查机票、确认身份、安全检查。

遇到雨、雪、雾等特殊天气,应该提前与机场或航空公司取得联系,确认航班的起落时间。

乘坐飞机通常要求提前半小时登机,要考虑排队安检时间,机场距离市区的距离及路况影响等,安排足够的时间,以免延误航班。

(2)行李要尽可能轻便

手提行李一般不要超重、超大,其他行李要托运。国际航班对行李的质量有严格限制,一般为32~64千克(不同航线有不同的规定)。如果行李超重,要按一定的价格收费。应将金属物品装在托运行李中。

在机场,旅客可以使用行李车来运送行李。在使用行李车时要注意爱护,不要损坏。在座位上休息时,行李车不要横在通道内,以免影响其他旅客通行。

(3)乘坐飞机前要领取登机牌

大多数航班都是在登记行李时由工作人员随机选择登机牌。登机牌要在候机室和登机时出示。如果没有提前购买机票或未订到座位,需在大厅的机票柜台买票登记。

现在的电子机票基本上是凭有效证件到机场自助办理登机牌。但是,在有些小城市,登机牌还需要人工办理。旅客换完登机牌后,一定要注意看登机牌的具体登机时间。

如果航班有所延误,需要听从工作人员的指挥,不能乱嚷乱叫,造成秩序的混乱。

(4)通过安全检查

乘飞机要切记安全第一,不要拒绝安全检查,更不能图方便而从安全检查门以外的其他途径登机。

乘客应配合安检人员的工作,将有效证件(身份证、护照等)、机票、登机牌交安检人员查验。通过安检门时,需要将电话、钥匙、小刀等金属物品放入指定位置,将手提行李放上传送带。

不可携带易燃易爆物品，严格遵守航空公司随身物品管理规定，对于刀具、液体类物品，应事先托运。

当安检人员对自己所携带的物品产生怀疑时，应积极配合。若有违禁物品，要妥善处理，不应妄加争辩，扰乱秩序。

乘客通过安检门后，将有效证件、机票收好，以免遗失，只需持登机牌进入候机室等待即可。体积过大的行李一概托运。

对于乘客所携带的液体物品的数量，航空公司有严格的限制。当需要携带过多的饮料、酒等物品时，请提前与相关部门确认。

（5）候机厅内礼仪

在前往登机口的途中，可乘坐扶梯，但要单排靠右站立，将左侧留给需要急行的人。

在候机大厅内，一个人只能坐一个位子，不要用行李占位子。注意异性之间不要过于亲密。

候机厅内设有专门的吸烟区，除此之外都是严禁吸烟的。

候机厅里面一般设有商店、书店等，如果等待的时间较长，可以在此浏览商品，但要注意不能大声喧哗。

（6）向空乘人员致意

上下飞机时，均有空乘人员站在机舱门口迎送乘客。他们会向每一位通过舱门的乘客热情问候。此时，作为乘客应有礼貌地点头致意或问好。

2. 乘机时的礼仪

登机后，旅客需要根据飞机上座位的标号按顺序对号入座。尽量避免交换座位；稳妥放置随身行李，关紧上方的行李舱盖，以免行李掉落砸到人；可以向邻座点头致意，不可打扰他人；礼貌表达不受他人打扰、需要安静和休息的意愿，以免产生纠纷；系好安全带、听从乘务员指令；尊重乘务员，保持机舱整洁，不对乘务员颐指气使；座位椅背不随意调整，以免影响他人；文明用语，不谈劫机爆炸等禁忌的话题，更不可乱开玩笑提到禁忌话题。

飞机座位分为两个主要等级，也就是头等舱和经济舱。经济舱的座位设在中间到机尾的地方，占机身 3/4 空间或更多一些，座位安排较紧；头等舱的座位设在靠机头部分，服务较经济舱好，但票价较高。

登机后，经济舱的乘客不要因头等舱人员稀少就抢坐头等舱的空位。找到自己的座位后，要将随身携带的物品放在座位头顶的行李箱内，较贵重的东西放在座位下面，妥善保管，不要在过道上停留太久。

(1)飞机起飞前

乘务员通常给旅客示范如何使用氧气面罩和救生器具,以防意外。当飞机起飞和降落时,要系好安全带。飞机上要遵守"禁止吸烟"的规定,同时禁止使用移动电话、AM/PM收音机、便携式电脑、游戏机等电子设备。在飞行的过程中,一定不要使用手机,以免干扰飞机的信号,产生严重后果。

在飞机起飞和降落以及飞行期间出现颠簸情况时,乘客都要系好安全带。

(2)飞机起飞后

乘客可以看书看报。邻座旅客之间可以进行交谈,但不要隔着座位说话,也不要前后座说话,声音不要过大。不宜谈论有关劫机、撞机、坠机的不幸事件,也不要对飞机的性能与飞行情况信口开河,以免增加他人的心理压力,制造恐慌。飞机上的座椅可以小幅度调整靠背的角度,但应考虑前后座的人,不要突然放下座椅靠背,或突然推回原位。更不能跷起二郎腿摇摆颤动,否则会引起他人的反感。

用餐时要将座椅复原,吃东西时动作要轻。

飞机上的饮料是不限量免费供应的。但需要注意的是,在选择饮料的时候,只能先选一种,喝完了再要,以免饮料洒落。由于飞机上的卫生间有限,旅客应尽量避免狂饮饮料。在乘务员发放饮料的时候,坐在外边的旅客应该主动询问里面的旅客需要什么,并帮助乘务员递进去。

在飞机上是可以喝酒的,但不能像在饭店里一样推杯换盏,尤其要注意的是,千万不要酗酒。

由于飞机所能承受的垃圾数量有限,所以旅客最好不自带零食,尤其是一些带壳的零食。此外,旅客不要把飞机上提供的非一次性用品带走,比如餐盘、耳机、毛毯等。

在飞机上,因为旅途比较劳累,为了更舒适地旅行,可以脱下鞋充分地休息。所以,脱鞋行为本身并不失礼,但是不能因为脱鞋而"污染"空气,给其他旅客带来不快。解决这个问题很容易,可在乘飞机前,换上干净的鞋子和袜子。如果还不能"抑制"味道,可以去盥洗室换上拖鞋,甚至把双脚用消毒纸巾擦净,把有味道的鞋子和袜子装在塑料袋里,然后再回到座位或客舱里,并把放鞋的袋子放在不妨碍他人的地方。

遇到飞机误点或改降、迫降时不要紧张,不要向乘务员发火。

(3)在飞机上使用盥洗室和卫生间

要注意按次序等候,保持清洁。不能在供应饮食时去洗手间,因为此时餐车在通道中，其他人无法穿行。如果晕机，可想办法分散注意力。如果呕吐，要吐在清洁袋内。如有问题，可通过呼叫器求得乘务员的帮助。

3. 停机后的事项

乘客要等飞机完全停稳后，再打开行李箱，带好随身物品，按次序下飞机。飞机停妥前，不可起立走动或拿取行李，以免行李摔落伤人。

(三)下榻宾馆的礼仪

1. 住宿礼仪。不在房间喧哗打闹，电话电视的音量不要过大；不可穿着睡衣走出房间或接待客人。

2. 接待访客。最好在大厅或咖啡厅接待游客，房间是私人空间，不宜开展公务，尤其是接待异性访客。

3. 正确使用设备。盥洗用具最好自备，这样既环保又卫生；弄清免费提供物品与付费物品，一般房间冰箱内的物品，费用很高，要谨慎使用；保管好门卡钥匙；房间不存放大量现金和贵重物品。

思考题

1. 拜访前如何预约？拜访时应遵从哪些礼仪？
2. 握手时要注意哪些礼节？
3. 怎样为他人做介绍？
4. 交谈有哪些礼仪要求？
5. 馈赠礼品有哪些礼仪原则？
6. 受礼时要注意哪些问题？
7. 礼品如何定位才合乎礼仪？
8. 为自己设计一张名片，课堂上交流，互相点评修正。

第七章　商务谈判礼仪

谈判是有关各方为了各自的利益，进行有组织、有准备的正式协商及讨论，以便互谅互让，求同存异，以求最终达成某种协议的整个过程。

现代企业为了自身生存和发展，为了实现购销、获取信息、开拓市场，常常进行各种各样的商务谈判。商务谈判是以经济利益为目的的谈判，不是个人与个人之间的一般意义交谈，它是有关各方充分准备、方针既定、目标明确、志在必得的商务洽谈，有极强的技术性和策略性要求。

学习商务谈判的概念和类型，掌握商务谈判的基本原则，学会运用商务谈判的策略和技巧，熟悉商务谈判的程序，就是重视谈判礼仪。事实上，任何谈判中，礼仪都颇受重视，谈判中以礼待人不仅体现自身教养与个人素质，还影响谈判对手的思想和情感，最终对谈判结果产生一定的影响。

第一节　商务谈判概述

商务谈判专指各方当事人之间为了实现一定的经济目的，明确相互的权利义务关系而进行的磋商行为，是指在经济活动中，企业之间或经济实体之间，以经济利益为目的，因各种业务往来而进行的谈判，包括国内经济组织之间的商务谈判，也包括国内经济组织与国外经济组织之间的商务谈判。

一、商务谈判的类别

从不同的角度看，商务谈判分为不同的类别。

1. 从谈判的阶段看

（1）先期合同外的商务谈判

指涉及有关合同谈判的前提条件，会影响谈判合同效果的先期谈判，用来为合同谈判打基础，是合同内容之外的谈判。具体包括谈判时间、谈判地点、谈判议程、谈判活动规定、谈判场所布置等。

(2)正式合同内的商务谈判

包括商品价格谈判、交易条件谈判、合同条款谈判。

2. 从谈判内容看

(1)商品购销谈判

企业商品购销总体上包含两个环节,即商品购进和商品销售。

(2)对外加工装配业务谈判

一方提供原材料,另一方进行加工,成品由材料提供方处置,实际上是一种劳务合作。

(3)技术贸易谈判

指技术拥有方把生产所需的技术和有关权利,出卖给技术需求方使用,即把技术当作商品,按商品贸易进行有偿转让。

(4)工程承包谈判

工程发包人向工程承包人支付一定的价款,由工程承包人按时、按质完成工程。

(5)租赁业务

指出租人按合约将资本货物给承租人使用,承租人向出租人支付租金。

3. 从谈判地点看

(1)客座谈判

指在谈判对手所在地组织的商务谈判。

(2)主座谈判

指在自己所在地组织的商务谈判。

(3)客主座轮流谈判

指在一项商务贸易中,谈判双方轮流做东道主,客主座交替组织的谈判。

4. 从谈判技巧看

(1)单胜法

指只为获胜,不惜不择手段,最后尽量做到一方胜利,另一方失败。特点是:刁难的开端,有限的权限,情绪化策略,吝啬承诺,忽视期限。

(2)双胜法

指实现"光荣的"胜利,谈判结果皆大欢喜。基本要诀是:以诚相见,气氛和缓;兼顾双方,客观公平。

二、谈判发生的原因

1. 共同利益的追求是谈判发生的前提。
2. 对矛盾冲突的统一是谈判发生的动力。
3. 谈判行为的发生是实现利益的保障。

三、谈判人员应具备的基本观念

1. 忠于职守。要做到遵纪守法，廉洁奉公，严守机密。
2. 树立平等互惠观念，防止妄自菲薄和妄自尊大两种倾向。
3. 发扬团队精神，要做到不暴露己方弱点，一致对外。

四、谈判成败的标准

1. 谈判目标的实现程度。
2. 付出成本的大小。包括让步给对方的利益和自身承担的风险，为谈判付出的时间成本、货币投入等。
3. 双方关系是否有所改善。

五、商务谈判的特征

商务谈判包含一系列经济活动的特点，同时具备一般谈判的特征。

1. 商务谈判的功能

商务谈判是为了发展商品生产和商品交换服务，这种交换实质上是买和卖的关系，买卖双方通过谈判的方式沟通信息、互通有无，从而促进市场交易活跃发展，它是商品经济发展到一定时期的必然产物。

2. 商务谈判的目的

商务谈判是为了获得经济利益。不讲经济利益的商务谈判就失去了价值和意义。与其他谈判相比，商务谈判更加重视谈判的经济效益，对谈判涉及的重大技术的成本、效率、效益不会轻易让步，通常以获取经济效益的多少来评价一次谈判的成败。

3. 商务谈判的核心

商务谈判的核心是价值谈判。商务谈判中，价格是价值的表现形式，它最能反映各方利益，各方在其他利益上的得与失，往往或多或少地可以折算为一定的价格，通过价格的提高或降低体现出来。谈判人员必须开拓思路，以各种方式和渠道赢得最根本的利益。要以价格为中心，坚持自己的利益；不要局限于价格，要设法从其他利益因素上争取多方利益。退一步说，与其在表面的价格数字上争执不休、互不退让，使谈判陷入僵局，不如换个角度，在其他因素上取得平衡，以退为进是谈判的智慧体现。

4. 商务谈判的结果

商务谈判的结果是条款缜密的合同。谈判双方协商一致的协议以合同文本的形式固定下来，合同条款实质上反映了各方的权利与义务，限定了各方在日后的商务活动中的行为权限，因此必须重视。谈判各方在谈判环节中花了很大力气，经过艰难磋商才获得相对有利的结果，而对方往往经过迫不得已的让步，才有了最后的结果。假如在拟定合同文本时掉以轻心，会使到手的利益丧失殆尽；如果对方刻意在条款措辞和表述技巧上设置陷阱，己方甚至会因此付出惨重代价。合同条款的严密性与精准性是保障各方获得谈判利益的主要前提。

5. 商务谈判的依据

一定时期、一个国家和地区的政治状况，会影响谈判主体、谈判地点、谈判议题的选择，以及谈判条件的普及与衡量，而法律是商务谈判得以顺利进行的基本保障。一定的法律法规确定了商务谈判的合法性及其规定的权利义务，确保了协议与合同的有效性，规定了各方发生纠纷的处理程序和解决办法。

六、我国谈判过程中形成的总体原则

1. 实事求是：遵循客观情况，以理服人。
2. 平等互利：要尊重彼此主权，互惠互利。
3. 求同存异：求大同存小异，双方寻求共同利益。
4. 尊重守信：权利和义务是相互的。讲究诚信是最基本的尊重。

第二节 商务谈判的原则和程序

对于谈判能否成功，商界有两种极端认识。一种认为，谈判成功与否完全取决于谈判人员个人综合水平的发挥，没有什么必须遵循的原则；另一种认为，为了达到预期目的，可以调动各种势力，甚至不择手段，无所不用其极，就是谈判最根本的原则。显然，这两个极端认识都是错误的。

事实上，商务谈判有原则可循，商务谈判原则是从谈判实践中抽象出来的，是普遍适用的最高规范，也是商务谈判取得成功的重要保证。

一、商务谈判原则

一般来说，商务谈判所遵循的原则有以下几个。

1. 平等自愿原则

谈判各方没有高低贵贱之分,商务谈判中,不论各方经济实力强弱、企业规模大小、谈判人数多少,地位一律平等。平等是谈判的基础,商务谈判各方拥有平等的权利,任何一方的意图都需其他各方认可才可确立,写进最终的合同文本,供各方遵照执行。

自愿是商务谈判的根本前提。各方出于自身利益追求而来,不是被逼而来的。自愿谈判,让各方寻求优势互补的途径,可以满足各方利益。任何一方觉得谈判失去了预期价值,都可以随时退出或拒绝参与谈判。同样,任何一方都无权以强制手段胁迫其他方必须参加谈判或不准他方退出谈判。

2. 互利双赢原则

商务洽谈的目的是与对方在某些问题上达成共识,找到双方都能够接受的利益平衡点,达到双赢。商务谈判不是竞技比赛,不能以一方完胜、他方惨败为结局。成功的商务谈判,应该在谈判结束后,使各方利益需求相互补充、相互满足,产生互补效应和契合利益。

3. 总体利益原则

商务谈判要重视效益,节约谈判成本,不仅要追求自身效益,还要重视社会效益,要充分考虑投入与产出比,用最少的人力、物力、财力投入,花最少的时间,达到预期效果,体现总体利益最大化。

4. 恪守信用原则

商务谈判讲究严格履行契约,不欺诈,信守承诺。信用是商品社会的一种资源,无商不奸是商品社会的毒瘤,应该坚决割除。谈判结果受各方认可,各方都应该执行谈判协议,对自我承诺负责。

5. 客观真诚原则

商务谈判各方,站在各自立场,互处于相对状态,对立的关系容易使谈判者在既定立场和自身利益的支配下,产生强烈的情绪,容易在情绪的支配下固执己见、一意孤行、陷入偏激和盲目斗气,从而远离客观,做出非理智判断和行为,为达成共识而参与谈判的诚意也荡然无存。这样必然会使谈判破裂。

6. 就事论事原则

商务谈判人员来自各方,观念与性格、修养与背景各不相同,谈判中要把对人与对事区分开来,重点放在谈判内容上,避免因个人好恶针对对方谈判人员。

指责对手、进行人身攻击,或因"惺惺相惜"而"里通外国"、讨好对手，都是不可取的。

7. 讲究礼貌原则

商务谈判中，无论顺利还是障碍重重，都不可意气用事、举止粗鲁、表情冷漠、语言放肆。任何情况下，谈判者都应该谦和待人、彬彬有礼。即使与谈判对手存在严重利益之争或严重分歧，也不能对对方恶语相向、讽刺挖苦。

二、商务谈判利益原则

商务谈判追求利益目标，需要遵循必要的商业利益原则。

1. 如果不是迫不得已，不要讨价还价；
2. 运用实力时，首先要以礼相待；
3. 如果存在第三方，让对手互相竞争，从而渔翁得利；
4. 为自己留有余地；
5. 言而有信；
6. 少讲多听，不轻易表态；
7. 让对方有利可图；
8. 不要偏离对方期望值太多，让对手获利跟预期需求接近。

三、商务谈判程序礼仪

谈判程序是指谈判的准备、谈判的议程、谈判的整体顺序。一般来说，一场正式而完整的商务谈判程序，包括三个基本环节：准备阶段、正式谈判阶段、结束阶段。

1. 准备阶段

凡事预则立，不预则废。谈判前的充分准备，关系到谈判能否取得圆满成功。在谈判的准备阶段，要做好可行性调研，确定谈判主题，明确谈判要点，选定谈判人员，订谈判草案，制定谈判措施。一句话，做好一切准备。

(1) 可行性调研

收集所有与谈判相关的事实、数据，做到知己知彼，要重视大背景下的政治经济形势和政策法规、市场状况等客观情况，做到有理有据，促成交易，或事先了解，做好预警和防范。

(2) 确定谈判主题

主题是谈判的目标，也是谈判的核心。整个谈判活动自始至终都围绕谈判主题进行，因此，谈判主题要简明具体，利于谈判者掌握和表述。最好用一句话体现。

(3) 拟定谈判要点

①谈判目标：可分层次明确，包括必须达到的目标、能够接受的目标、最高目标。

②谈判内容：谈判合同条款。

③谈判议程：谈判的议事日程。要与谈判过程的报价、还价、磋商、签订合同几个阶段结合，不同阶段安排不同时间和进度。

(4) 确定谈判地点

可预设，再经过协商确定。一般为占天时地利，要争取首轮主座谈判地点在主场，防备首轮谈判地点在客场。主场指己方所在地，客场指谈判对象所在地。

(5) 组建谈判班子

合理配备谈判人员，选定主谈判人、助谈判人、相关专家。

案例分析

判对形势派错人

范蠡是战国时期越王勾践的著名谋士。一次，他的次子因杀人而被囚禁在楚国的监狱里，他决定派自己最小的儿子携带一千两金子到楚国去通融一下，以便把次子救回来。范蠡的大儿子因父亲派小弟而没派他，觉得没面子，竟然要自杀，范蠡见此，不得不改变主意，派长子前去楚国。他写了一封书信让长子带给自己的好友庄生，同时告诫长子，到了楚国一定要把这一千两金子送到庄生家，由他处理，万万不能与庄生因为任何事情发生争执，否则会坏事。

范蠡的长子来到楚国后，把一千两金子送到庄生家，庄生看了书信后明白了他的意思，于是让他马上离开楚国，一刻都不要耽搁，而且保证他弟弟会立即被释放。范蠡的长子听了之后假装离去，然后自作主张偷偷留下来，藏在一个朋友家里。原来，庄生家境贫寒，平时以清廉耿直而受到人们的尊敬。范蠡送给庄生的一千两金子，庄生并不想接受，但又怕范蠡的长子以为自己拒绝帮忙而心生猜忌，就先收了下来，准备以后有机会再还给范蠡。

这天，庄生趁觐见楚王的机会，对楚王说自己夜观天象，发现楚国将有一场大灾难，只有实施仁政才能避免这场灾难。庄生建议楚王大赦天下，把监狱里的囚犯都放出来。楚王听了庄生的话，下令赦免囚徒。范蠡的长子听说以后认为既然楚王要大赦天下，自己的弟弟也应该被释放，那自己带来的千两黄金就白费了。于是他又来到庄生家。庄生问他为什么没有回国，他说听说弟弟马上就要被释放，特地前来辞行，庄生立即明白了他的来意，就让他把那一千两金子带回去。范蠡的长子离开后，庄生非常愤怒，觉得被骗了：既然我把你弟弟救出来了，为什么还要把金子要回去？即便你不来要金子，我也会把金子给你还回去。既然你这样，我就不客气了！于是，庄生又一次去见楚王，对楚王说："大王本来是想实施仁政以消除灾祸，但现在人们却传说范蠡的儿子因为杀人被囚禁在楚国，他家拿了好多金子贿赂大王的手下，所以大王的赦免不是为了楚国的百姓，而是范蠡使用了金子的缘故，一旦传开，大王您的威望可就大大降低了。"楚王听了以后，心想：范蠡竟敢在我国如此放肆，这还得了！于是立刻下令先根据罪行把范蠡的二儿子杀掉，再赦免监狱里的犯人。

范蠡的大儿子万万没有想到楚王会在大赦天下之前先把自己的弟弟杀掉，他想来想去都没想明白到底是什么原因，只好哭哭啼啼地带着弟弟的尸体回国了。回到家后，他把事情的经过一说，家里人都非常悲痛，只有范蠡心里最清楚，他告诉大家，是大儿子把老二害死的。

家里人不明白其中的原因，范蠡对大家说："我早就料到了他会害死老二。这并不是他故意要害死他弟弟，而是其他原因。老大从小就和我一起，经历了太多的艰难困苦，知道钱财得来不易，对钱财非常看重。他把金子给庄生后，知道自己的弟弟将要被释放，觉得自己的钱白花了，就想方设法把金子要了回来。这样做必然会激怒庄生，老二能不被杀吗？而小儿子则不同，他从小没吃过苦，从懂事起，吃穿住行都没差过，他不知钱财来之不易，也不会吝啬钱财。我当初派他前去楚国，就是考虑到这方面的原因。"

思考题

1. 谈判要达预期目的，最重要的因素是什么？范蠡大儿子的错失仅仅是舍不得钱财吗？

2. 派出大儿子的范蠡，明知大儿子会犯错，如果要避免二儿子被杀，他应该做什么防备，才能保住二儿子的性命？

提示：

1. 谈判人员的选择至关重要。要有预见性，能远观，有决断，能止损。

2. 谈判要组团队，假如加派小儿子同行，就能互补。

2. 正式谈判阶段

正式谈判阶段也称实质性谈判阶段，指双方面对面进行洽谈的过程，涉及商务专业技术和法律问题。

(1) 谈判开始阶段，也叫开局阶段

就谈判预备内容提出要求；不要直接切入谈判主题。

具体技巧有：

① 以逸待劳。东道主在对方刚抵达谈判地点时就亮出紧凑的日程安排，礼貌地请对方接受，目的是打乱对方计划，在对方没能充分休息的情况下展开高强度攻势。注意要时机恰当、理由充分、态度诚恳、有歉意说辞。这种技巧一般在己方实力相对雄厚，对方迫切需要达成协议，或再次交易可能性小而对方谈判能力比较低的情况下使用。

② 盛情款待。东道主在正式谈判前，举行高级别宴请，赠送贵重礼物，或安排高档旅游、休闲、保健等活动。高级别礼遇会让对方产生受之有愧、应该回报的心理，可以软化对方的谈判立场、原则、态度。注意把握时机、火候、分寸，过度会有贿赂和动机不纯的嫌疑。这种技巧一般在对方是谈判新手或对方人情味重、注重礼遇回报的情况下使用。

③ 先声夺人。指率先表明己方坚定的态度、立场与原则，或通过介绍、演示等手段渲染己方实力、优势、业绩，旁敲侧击地指出对方劣势、不足，削弱对方的谈判地位。目的是确立己方强势地位，把握主动权。注意要有十足的依据和信心。这种技巧一般在对方期望达成交易、己方实力优势明显，或对方弱势特点突出时使用。

④ 以静制动。简要阐述己方立场，专注于倾听、记录、推敲对方意见，最后向对方大量提问。目的是先判断对方实力、思路、方案，以调整己方方案，同时寻找对方破绽，作为迫使对方让步的筹码。注意鼓励对方多多发言，对关键问题和对方有意回避的事项提问。不反驳对方观点，做好倾听、记录、分析。这种技巧一般在己方不了解市场行情、交易规则与惯例，实力处于弱势，或对方气势十足、急于求成时使用。

(2) 实质性谈判阶段，也叫讨价还价阶段

这是谈判最重要的阶段。经由报价、议价、反复磋商，以期达成基本一致。

具体的策略有：

① 投石问路。采用旁敲侧击的方法试探虚实。这种策略一般在市场价不稳定、不透明，或对方不太知情的情况下运用。

② 声东击西。谈判中如己方关注价格、对方关注交货，就可以将进攻

方向定位在支付条件上。这样可以从两个主要议题上引开，在不经意间获取想要的利益。注意隐藏己方真正的利益需求。

③不开先例。就某个不愿让步的问题提出以前己方没有过先例，目的是约束对方接受己方条件。一般先例指与对方过去谈判的先例、与他人谈判的先例、外界通行的谈判先例。

④以退为进。以退让的姿态做进取的策略，以让步换让步。注意让步不要太快，要留有讨价还价的余地。

⑤步步蚕食。一项一项地谈，一项一项地敲，最终达到积少成多的效果。

⑥权力有限。又称"挡箭牌"策略。使用"我无权决定"做挡箭牌，转移矛盾，假借上司之名，故意搁置谈判，让对方等待，再趁机反攻。

(3)谈判成交阶段

双方就各项条件达成一致意向并签订合同的过程。

3. 结束阶段

双方达成共识，要把细节落实，以书面方式确定下来。

四、谈判的流程

1. 准备阶段

(1)思想准备：确立谈判的意向，对对手进行可行性评估，设计谈判方案，确定谈判的主题、目标、要点、策略。

(2)资料准备：指派专人收集与谈判有关的事实和数据。

(3)组织准备：合理配备谈判班子。确定主谈判人和相关谈判人员（涉外谈判需要翻译人员）。

2. 进行阶段（核心）

(1)开局：意味着谈判开始，谈判双方进行初步接触、介绍、寒暄，目的是创造一种和谐、温馨、友好的氛围。包括确定谈判地点、分配座位等。

(2)交锋（劝说）：解决实质性问题，双方对立明朗化，表明自己的立场和要争取的利益，绝不可轻易让步。

(3)妥协：达成一定共识，一方做出让步，多数情况下是各方共同让步（协议达成之前各方都要弄清楚对方的最大让步程度）。

(4)终局：基本达成谈判目标（写成文本）。

3. 协议达成

字斟句酌，签字后立刻生效。

在涉外谈判中，文本要准备多套，出现争议时以自己的母语文本为标准。

第三节 商务谈判现场礼仪

商务谈判过程中，谈判人员特别是主谈判者的表现，对谈判现场气氛影响极大，谈判现场的博弈受到细微因素的影响，都可能造成情势变化。很多时候，商场如战场，谈判现场常常充满火药味，在谈判内容范围里，充斥着看不见的较量。

一、谈判人员表现礼仪

谈判人员最关键的临场表现礼仪有三个方面。

1. 打扮讲究，体现深度

谈判人员出席谈判现场，一定要讲究着装打扮。如果内心对谈判高度重视，体现于外就会认真对待自己的形象，不肯马虎。

(1) 修饰仪表。要选择端庄雅致的发型，不染彩发。男士短发凸显果断，女士盘发凸显干练。通常要保持面容清秀，皮肤光洁，剃除多余毛发，眉目清爽。

(2) 妆容精致。出席正式谈判，女士应该认真化妆。妆容应该清新淡雅，不可浓妆艳抹，所谓"画眉深浅入时无"，尽心化妆，又看似无妆，制造视觉上的赏心悦目与不着痕迹。

(3) 着装规范。谈判人员着装，要简约庄重，不要刷新潮流、标新立异，也不要受流行影响，要有职业风范。一般情况下，谈判着装的经典搭配是：男士深色西服套装，白衬衫，打领带，黑色正装皮鞋；女士西装套裙，白衬衫，肉色长筒袜，黑色船形高跟鞋。

2. 保持理智，体现风度

谈判桌上，谈判者自始至终要保持理智，头脑要冷静，面色要平和，保持良好风度，体现可靠与充满自信。

(1) 心平气和。要取得谈判预期，就要稳扎稳打，步步为营，处变不惊，时刻保持冷静。既不存心激怒对手，也不自乱阵脚，自找气生。不急不躁，心气平和，是高明的谈判者应有的风度。

(2) 争取双赢。谈判是利益之争，各方都希望最大限度地争取自身利益，而本质上讲，真正的成功只有各方互相妥协，才能互利互惠，各有所得。所以，商务谈判中，只知道争利不知道让利，只顾自己直奔目标而指望对方一无所得,既没有风度,也不现实。

3. 礼待对手,体现气度

商务谈判要注意对对手以礼相待,注意对事与对人分开。

(1)谈判人员代表着各自经济主体,注定不可能"敌我"不分。希望对手手下留情而暗通款曲,"里通外国"而把利益拱手相送,是自欺欺人,更是白日做梦。要正确认识自己与对手的关系,分清人与事,各为其主。

(2)谈判之外无敌手。谈判桌上的对手,可以是谈判桌下的朋友。双方要互相尊敬,以礼相待。但谈判桌上下,角色身份转换一定要分清楚,情绪站位也要收放自如。

(3)讲究礼貌,彰显自己的气质和风度。时刻保持良好教养,保持君子风度或淑女风范。不傲慢自大,也不妄自菲薄。始终礼貌周全,礼节到位。

二、商务谈判五忌

1. 商务谈判中忌欺诈

欺骗性的语言一旦被对方识破,不仅会破坏谈判双方的友好关系,使谈判蒙上阴影或导致谈判破裂,还会给企业的信誉带来极大损失。所以,谈判语言应坚持从实际出发,给对方诚实、可以信赖的感觉。

2. 商务谈判中忌盛气凌人

盛气凌人的行为易伤害对方的感情,使对方产生对抗或报复心理。所以,参加商务谈判的人员,不管自身的行政级别多高,年龄多大,所代表的企业实力多强,只要和对方坐在谈判桌前,就应坚持平等原则,平等相待,平等协商,等价交换。

3. 商务谈判中忌道听途说

道听途说容易使对方抓住谈话漏洞或把柄发起进攻。就个人形象来讲,也会使对方感到你不认真、不严谨、不严肃,不值得充分信赖。

4. 商务谈判中忌攻势过猛

尊重对方的意见和隐私,不要过早锋芒毕露,表现出急切的样子,避免言语过急过猛,伤害对方。

5. 商务谈判中忌含糊不清

谈判者事前应做好充分的思想准备和语言准备,对谈判条件进行认真分析。把握自身的优势和劣势,对谈判的最终目标和重要交易条件做到心中有数。同时做一些必要的假设,把对方可能提出的问题和可能出现的争议想在前面。

三、谈判桌次安排

双边谈判		多边谈判(三方及三方以上)	
横桌(与门平行)	竖桌(与门垂直)	自由式	主席式
客方人员面门而坐,东道主方背门而坐,中间坐主谈判人,右方为第一重要人物	进门方向右侧为来宾方向,左侧为东道主方向	自由就座	面对正门为主席位置,竖排方式放置桌子
需要设姓名签		不需要设姓名签	

思考题

1. 什么是商务谈判？商务谈判分哪些类别？
2. 商务谈判的特征是什么？其核心指向是什么？
3. 商务谈判遵循怎样的流程？其对应的环节应做什么准备？
4. 商务谈判人员应该遵守哪些礼仪规范？
5. 从商务谈判原则来看，具有价值的谈判应该具备哪些因素？

第八章　商务公关礼仪

商务公关活动是提高企业知名度和美誉度、联络公众感情、改善公共关系的重要手段。企业通过有针对性地举办商务公关专题活动，可以对内增强凝聚力，对外扩大影响力，意义重大。商务专题活动从准备到收官，要起到预期效果，必须遵从相关规定和程序，活动礼仪要贯彻始终。本章重点阐述新闻发布会、企业社会赞助、庆典仪式、贸易展览会等活动礼仪。

第一节　新闻发布会礼仪

商务公关活动中，新闻发布会是应用频率比较高的一种，公司成立、战略发布、产品推出、项目签约、投产竣工等具有里程碑性质的事件发生时，新闻发布会必不可少。

新闻发布会又称记者招待会，是指政府部门、社会团体或个人邀请相关新闻单位记者参加的、公开进行的对外发布新闻的会议。

商务新闻发布会，就是以发布商务活动为主要内容的公开会议。其最大的特点是商务信息公布的形式比较隆重，规格比较高，能激发记者自由提问，便于记者挖掘信息深度，有助于加强企业与新闻记者的双向沟通和联系。企业先将信息告知记者，再通过记者所属的媒体告知公众。新闻发布会的目的是树立企业形象，引导舆论导向。对企业来说，新闻发布会成本较高，不同性质的新闻信息，采用不同类别的新闻发布会。

一、新闻发布会的类型

1. 突发事件新闻发布会

任何商业组织在日常运行中，都可能出现突发事件，一般都是带有负面影响的事件，传播速度快、范围广、影响面很大，如工厂爆炸、伤亡事故、出现假冒伪劣产品等。及时、迅速召开新闻发布会，有利于真实、准确、有效地公布真相,扭转不利局面。

2. 重大商务活动新闻发布会

可将新产品研发成功、切合形势节气的各种推广等商务活动与社会大事件相结合。活动中的一些鲜明主题,可以通过新闻发布会来展示和烘托。

3. 宣告性新闻发布会

企业重组、并购、高层换血、经营方针改变等重大事件,可借新闻发布会公之于众。

4. 喜庆纪念性新闻发布会

企业产品获奖、规模达到某个等级、创立纪念日等事件发生时可举行新闻发布会。

二、新闻发布会礼仪规范

1. 确定日期

新闻发布会的日期确定,是一种策划艺术。

(1)通常周二至周四比较合适,因为记者们周一忙于检查上周工作,周五筹划如何度周末。

(2)避开重要的政治事件和社会事件,因为媒体对这些重大事件的大篇幅报道,会减弱企业新闻发布会的传播效果。

(3)一天中最好安排上午9:30或10:00开始,新闻发布会不超过两小时,正式发言时间不超过一小时,应留有时间给记者提问。

2. 发出邀请

需要邀请哪些记者,应根据公布事件发生的范围、影响来决定。如事件涉及全国范围,则要邀请全国性新闻单位的记者出席;如事件的影响只限于本地,则邀请当地新闻单位的记者;如事件涉及专门业务,则只需邀请专业性新闻单位的记者即可。

新闻发布会邀请的对象,一般包括广告公司工作人员、领导、顾客、同行、媒体记者等,秘书可按照邀请名单发送邀请函,确保重要人物到会。

邀请媒体时要注意,既要吸引记者参加,又不能过多透露内幕信息。一家媒体邀请1~2名记者,不宜过多。名单确定后,应填写新闻发布会请柬或邀请函,最好提前3~5天通知到记者本人,由专人送达,便于对方安排时间。

3. 安排地点

新闻发布会在何处举行,也得根据会议的主题确定。如果是一般情况，应在组织的会议室、接待室举行，或租用宾馆、招待所，或赴外地举行；如果是希望造成全国性影响的发布会，则可以赴首都或大城市租用场地举行。要选择交通便利、安静而无噪声、有电话等通信设备的地方。同时考虑场地的硬件配置，准备好录音和录像设备，传真、打印、照明等设备。

新闻发布会的选址必须与要发布的新闻性质融洽，一般考虑几点：

(1)品位与风格。与发布会内容相统一。如与自然、健康相近的产品属性，可以选择避暑山庄举行；新产品发布可选择成品展览馆。

(2)实用性与经济性。会议厅、主席台大小、设备使用、餐饮提供等要考虑价钱是否合理、空间有无浪费。

(3)交通便利性。距离主要媒体、重要人物的远近，交通是否便利，停车是否方便等，都应有所考虑。

4. 选择合适的新闻发言人

新闻发言人代表公司形象，对公众认知会产生重大影响。一般要具备三方面的条件：

(1)要有较宽的知识面，清晰明确的表达能力、倾听能力和快速反应力。

(2)要有执行已定口径并加以灵活调整的能力。思维要敏捷，要能临场应变。

(3)新闻发言人应该身居要职，有权代表公司讲话。

三、参观

与新闻发布会配合组织参观活动可以更好地展示企业形象，更有利于公众了解企业，拉近企业与公众的心理距离。

参观是指邀请外部公众或内部公众参观本组织的工作现场、设施等，用以向公众宣传自己的工艺流程、技术力量、生产规模、环境条件、产品管理、企业文化，向公众释疑解惑，深化公众对组织的了解，获得公众支持。

(一)参观活动的分类

1. 按参观目的分

有订货性参观和学习性参观。

2. 按参观性质分

有考察性参观和一般性参观。

3. 按参观时间分

有定期安排的集中参观和日常随时进行的分散参观。

4. 按参观方式分

有应邀来企业的参观者和自行来企业的参观者。

5. 按参观对象分

有一般对象,如学生、社区公众、职工家属等;特殊对象,即与该企业有各种直接或间接利害关系的人员,如新闻社团和单位、行政机关、科研部门、客户、协作单位等。

(二)参观活动中的接待礼仪

在参观这一公关活动中,接待是关键。接待工作的好坏,不仅影响参观者对企业的了解,而且关系到参观者对企业的印象,对搞好内外部关系,以及达到相互协作的目的产生积极或消极的作用。因此,接待工作要细致周到、精心安排,要注意以下几个方面:

1. 对于组织团队前来参观的人员,企业领导应该在接待中出面。在他们正式参观前讲话,表示欢迎。接待室要备有茶水、座位,供参观者使用。

2. 有意识地将参观列入本企业公关工作的范围,有组织、有计划、有目的地进行。组织参观者观看与企业和产品有关的影片、录像、幻灯片以及创业史展览、产品展览等,下发各种相关材料,使参观者对企业或产品有较全面和深入的了解。接待员在宣布参观后,要礼貌地用手示意,引导大家进入展览室。展览室一般有文字介绍,不一定一一讲解,但对于一些文字上未提及的必要情况,接待员可以针对不同对象做一定讲解,满足不同参观者的需要。

3. 参观的重点是企业的厂房、设施和工作现场。组织者应确定参观线路,由接待人员引领参观者参观。参观时,接待员可进行现场解说,解说时要声音洪亮,口齿清楚,速度不宜过快,确保参观者听清。对于参观者感兴趣的问题,只要不涉密,接待员应一一作答,对于不能解答的问题,要表示抱歉。

(三)组织参观的流程

1. 准备宣传小册子

这类小册子以简明扼要、深入浅出的语句,介绍参观内容,要注意配有一定的图片,少涉及深奥的专业术语,要考虑到一般公众的文化水平、接受能力。这种小册子宜在参观开始时就分发给公众,使公众快速阅读后对参观内容有大致的了解,还可边看实物边对照,集中注意力观看,免去了记录的麻烦,并可供日后参考。

2. 放映视听材料

有些组织结构复杂、技术尖端,为了帮助公众理解,观摩实物前可放映有关录像片、幻灯片或电视片，做简单介绍。

3. 观看模型

有的组织规模庞大，设施分布很广，公众不可能每处都到，每物必看，有些设施不便于公众进入，遇到这种情况，可以事先制作模型，让公众观看。如不少大学制作出校园全貌模型，公众观看后，只需选择几处认为重要的地方实地观看即可。

4. 引导观看实物

由专人引导公众沿着一定路线参观，逐一观看实物。在重要的实物前，引导员应做详细讲解，或配备专门的讲解员讲解，讲解时要抓住公众关心的问题、易理解的重点，避免长篇大论、滔滔不绝，给人吹嘘之感。让公众以观看为主，讲解为辅，不能本末倒置。

5. 中途休息

参观的时间不宜太长，以一天完成为好，在参观路线的中途，最好开辟休息室，准备茶水，供参观者中途小憩。

6. 分发纪念品

参观过程中可向公众发放一些小型纪念品，最好是本组织制造的或刻印有本组织名称的纪念品，让公众一见到它就想起本组织，引出美好的回忆。

7. 征求意见

参观实物结束后，宜在出口处设置公众留言簿或意见簿。有条件的话，可以请参观者座谈感想，提出意见，便于组织改进工作。

参观除了可平时进行外，还可以结合一些特殊时机进行，如组织可在开幕式、周年庆典之后组织来宾参观。

第二节　企业社会赞助礼仪

一、社会赞助的概念

企业社会赞助一般是工商企业以无偿提供资金、产品、设备、设施和免费服务等形式发起、组织、参与、资助或支持某一事业，以获得一定的形象传播效益的社会活动。

二、社会赞助的作用

社会赞助是一种重要的公关活动。社会赞助是一种既可以赢得社会好感,又可以提高自己知名度的公共关系活动。赞助活动在现代社会中十分普遍,可以说,离开社会赞助,当今许多大型的公益活动几乎很难进行。在我国,随着组织公共关系意识的提高,社会组织的赞助数量越来越多,金额也越来越大。有的组织为"希望工程"捐款,一掷千金;有的企业赞助体育事业,不遗余力。社会赞助的作用主要表现在:

1. 通过赞助既可达到宣传的目的,又可增强说服力和影响。

2. 通过赞助制造新闻效果,扩大企业知名度,提升企业美誉度。比如,服装生产企业赞助奥运会,运动员穿上企业品牌服装,实际上是为这家企业做了广告,这种广告效应能扩大企业知名度,树立企业关心社会公益事业的良好形象,有利于提升企业美誉度。

3. 通过赞助表明社会组织勇于承担社会责任,可以树立关心社会公益事业的良好形象。

4. 通过赞助可以培养与某类公众的良好感情,增强社会组织与外界交流的和谐度。比如,老年人收到保健品赞助后,会对赞助企业产生好感。

三、社会赞助的基本类型

社会赞助的基本类型包括:体育活动、文化活动、教育事业、慈善事业、环保事业。

(1) 赞助体育活动

以体育设施和大型体育比赛为主。因关注者多,影响力大,故效果最明显。

(2) 赞助文化活动

电影、电视节目、文艺表演、知识竞赛、艺术节等。因有利于提高公众的科学文化素质,所以能培养公众的感情,提升组织在公众中的知名度。

(3) 赞助教育事业

学校、图书馆、博物馆的软硬件建设。因教育在国民心目中具有崇高的地位,所以赞助者可获得良好的声誉,快速提升自己的知名度和美誉度。

(4) 赞助慈善事业

为贫困地区、残疾人、孤寡老人、荣誉军人等提供帮助。因体现了组织高尚的品德和主动承担社会责任的精神,所以社会效果最好,能迅速提升组织知名度和美誉度。

(5) 赞助环保事业

四、社会赞助的原则

1. 主观愿望与经济能力相统一原则。对于赞助什么、赞助多少、赞助次数，要心中有数，使用赞助款项一定要做好预算，留有余地，以备不时之需。

2. 责任与权利相统一原则，也就合法原则。赞助是企业的自愿行为，企业有权选择赞助，也有权选择不赞助。遇到不必赞助或明显不合理赞助的情况，企业应坚持自我，不为利益裹挟，不被某种势力威胁，以法律和舆论维护自身权利。

3. 社会化与专业化相统一原则。选择赞助项目最好争取能同时提高自己企业和产品的地位，比如钟表赞助运动会计时，服装赞助演出。最理想的赞助效果是社会声誉与专业权威实现统一。

4. 社会关注原则。通过赞助来做广告，选择合适的时机与项目，可以起到超过广告的效果。

五、社会赞助的实施步骤

1. 研究和确定赞助项目。企业要确定赞助目标，就要研究企业的经营政策、公关政策、项目的公益效益，考察赞助项目。

2. 成立专门领导机构，确定赞助具体项目的可行性、实施性。

3. 策划要点：企业应制定年度赞助策划方案，对赞助费用做预算，对赞助形式和宗旨做具体规定，以保证赞助质量和效果。

4. 实施赞助活动。一般由专门人员落实实施。

5. 活动评估，效果测定。对已完成的赞助项目进行效果调查，总结经验教训，以便提高。

六、秘书人员在社会组织赞助活动中应注意的问题

1. 明确目的。组织开展赞助活动必须是有目的的，从原则上讲，组织赞助的目的与其公共关系总目的是紧密相连的，就是提高组织的声誉，增进公众的理解，塑造良好的组织形象。

2. 调查研究。为了取得良好的赞助效果，社会组织应事先组织调查研究工作。在明确赞助的情况下，从本组织的经营管理目标、政策、公共关系政策入手，调查外部需要赞助的公益事业情况，考察活动本身是否对公众有益，是否对组织有益，从而确定本组织的赞助方向和政策，以指导赞助活动。

3. 制订计划。在调查基础上，根据组织的赞助方向和政策制订年度赞助计划，该计划一般包括赞助对象的范围、费用预算、赞助形式和宗旨等。

4. 审核评定。实施赞助前，应对某一个具体赞助项目进行详细的分析研究，结合年度赞助计划逐次审核评定，确定其可行性和赞助的具体方式、款项、时机等，从而最终确定赞助活动的具体实施方案。

5. 具体实施。组织应派专人负责各项具体赞助方案的落实。在实施过程中，应充分运用各种有效的公共关系技巧，使社会组织能尽量帮助该活动扩大其社会影响；应该建立经常性的检查制度，使计划能保质保量地完成，同时亦可避免费用超出预算。

6. 效果测定。赞助活动完成后，应对赞助效果进行调查测定，对照计划检查完成了哪些预定的目标，分析完成或未完成目标的原因，将效果测定成文入档，以备以后参考。

案例分析

可口可乐的大手笔

可口可乐通过赞助体育、教育以及文化等各类活动强化品牌形象，提升品牌的美誉度，营造饮用氛围，从而促进其产品的销售。纵观可口可乐的赞助活动，主要包括以下几种。

（一）赞助体育活动

1. 赞助奥运会

从1928年赞助第9届阿姆斯特丹奥运会起，可口可乐赞助了每一届奥运盛会。作为奥运会的饮料供应商，可口可乐从饮料、火炬接力、设立国际奥委会博物馆、发行奥运歌曲唱片及历史书到电视台转播等项目的赞助都显示出一个全球销量最多的饮料品牌对一项关注者最多的全球性活动的无限热忱。可口可乐在把"更快、更高、更强"的奥运口号注入自己品牌的每一个细胞的同时，使人们对可口可乐产生情感利益：即喝下的不仅仅是一种饮料，更是一种"运动、奔放、向上"的精神。这正好与可口可乐"乐观奔放、积极向上、勇于面对困难"的品牌核心价值相符。因此，通过赞助奥运会，可口可乐的品牌和消费者紧紧地联系在了一起。

对于赞助奥运会，可口可乐一向表现出彰显大家风范的大手笔投资。在1996年亚特兰大奥林匹克运动会上，可口可乐总计投入6亿美元，约占其当年全部广告预算的47%。在奥运会期间，可口可乐举办全球范围内各式各样的奥运公关活动，协助奥运筹委会承办包括圣火传递、入场券促销在内的多项工作。借助体育运动来推广品牌，是可口可乐制胜商场的不二法门。可口可乐认为：以赞助奥运会为契机，为自己的公司建立独特的品牌形象、提升品牌价值、促进销售，并增强与消费者之间的联系，是首要的营销目标。同时，找到奥运会与公司品牌之间的关联性是最为重要的。要考虑奥运会能给消费者带来什么特殊的东西，消费者自身渴望的是什么东西，而可口可乐品牌自身的价值又是什么。能否利用某些特殊活动使这三方面结合起来变成最有力的关联，才是赞助奥运会成败的关键。对于可口可乐来说，奥运会的营销功能实际上就是企业和消费者改善或重建彼此关系，双方借体育运动相互认同，产生共鸣。可口可乐把奥林匹克文化融入品牌个性当中，并由此形成品牌价值，通过奥运会把自己的品牌和消费者巧妙联系在一起，从而使消费者对品牌保持极高的认可度和忠诚度。多年来，可口可乐正是以此标准来选择赞助活动的方式，使赞助活动与其品牌形象配合得完美无瑕、相得益彰，使可口可乐的营销活动产生了"1＋1≥2"的倍增效应。

2. 赞助世界及中国足球

在全球范围，足球一直是可口可乐最重要的赞助项目之一，也是可口可乐最为宝贵的市场资产。作为国际足联和世界杯的长期合作伙伴，从1974年开始，可口可乐就成为每届世界杯的主要赞助商之一。可口可乐拥有在全球推动足球运动的无可争议的领先地位。贯穿于足球运动的精神则恰恰是可口可乐品牌一贯主张的核心价值。在中国，可口可乐对中国足球事业的支持，使可口可乐将其品牌在全球范围内与足球的渊源恰如其分地本土化，并由此建立起与中国球迷强有力的感性沟通模式。从2001年开始，可口可乐通过一系列围绕中国足球的公关推广活动，把中国消费者对可口可乐的品牌认知推向了一个新的高度。

(1) 全面赞助中国国家足球队。2001年1月，可口可乐与中国足协签订了赞助中国队所有赛事的合作协议，可口可乐成为中国队官方饮品。通过赞助中国队和支持中国足球的发展，可口可乐再次巩固了自身的品牌领导地位——运动、奔放、向上，充满乐观精神。

(2) 为世界杯外围赛创作"中国之队"队歌。2001年4月22日，对于中国足球以及球迷来说，有着特殊的意义。在无数中国球迷殷切的期望中，中国国家队在西安迎战马尔代夫国家队，中国之队义无反顾地拉开了第七次冲击世界杯的帷幕。在小组赛首场比赛中，可口可乐为中国国家队创作了第一首队歌——《让我们向前冲》。在比赛开幕式上，由孙楠、那英等8位国内知名歌手联袂演绎的这首"中国之队"队歌激动人心。这首歌体现的是"永不言败,拼搏到底"的精神,同时也表达了广大中国球迷对中国之队的热切期望。毫无疑问,这首歌在很大程度上鼓舞了中国队的球员们,给中国之队冲击世界杯的征程开了个"好头"。

(3) 为中国队主场比赛摇旗助威。2001年8月25日,在沈阳五里河体育场,可口可乐组织了由1300多名东北大学生组成的大型啦啦队,同时,可口可乐还从球迷协会请来专业人士,专门指导大学生啦啦队的表演,以确保其起到为中国之队加油助威的效果。

(4) 开展"激情拥抱世界杯"系列活动。2002年3月,可口可乐针对中国球迷开展了"激情拥抱世界杯"系列推广活动。活动中的"弹指足球"是超级球迷必备的玩具。球迷只需将小球靴套在手指上,就可以以手代足在桌面上进行二对二的对抗比赛。在这里,可口可乐把"球迷"定义为:那些喜欢足球并视足球为生命的一部分的人。中国球迷具有这样一些特征:足球可以让他们放松;他们在观看足球比赛的时候可互相交流;他们可以很容易地回忆出每一个中国队光荣的经典瞬间;他们与中国足球荣辱与共。此后,可口可乐开展了"为世界杯壮行""为中国队护旗"、赞助"女足世界杯"、赞助"中国女足南北明星争霸赛"等一系列活动,使中国球迷关注世界杯、关注中国之队的情感得以升华,世界杯、中国之队、可口可乐则成为众多球迷提及率最高的词汇。可口可乐通过对中国足球事业的支持,使可口可乐赢得了极高的品牌美誉度与消费者忠诚度。

(二) 赞助社会公益活动

进入中国以来,可口可乐在支持中国体育发展的同时,也不遗余力地对中国的社会公益进行大力资助。1993年起,可口可乐在中国26个省捐建了52所可口可乐希望小学,捐赠了100个希望书库,使6万多名儿童重返校园。从2001年开始,为千余名可口可乐希望小学的校长和教师提供专业的电脑培训。为希望小学提供后续的扶持基金,同时开始在全国兴建30个网络学习中心和52个多媒体教室及电视教学点。此外,可口可乐还与各地装瓶厂联合设立了"可口可乐第一代乡村大学生奖学金",资助678名从偏远乡村考上大学的青年完成大学学业。时至今日,可口可乐及其装瓶厂已经在中国公益事业方面投入3000多万元人民币。2001年,在中国青少年发展基金会和捐助者可口可乐(中国)有限公司的推动下,专门用于林地浇灌的全国保护母亲河行动挖掘的第一口井在河北怀来县天漠沙丘出水。这是可口可乐公司继2000年为当地捐助百万树苗后,再次捐款。他们在天漠沙丘周围打井5口,彻底解决了百万树苗灌溉问题。作为营销策略,"取之于消费者,回报于社会,投身于公益事业"为可口可乐的品牌赢得了良好的美誉度,同时也为可口可乐在中国的成功奠定了坚实的社会基础。

思考题

1. 在你眼中,可口可乐的品牌内涵是什么?你基于什么得到这样的认识?

2. 案例中,可口可乐赞助的项目之间有怎样的联系?产生了哪些效果?

第三节 贸易展览会礼仪

贸易展览会是企业直接面对客户、自我展示的极好途径。展览会运用实物、模型、文字、图表等介绍,以其专业性、针对性、直接性强的特点,展现组织的成果、成就,成为企业面对客户、自我展示的专门途径。其中,以推销商品为主的又称展销会。它是组织传播本身信息、扩大知名度、提高声誉、广交朋友的常用公关活动,它的传播范围表面上局限于一地一市,影响仅作用于现场观众,实际上,通过观众的传播,尤其是新闻媒介的传播,它的说服力、感染力往往比其他方式更强,传播面更广。

如何在展览会上最大限度地表现企业优势,与掌握展览会相关知识和操作技巧密切相关。

一、展览会的种类

1. 就规模而论,有大型、中型、小型之分,大到世界博览会,小到一家企业的产品展销会。

2. 就场所而论,有室内展览、室外展览(如汽车、建筑机械展览)。

3. 就方式而论,有固定展览、流动展览。

4. 就举办地域而论,有国内展览、国外展览。

5. 就举办单位而论,有单独展览、联合展览。

6. 就展品内容而论,则大体上可分为综合性展览和专题性展览。综合性展览全面介绍一个地区或一个单位的情况,专题性展览则围绕一项专业或某一专题举办。

无论哪一类展览会都是一种多维、立体的传播媒介,需要精心设计。

二、贸易展览会的举办过程

1. 明确主题。
2. 制订展览计划、展览方针、展览内容(根据展览主题和方针制订,不可捏造、虚构,必须与真实内容相符)。
3. 策划展览方法。
4. 预算开支费用(包括场地费、相关工作人员费用、设计和布展费用、联络费、保险费、交际费、印刷费、保洁费等)。
5. 申办展览手续。
6. 选择合适的场地(位置明显、交通便利,且周围环境与主题相得益彰)。
7. 撰写脚本(美化美工、解说词、解说员的训练情况)。
8. 确定参展单位(人数、规模、内容、展费等)。
9. 人员培训。
10. 成立对外专门新闻发布小组(主动提供通稿)。
11. 如期设计展会徽标。

具体操作一般交由展会工作人员组织落实,目前大部分企业由秘书部门和公关部门承担。

三、展览会礼仪要求

1. 前期接待礼仪

(1)安排有序。事先确定每个工作人员在活动过程中承担什么角色,要做什么样的工作,不能出现手忙脚乱、不知所措的现象。

(2)行为规范。所有参加礼仪接待服务的工作人员,应按标准的商业行为规范来引导和服务客人。统一的服饰、统一的礼貌用语、统一的行走站立姿势、统一的商业礼仪训练,能使客人感受到所有工作人员都训练有素,是一支专业的服务队伍。

(3)态度真诚。迷人的微笑、亲切的问候、轻声的叮咛、耐心的解说都是礼仪接待人员良好素质的表现,也是人们对礼仪接待服务的基本要求。同时,礼仪接待人员应具备一定的应变能力和解说能力,能灵活应对客人提出的各种问题。

(4)富有个性。根据展会活动的形式和内容,礼仪接待服务的形式也可以设计得富有个性和特色,通过礼仪接待服务凸显展会活动的特色和主题。

2. 会展活动中礼仪接待的策划安排

(1) 明确会展活动的内容主题及特色

不同性质的会展活动在表现形式上是不同的,因此在接待服务的表现形式上也有差异。如展览活动和大型节庆活动的礼仪接待服务的表现形式不同,有些活动需要热闹,有些需要安静;同样是展览活动,主题和内容不同,其礼仪接待服务的要求也不同。例如,汽车展的礼仪接待服务可以比较活泼欢快,具有现代感;化妆品展的礼仪接待服务则可以时尚前卫。

(2) 事先做好整个会展活动的程序安排及具体的人员安排

了解会展活动的程序安排是进行礼仪接待人员配备的重要信息输入。如果会展活动的开幕式有重要嘉宾参加,还伴随有不同规模和场次的会议或讲座,会展活动参与人员的数量较多,就需要场馆管理者确定什么时候在哪些地方安排多少名礼仪服务人员,他们的主要工作任务是什么;在完成开幕式后,他们还须到哪里服务。在安排礼仪接待服务时,要考虑如何提高服务效率。

(3) 要严格规范礼仪接待人员的素质和个性要求

策划礼仪接待服务时要考虑到客人的类型和特点。如果是有较多国外嘉宾参加的展会活动,则安排有良好的文化修养和外语水平的礼仪接待人员;如果是专业性较强的学术会议,还可以考虑安排该专业的大学生负责礼仪接待工作,这样既便于与会议代表沟通,又能使该专业的学生获得学习的机会;如果展会活动正式庄重,则需要安排庄重典雅的礼仪接待人员。

(4) 事先列出活动过程中需要的礼仪用品

礼仪接待服务过程中不能忘记准备展会活动中所需的礼仪用品,如剪彩活动所需的金色剪刀、绸布球、托盘、礼花等;签字活动所需的文件及文件簿、签字笔、葡萄酒等;舞狮表演所需的点睛毛笔和墨水;颁奖仪式所需的奖状、奖杯、奖牌、证书、锦旗、奖金信封、鲜花、吉祥物等;捐赠仪式所需的支票模型、捐献证书、鲜花等。这些礼仪用品什么时候使用,使用的顺序如何,都要事先向礼仪接待人员交代清楚,以防出错。

(5) 挑选礼仪接待人员服装

礼仪接待人员的着装形式可以是多样的,应通过着装反映会展活动的特色。如:汽车嘉年华的礼仪小姐可以穿具有现代感的运动装;啤酒节的礼仪小姐则可以穿时髦、前卫、性感的超短裙;商务谈判会议的礼仪小姐可以穿较为传统的职业套装,以显示庄重和谨慎。在服装的色泽上,也要考虑活动的主题色调,尽可能与现场的色调相协调。

第四节　庆典仪式礼仪

庆典是各种庆祝仪式的统称,是企业向社会公众展示自身形象、自身成就的一次公开的、精彩的亮相。

一、举行庆典的时机

1. 企业成立周年庆典,通常在企业成立五年、十年时举行,即在企业成立五年及五的倍数年举行。
2. 企业荣获某项荣誉时举行。
3. 企业取得重大业绩时举行。如产品销售量突破十万,销售额达到亿元等。
4. 企业取得显著发展时举行。如企业成立集团、确定新的合作伙伴、兼并成功、设立分支机构等。

二、常见庆典的种类

常见的庆典有开幕式和节日庆典两种。

1. 开幕式

开幕式用于组织开业,工程开工,新设施落成、奠基,各种展览会、展销会、文艺会演、电视、电视节、运动会拉开序幕之际。它是第一次与公众见面、具有纪念意义的事件,是隆重又热烈的公关活动。

2. 节日庆典

节日庆典是在法定节日(如国庆、元旦、春节)和组织本身的周年纪念日举行的庆祝活动,也包括重要的地域、民族、宗教节日(如泼水节、开斋节等)的庆祝活动,它着重于创造喜庆气氛,形式包括联欢会、团拜、文艺演出、舞会等。

三、庆典的组织程序

1. 确定出席者

拟出邀请宾客的名单,包括政府公众(如本市、本区、本届党政领导人)、新闻媒介公众(如报社、电视台记者)、小区公众(如小区负责人、周围各单位的负责人)、消费者公众(如客户、业务往来单位的代表)、内部公众(如员工代表)等。领导审定名单后,印制精美的请柬,并提前两天左右寄送给宾客。

(1)上级领导、主管部门领导。对企业发展有过指导、帮助的人,应予以感谢。

(2)社会名流。利用名人效应,有助于提高企业知名度。

(3)大众传媒。邀请媒体,有利于企业成就宣传。

(4)合作伙伴。可以与对方分享成功的喜悦。

(5)社区相关人员。可以使对方进一步了解企业,支持、尊重企业,给予更多帮助。

(6)企业员工。员工是成果的实际创造者。

2. 接待来宾

按接待工作流程和礼仪执行。宾客来临时,要有专人组织签到,签到簿以红色封面、装饰美观的宣纸簿为宜。请宾客用毛笔签名,既示庄重,又便于作为档案或纪念品收藏。如印制有程序表,即可发给来宾。

宾客签名后,由接待人员引导至备有茶水、饮料的接待室休息,相互结识。由专人接待记者,为他们提供方便,如果是大规模活动的开幕式,则最好设立新闻中心。

开幕式开始前约5分钟,应引导主、宾进入场地,接事先确定的位置入座或站立。

开幕式开始后,由主办方最高领导和来宾中地位最高者上前剪彩,此时宜配以热烈的音乐。

主方、客方先后致辞,无论是开幕词、贺词还是答词,均应简单明了,热情庄重,忌长篇大论。

对开幕式现场进行摄影、录像、录音,并由主方领导回答记者、来宾提出的问题。

3. 布置环境

(1)地点选择

结合庆典规模、影响力及企业实际情况,可选择礼堂、会议厅、门前广场等,注意不要制造噪声、影响交通、扰乱治安。布置好场地后,要放好姓名牌或做出醒目的指示,提示要登上主席台或站在第一排的主、客方人员。如开幕式是站立举行的,最好在主要来宾站立之处铺设红色地毯,以示尊敬和庄严,安排好音响、照明设备,排列好花篮。

(2)环境美化

指美化庆典现场环境。为烘托喜庆、热烈、隆重的气氛,可悬挂彩灯、张贴标语、张挂横幅,使用乐队、锣鼓队助兴。

(3) 音响设备

来宾发言使用的传声设备，以及播放音乐使用的音响等设备，要事先检查无误。

4. 庆典的程序

(1) 宣布庆典开始。全体起立，唱企业之歌。

(2) 企业负责人致辞。一感谢来宾，二介绍可庆之处。

(3) 邀请来宾讲话。

(4) 安排文娱演出。

(5) 邀请来宾参观。

5. 余兴节目

典礼完毕，敲锣打鼓、舞狮子、载歌载舞，并播放热烈、喜庆的音乐。余兴节目最好由组织内部员工表演，以增强他们的主人翁意识和自豪感。

引导来宾参观以便让来宾首先了解新推出的产品，也可以设宴招待来宾。

可利用留言簿、召开小型座谈会等形式，征求来宾对新推出产品的意见，加以整理，有利于改进工作，鼓舞内部员工的士气。

从整个过程来看，开幕式并不复杂，时间也不长。然而，它却是组织或新事物的第一次亮相，是否成功，决定着公众对组织的第一印象。所以，秘书应精心设计、组织，力求办得热烈轰动，丰富多彩，给人留下深刻而美好的印象。

思考题

1. 新闻发布会安排时间有何技巧？

2. 新闻发言人要具备什么条件？

3. 是不是所有的社会赞助都可以提升美誉度？社会赞助的原则是什么？

4. 举办贸易展览会要遵守什么程序？

5. 如何确定庆典的出席者？

第九章　应聘入职礼仪

职场用人供过于求，连年"就业难"问题，使得高校毕业生跻身职场前必须过五关斩六将，才能力挫群雄，获得一份称心如意的工作。

随着社会的发展，人才市场和就业市场机制越来越完善，双向选择、自主就业已成为必然。那么，怎样才能求得一份心仪的工作？怎样才能在机遇面前抓住机会？求职是一门高深的学问，求职过程中每个环节都需要讲究礼仪与艺术。

第一节　求职礼仪与艺术

一、求职的基本方式

1. 自荐

获取招聘信息后，有针对性地应聘。最简单的方式是投寄个人简历，真实全面地介绍自己，向用人单位展示自己，展示出自己与众不同的个性与专长，以求得面试机会。

自荐可以采取的方式：(1) 发出求职信、自荐信；(2) 寄送个人材料；(3) 上门考察的同时把推荐材料送过去。

2. 考试

政府机关或事业单位招录工作人员，一般录用综合素质比较高的专业人员，考核时往往使用考试的方式，对报名者进行筛选。一般考查知识面、智力情况和所需技能。

3. 网络求职

网络求职是主动求职方式。通过网络发出求职信或个人简历，吸引用人单位。一般求职信内容包括求职目标、职位意愿、个人才能、专长。目的也是引起用人单位的关注和兴趣，以求得面试机会。

二、求职的信息渠道

1. 获取信息，了解用人单位招聘岗位，获取招聘职位信息

(1)网络发布信息

网络招聘会其实就是现场招聘会的网上展示版本。网络招聘会在表现形式上可以说是多元化的，一般网络招聘会举办时间为20～30天，其中包括10天左右的宣传时间。每届招聘会举办方都会策划不同的主题和基调，设计不同风格的专题网页页面。除了特定的网络招聘会外，大量招聘网站也成为网络招聘的一种方式。但是由于相关的网络法规不健全，因此网络招聘也有得到虚假信息的风险。求职者应对网络招聘信息，尤其是需要提供个人身份信息与提前交押金的网络招聘信息提高警惕。

(2)媒体招聘信息

包括报纸媒介、电视媒介及网络媒介。一般媒体会验证招聘方的信息可靠性，随后发布招聘信息。

(3)各大招聘市场招聘信息

专场招聘会展示的用人信息，相对比较可靠。求职者在毕业求职阶段，可以有意识地关注。人才市场招聘会一般由政府人才机构举办，分为行业专场和综合招聘会两种。前者专门针对特定行业招聘；后者涉及的行业广泛，总是能够吸引大量待就业人才。

(4)熟人了解信息并推荐

通过大量招聘平台和招聘会进行招聘需要很大经济支出，因此很多公司会通过人脉搜罗人才。通过熟人介绍进入相关公司也是一个应聘渠道。需要注意的是，如果推荐人与你身处同一公司，且资历与你差不多，应当尽量避免与其产生过多工作接触从而导致利益冲突；如果介绍人资历较深，应当与其保持一致。

一般来说，熟人了解的信息比较综合全面，可以自己对照取舍。随着招聘活动透明度的提高，招聘渠道越来越正规，用人单位发出招聘公告且应聘者符合录用条件时，才可应聘。

2. 注意一些隐性要求

(1)对地域的要求

有些用人单位会限制用人来源地或指定户口所在地。

应对方法：想到哪里工作就找那个地方发出的招聘信息。

(2)性别

有些用人单位不招女性，但网络信息不会明写，因为按照规定不能有

性别歧视。

三、面试的准备

(一)需要了解的情况

1. 面试前要了解应聘单位的性质、行业、规模、文化特色。

2. 整理自己的思路,确定自我介绍的要点以及对对方可能设问的对答。

3. 了解招聘单位基本情况,做到知己知彼。

4. 了解自己的特点、客观条件,尤其是自己在人群中的位置,横向认识自己与同样学历和履历者相比所处的位置,纵向认识自己与同专业的前辈与后来者相比的优、劣势。

(二)需要准备的材料

面试前需要准备以下应聘材料,面试时带好原件,准备好复印件。

1. 学历证明:包括毕业证、学位证。

2. 个人简历、履历(指学习与工作经历)。

3. 求职申请表。

4. 身份证。

5. 相关证明:英语、计算机等级证书,技术等级证书等;资格证、获奖证明、专业成果等。

四、面试时的着装

求职者恰到好处的服装能够体现出良好的个人修养,也是对主考官和企业礼貌的表现。所以,良好的服装形象也是谋职的一种技巧。在求职应聘时,个人的仪表在求职中发挥着不可忽视的作用。根据所求职业的环境和心理定式不同,着装也各不相同。有的职业需要文静沉稳,有的职业需要高雅大方,有的职业需要神圣庄重,有的职业需要潇洒倜傥。

得体的服装能给主考官留下良好的第一印象,为面试创造有利的条件,反之,面试机遇难求。

第一,面试服装取决于求职者的自我定位。求职者首先要了解所要应聘公司的背景,应聘职位的特点,工作环境及主考官的个人爱好。这些都是应聘前着装设计的依据。

第二,面试时的着装必须整洁。任何一位主考官都不会招聘一个不修边幅、邋遢不整的应聘者,不整洁的打扮会给人留下不好的印象。

第三,面试时的着装应简朴大方,尽量少戴装饰物。如果应聘工作的专业性较强或职务较高,对装饰品色彩的选择更要慎重。鲜艳的色彩和夸张的样式会给人不稳重的感觉。要尽量避免前卫大胆的装束。即使在夏天,也不要穿得太暴露。最好不要选择闪光面料,不要佩戴叮当作响的大耳环和手链,不要穿运动鞋和露脚趾凉鞋。

第四,面试时的着装要与职位相称。如果应聘外贸服装设计师或公关人员,最好能穿得时髦一些。时髦的装束能直接表达应聘者的品位、爱好和对社会的态度。如果应聘一般机关的工作人员,最合适的是西装或套裙。如果事先得知面试考官是男士,不妨穿浅灰色西装套装,再配浅蓝色花边衬衣。如果事先得知面试考官是女士,可以穿米色西装,配白色衬衣。如果应聘高层次的管理工作,最好配一只手提包,装上必要的个人业绩档案;海军蓝套装配淡蓝色衬衣,是最为理想的穿搭,千万不要穿花格衬衫。一般情况下,需要经过多轮面试的求职者,最好每轮面试都改变一下行头。如果是去参加一次决定性的面试,得体的服装一定会帮助应聘者取得成功。

第五,面试时的着装还要与季节协调。一般夏季服装款式简洁、大方,多用白、蓝、绿等冷色调,给人一种清新、凉爽的感觉。冬季服装款式大方,美观实用,多以红、橙、黄等暖色调为主,给人一种温暖的情调。在过渡性季节参加面试,当以现实天气为参考,不妨事先听听天气预报。

女性参加面试,服装的选择既要与应聘的环境、职业相符合,又要体现自己的个性特点。

在面试时,应聘者的服装要得体大方、色彩适宜,服装风格须与自己的气质修养、体形肤色、装扮效果、步态姿势、年龄身份相协调,使自己看起来稳重成熟、干练而富于魄力。总之,在面试前处理好自己的服装,会在面试中助你一臂之力。

第六,重视面试中服装色彩的搭配。如果去应聘政府机关单位,服装色彩搭配应该沉着稳重、整洁大方,不过分引人注目。如果去应聘服务型行业,服装搭配要活泼一些,颜色搭配要柔和淡雅,令人产生一种高雅、舒服的感觉。如果去应聘办公室工作,在服装装扮上可适当地显露自己的特色。服装色彩可用对比色搭配,以显出精明、强干。

在面试时,如果能做到以上几点,面试中主考官一定会对你产生勤劳、会生活、做事有条理的好印象。如果衣衫不整、随心所欲、邋遢不洁,主考官则会认为你生活不善自理、办事拖拉,那么你被录用的可能性就不大了。

五、面试的技巧

1. 突出良好形象

必须表现出自己具有责任心，有独立工作的能力以及上进心。仪表端庄，要着职业正装，男士穿西装，女士穿西装套裙。冬天，女士可以在西服套裙外穿一件外套，在进入面试现场前将外套脱下。口红要若有若无，指甲油要求是透明的，最好不要喷香水。发型以男士板寸，女士丸子头、花苞头为宜。配饰遵循"不过三"原则。正装一定要有领子，不能太时尚。鞋子不能沾一丝灰，要干净无比，衣服也不要有污渍和褶皱。一个人的整洁度可以体现一个人的教养和做事的细心程度。

2. 把握倾听技巧

注意倾听，以表现对面试官的尊重。只有注意倾听，才能抓住面试提问的实质，否则会答非所问、不得要领。

倾听时要目光专注　不要东张西望；尽量微笑，不可放肆大笑；适当点头，肯定对方；身体前倾，不做过多手势；适时对面试官的问题做出简短回答。

3. 恰当掌握分寸，言谈讲究

回答问题要态度谦逊，内容简要，不可冗长重复；注意虚实结合、远近结合、优劣结合，既要展示自己的视野和理想，又要深入实际谈具体实事，将自己的目标和要求按时间的远近列举出来，不刻意伪装自己，可以适当表现一下缺点，以达到瑕不掩瑜的效果。如：当被问到"为什么要到这里工作"时，要回答"我觉得这边的文化更好，我愿意来这里"；当被问到"难道你家乡不好吗？"时，要回答"我觉得年轻人要多出去闯闯，而且我觉得这边的××更先进，××更前卫，我希望成功后能衣锦还乡"；当被问到"你是否有男/女朋友"时，要回答"我心有所属但还未捅破这层纸"或"我已经有男/女朋友了，感情稳定"。回答要真诚，找准一切机会说出自己的长处。当被问到"你想应聘哪个职位"时，不要具体说哪个职位，要说关于××方向的职位。

注意：不要主动问待遇或职位；不要明确回答待遇问题，而是似是而非大体地说；对于自己的能力不要夸大其词，要在能力范围之内，不要卖弄。

面试官问得太少或太多都是无望的。如果在你回答之后，面试官面带嘲笑，这时要做出补救：我可能认识有偏差，将来我会修正，目前我只有这种认识程度。

4. 表现不卑不亢

招聘应聘是双向选择，求职者需要工作机会，用人单位也需要员工工作，两者是共赢的关系，因此，应聘面试不必有心理负担。面试中，要表现出亲和力，音量不必太大，语速不必过快或过慢，过快显得紧张，过慢显得散漫和思维不畅。注意控制说话语气、节奏、语速，普通话标准。说话一定要带有表情、动作，不能像木偶一样；进入面试室之前一定要敲门，即使门开着；进入后到房间的四分之一处立足站定，微微鞠躬后再坐下。在没有椅子的房间，如果面试官围坐成一圈，走到中间再行一圈注目礼；如果面试官坐成一排，面对中间站定，等主试官提问。以右为尊、门远为上，要在举手投足间透露出你懂得社会规则、懂得进退。

六、面试的礼仪规范

1. 适时到达，不可迟到

可提前一段时间到达，熟悉周围环境，整理放松自己，切不可迟到。

2. 仪容整洁，表现稳重

仪表体现职业化，不可邋里邋遢、不修边幅；举手投足大方、沉稳、自信，走路从容不迫，说话口齿清晰、有条不紊。

3. 进退得体，守礼有度

不要因为紧张而忽略最基本的礼节，如进场不敲门，随手扔纸屑，用力拖桌椅。也不要把礼节烦琐化，应因时而动，看现场情况。

七、面试应避忌的行为

面试时有些做法会引起对方的反感或不信任，应努力避免。

1. 不合个人礼仪的行为举止和表情

如左右环顾、来回踱步、频繁进出、呼吸急促、双臂环抱胸前、双手垫在脑后、抖腿、跷二郎腿、手上小动作不断、目光呆滞、散乱，等等。

2. 不合个人礼仪的谈吐

如自我介绍叙述单调，说话尖酸刻薄，兴之所至随口批评政治、社会、文化等问题，用语不规范等。

3. 缺乏自信

如自以为诚实而说出自己的茫然不知所措，面对岗位要求缺乏自信而退缩等。

4. 反应迟钝

由于紧张或缺少见识，应聘者容易表现迟钝，张口结舌，完全丧失临场应变力。

八、面试结束后的公关

1. 主动询问面试结果。一般面试后一两天就可打电话给相关负责人，加深其印象，这样做有助于求职成功。

2. 如果对面试比较满意但最后落选，可以向他人请教自己的欠缺，以便改正。

3. 如果确认入选，应通过电话或邮件表示感谢。

案例分析

"我还不是比尔·盖茨"

五年前，海峰毕业于中国一所名校的经济系。那时，他是一个追求独特个性、充满了抱负和野心的年轻人。他崇拜比尔·盖茨和史蒂夫·乔布斯这两个电脑奇才，追随他们不拘一格的休闲穿衣风格，他相信"人的真正才能不在外表，而在大脑"。对那些为了寻求工作而努力装扮自己的人，他嗤之以鼻。他认为真正珍惜人才的现代化公司不会以外表衡量人的潜力。如果一个公司在面试时以外表来论人，那么这也不是他想为之效力的企业。他不仅穿着牛仔裤、T恤，还穿上一双早已落伍的鸭舌口黑布鞋，他认为自己独特的抗拒潮流又充满叛逆性格的装束，正反映了自己有独特创造性的思想和才能。

然而，他去外企一次次面试，却一次次地以失败收场。直到最后一次，他与同班同学被某外企公司召去先后面试。他的同学"全副武装"，发型整洁、面容干净、西装革履，手中提了个只放了几页纸的公文皮包，看起来已经俨然是成功者的姿态，而自己依然是那套"潇洒"的"盖茨"服，外加上"性格宣言"的黑布鞋。在他进入面试的会议室时，看到约有五六个人，全部是西装正装。他们看起来不但精明强干，而且气势压人。他那不修边幅的休闲装，显得如此与众不同、格格不入，巨大的压力和相形见绌的感觉使他"恨不能找个地缝钻进去"。他没有勇气再进行下去，终于放弃了面试的机会。他说："我的自信和狂妄一时间全都消失了。我明白了一个道理，我还不是比尔·盖茨。"

（摘自英格丽·张：《你的形象价值百万》，中国青年出版社，2004）

思考题

1. 以海峰求职的过程谈谈你对"服饰是人的第二肌肤"的认识。

2. 为自己设计最能体现自我优势的应聘形象。

第二节 求职材料写作礼仪

一、自荐信

1. 自荐信写作要求

应聘自荐信要内容坦诚真实、语言得体、文字通顺、格式符合要求。

2. 自荐信的格式

(1)标题。可以只写"自荐信",也可以写"姓名+自荐信"。

(2)抬头+问候,如"××,您好……"。自荐信是写给个人的,一般不写给单位。

(3)正文

第一段:写招聘信息的来源,自己应聘的职位,表明要应聘这个职位的态度。

第二段:详细介绍自己的基本情况、特长。

第三段:再一次表态,表示非常向往这个岗位,希望能被录用,如:"如果被录用,我一定会好好工作。如果不能被录用,我一定会找出不足之处,以后努力完善自己。"可以简短地表达对招聘单位的赞美,不过要实事求是。

结尾:希望能尽快得到回复+祈颂语,如"祝贵单位蒸蒸日上"。

(4)落款。写上姓名和日期。

作为应聘使用的信件,可在页下标注个人信息,如电话、地址、邮箱。

二、个人简历

(一)简历的文面礼仪

1. 简历贵"简",应把求职简历的内容压缩在一张纸上,不必分页。一般使用 A4 纸打印。

2. 用纸端庄。求职简历白底黑字,一般不用彩色纸。

3. 字体端正。求职简历使用楷体或宋体字,不用艺术字体。

4. 字号统一。求职简历除标题外,正文部分一般使用四号字,可适当插入黑体。

5. 格式规范。

(二)简历的格式

1. 标题

简历标题一般放大居中,在 A4 纸的上方,留足"天头"后,第一排居中。

2. 正文

简历正文由两部分组成:(1)总说,也称总帽,是基本信息综述。在标题下一行,空两格开始,一段结束。(2)分列。对基本信息按时间分段介绍。在总帽下一一列出。

3. 附录

正文提到的学历、等级、资格等,在附录里分类列出。如:

附录:

(1)毕业证、学位证复印件各1份。

(2)英语四级、计算机二级证书复印件各1份。

(3)获奖证书复印件×份。

(4)随文:

写清通信方式,包括手机号码、有人值守的固定电话号码、邮箱地址等。

(三)简历的写法

1. 毕业求职简历的写法

第一部分:标题

简历标题一般有三和写法:直接用"简历"两字做标题;用"个人简历"做标题;"姓名+简历"做标题。

第二部分:总帽

写法如下:

姓名,性别(民族、籍贯可省略),出生年月(窍门:依据应聘单位需要,可以对年龄有不同的表述。例:如单位需要年轻的员工,1991年出生的人可写90年代生人;同样,1999年出生的人在面对需要成熟员工的应聘单位时,也可写90年代生人,要善用模糊词),文化程度(写哪一年毕业,本科毕业要写××学士学位),政治面貌。初入职场可加一两个词描述自己(性格+特长)。如:大学阶段建构起××专业系统知识,具有承担××(职位)的工作能力,系统学习过××学科,特别具有××能力,曾担任××社团/学生干部(突出自己的能力,但不能无中生有),对××方面有特别研究(毕业论文研究方向),著有《×××××××》(毕业论文)。

第三部分:分列的写法描述经历

经历从大学写起，不写高中。例如：

2013.9—2017.6　　××大学××专业毕业××学士，学习优秀/优良（如肄业就写完成学业，学习不要放在重要位置），突出自己优秀的方面（如获奖学金要写清是校级还是院级，一次就写"曾获"，两次就写"连年获得"，三次就写"连续多次获得"；获二等奖学金可写"曾获二、三等奖学金"，有一次获一等或特等就写"是一等奖学金或特等奖学金获得者"，不写次数。优秀学生干部、优秀工作者等奖项以此类推）。在核心期刊或正规期刊发表过作品要列出种类和数量，获得的资格证也要列上。

第四部分：附录

①文凭、学位证复印件各1份。

②各类资格证复印件×份。

③获奖证书复印件×份/发表作品期刊复印件×份。

注意：电话号码和电子邮箱一定要醒目。

2. 就业后跳槽人员简历写法

格式与毕业求职简历相同，如：

姓名＋简历(黑体、放大)

(1)总帽

姓名，性别(民族、籍贯可省略)，出生年月，政治面貌，工作经验(曾从事哪些具体的工作，如：行政管理、营销工作等。写明在这一工作中曾担任的最高职位，现为××人员。如可写现为广告策划人员或现从事网上商务活动，一般不写失业)。如果从事过多种工作，要写清先后从事过哪些工作，有哪些值得一说的工作。

(2)分列(经历从大学写起，不写高中)

大学时的经历同毕业求职简历写法。

2017.7至今(干过一份工作)

在××单位担任××职务，在××单位的成就(如获得××奖项，有××发明专利，有××工作业绩)

如有多次工作经验要把每次的时间节点写清，时间一定要连续，不得中断。

应聘外国公司时要写明国籍。

(四)简历写作注意事项

1. 基本的语言规范到位，具有基本写作素养。

2. 写出一个长处的时候应该与系统知识相关，凸显自己想要表现的优势。

3. 只能写自己具备某种知识和素养，不可写自己具有某种能力（能力是由别人评判的）。

4. 注意格式，尤其要注意一些有形符号的书写表达。

5. 所有简历里的内容都应该从大学时期的经历写起，不要把高中时期的经历写进去。

6. 写简历时要注意逻辑顺序，要有序介绍。

7. 简历中不能写虚假信息，一切都应有凭有据。

8. 若要细分时间段，则要注意时间的连续性，且大学时间段不可以分割得太详细。

9. 附件要与正文空一行，各类证书要分类，所有资格列在一起，所有获奖证书列在一起。此外，证书一定要标明等级。

案例分析

修养是第一课

耶鲁大学有一批应届毕业生22人，实习时被带到华盛顿的白宫军事实验室里参观。

全体学生坐在会议室里等待该实验室主任的到来。这时有秘书给大家倒水，同学们表情木然地看着她忙活，其中一个还问了问："有黑咖啡吗？天太热了！"秘书回答说："抱歉，咖啡用完了。"一个叫比尔的学生看着有点别扭，心里嘀咕："人家给你倒水，还挑三拣四的。"轮到他时，他轻声说："谢谢，大热天的，辛苦了。"秘书抬头看了他一眼满含惊奇，虽然这是很普通的客气话，却是她今天听到的唯一一句让人舒服的话。

门开了，实验室主任走进来和大家打招呼，不知怎么回事，没有一个人回应。

比尔左右看了看，犹豫地鼓了几下掌，同学们这才稀稀落落地跟着拍手。实验室主任说："欢迎同学们到这里来参观。平时这事一般都是由办公室负责接待，因为我和你们的导师是老同学，非常要好，所以这次我亲自给大家讲一些有关情况。"实验室主任看同学们好像都没有带笔记本，就让秘书去拿一些实验室的纪念手册，送给他们做纪念。

接下来，更尴尬的事发生了，大家都坐在那里，很随意地用一只手接过实验室主任双手递过来的手册。实验室主任脸色越来越难看，走到比尔面前时，已经快要没有耐心了。

就在这时候，比尔礼貌地站起来，双手握住手册恭敬地说了一声"谢谢您"。实验室主任闻听此言，不觉眼前一亮，伸手拍了拍他的肩膀："你叫什么名字?""我叫比尔。"实验室主任微笑着回到自己的座位上。这时,早已汗颜的导师看到此情景,微微松了一口气。

两个月后,毕业去向表上,比尔的去向栏里赫然写着军事实验室。有几位颇感不满的同学找到导师:"比尔的成绩只算中等,凭什么选他而没选我们?"

导师看了看这几张尚属幼稚的脸,笑道:"是人家点名来要的。其实你们的机会是完全一样的,你们的成绩甚至比比尔还要好,但是除了学习之外,你们需要学的东西太多了,修养是第一课。"

(选自托马斯·沃特曼:《让心灵透透气》,民主与建设出版社,2014)

思考题

1. 22名实习生的哪些表现不合礼仪?
2. 如果场景依旧,整个参观过程应该怎样做?

第三节 商务人员的见习礼仪

按《劳动法》规定,实习期最长只有6个月,6个月后用人单位如不辞退,实习生就应该跟单位签三方协议,拿到毕业证和学位证后就可签订正式合同,成为正式员工。

刚刚得到试用机会的应届生,要有新人意识,一切从头开始。能否成功就职,取决于被通知录用的见习期。因为见习期关系到未来的职业生涯,所以相关见习礼仪要严格遵守,不可僭越。

一、见习表现

勤劳、肯学、团队意识、融入企业的能力,是见习期新人最重要的表现。初入职的毕业生最容易只说不做,他们可能具有比较新颖的理念和观念,但因为缺乏实践、实战经验,往往处于纸上谈兵的阶段,容易眼高手低。任何企业招聘新人,都是为了干活儿,不是请人说教,脚踏实地才是正确表现。

二、见习心理

理想很丰满,现实很骨感。初入职的新人总会遇到各种与预期不符的问题,一旦不如意,很容易产生跳槽的想法。要克服浮躁心理,沉下心来,顺利度过见习期。初入职场的秘书人员容易产生三种心理误区:第一种是热情高涨，超常表现，但却由于心理预期没有实现而半途而废；第二种是玩世不恭，消极懈怠，在工作安排上斤斤计较，没有长远眼光；第三种是坐享其成，攀附依赖，不能体现出个体对集体的效用和价值。

从心理学的角度分析，初入职场者应该努力避免陷入以下三种心理误区。

1. "阿伦森效应"误区

"阿伦森效应"是指人们最喜欢那些表现越来越好，获得周围人的好感、奖励、赞扬不断增加的人或物，最不喜欢那些优点不断减少的人或物。

根据"阿伦森效应"，领导和同事期待新人变得越来越好，而不是越来越差。因此，初入职场者在积极工作的同时，也要保持平和心态，保持本真性情，一定要杜绝"装假"式的表演。因为，"装假"式的表演不但不会骗得大家的认可，而且会付出"人格品性"遭到质疑的代价。你可以在所有时间欺骗一个人，也可以在一个时间欺骗所有人，但绝不可能在所有时间欺骗所有人。

2. "不值得效应"误区

"不值得效应"也叫"不值得定律"，最直观的表述是：不值得做的事情，就不做好。"不值得效应"反映出人们的一种心理：一个人如果从事的是一份自认为不值得做的事情，往往会保持冷嘲热讽、敷衍了事的态度。不仅成功率低，而且即使成功，也不会觉得有多大的成就感。

初入职场的员工，大多要从底层做起。不管做什么工作，多积累一些基层工作经验，对将来的发展都大有裨益。我们说求职要"选择你所爱的"，但很多时候，这一目标很难实现。初入职场者最忌讳挑肥拣瘦。一个为单位发展负责的领导，是不会胡乱安排人事的，初入职场者要用发展的眼光看待领导的工作安排，要懂得"不积跬步，难行千里""千层高台，始于垒土"的道理。

3. "搭便车效应"误区

"搭便车效应"是指利益群体内某个成员为了本集团的利益所做的努力，使集团内所有人都有可能得益，于是，一些个体便产生攀附依赖、坐享其成的心理。

"搭便车效应"在职场中广泛存在，但对于初入职场者来说，应该在具体工作中，努力体现自己的工作能力和价值。"为公就是最大的为私"，为团队出力，本质上就是为自己出力。团队获益，个体自然获益。同时，在为团队奉献的同时，个体能力自然也会得到历练和提升。

总之，初入职场者既不能在细枝末节上"超常表现""过分表演"，也不能在工作安排上"轻狂任性""挑肥拣瘦"，更不能在工作实践中"出工不出力""碌碌不作为"。初入职场者一定要调整好自己的心态，也要顾及到团队的心理效应，只有这样，才能够在职场上扎实地站稳脚跟，迅速地打开局面，不断地开创出属于自己的一片天地。

案例分析一

爱"假装的"李明

李明大学毕业后，成功应聘到一家单位。刚进入单位时，李明嘴甜眼尖，见到领导就立正问好，见到同事则左一个"王姐"，右一声"张哥"。在办公室里，李明主动打水扫地，承担所有琐碎事务。即使没有实际工作，为了做样子，李明也每天坚持早到晚走，节假日也主动要求加班。可是，过了一段时间，李明觉得身心俱疲，快得"强迫症"了。于是，李明的行为表现发生了一百八十度的大转弯：整天哭丧着脸，水也不打了，地也不拖了，还经常迟到早退，俨然一副看破红尘的架势。结果，领导和同事们对他的印象由好转坏，甚至不如那些刚开始表现不佳的青年。领导和同事们谈论起李明，使用频率最高的一句话就是："李明怎么那么假啊？"

李明作为初入职场者，为了尽快给领导和同事们留下好印象，积极表现一下是无可厚非的，但是，与自己真正的思想觉悟和一贯的为人处世态度相去甚远的"超常表现"和"过分表演"则是不可取的。

案例分析二

"挑肥拣瘦"的马晓华

马晓华是一名中文系的毕业生，文笔很好，上大学的时候就发表了不少文学作品。毕业后，马晓华应聘到一家企业做办公室文员。第一天上班的时候，马晓华自信满满地对主任说："头儿，把专项文案交给我吧，咱保证马到成功！"令马晓华意外的是，主任微微地笑了笑说："你还是先负责文件收发，上传下达吧！"马晓华本以为自己的才华马上就可以得到施展，没想到领导竟要他跑腿打杂。马晓华很不情愿，但刚到单位上班，他也不好直接发作，于是就不情愿地答应下来。由于心理上的不情愿，马晓华在工作上没有热情，在上传下达的过程中，言语表情冷漠，颇让领导和同事们不满。马晓华心里更加郁闷，还陷入"借酒浇愁"中。终于，某次上级主管部门下发的一个电话通知，马晓华竟然忘记向领导汇报，导致本单位缺席了一次重要会议。结果，马晓华被单位辞退。在辞退马晓华的时候，办公室主任惋惜地对马晓华说："本来打算考察你一段时间后，就让你负责专项文案，可惜，你没能通过我们的考察啊！"

对马晓华工作的分配，单位领导是有统筹计划的，让马晓华先从最底层做起，既是为了帮助马晓华积累工作经验，也是在帮助他磨掉轻狂的棱角。

马晓华的任性，实质上是看不起最基层工作，表现出"挑肥拣瘦"，这是初入职场者最不该有的自大表现。

案例分析三

"坐享其成"被出局

张蕊和刘娜同时应聘到某公司，加入该公司的一个营销团队。张蕊长相俊俏，营销主管本来打算充分利用她的形象价值，可是没想到她的性格却十分文弱，在参与营销的过程中，始终不愿出头，还经常发牢骚："干吗要利用我为大家谋福利呀！"营销主管气恼地说："我们可不是要你牺牲色相，只不过是想请你作为我们团队的'形象名片'！"相较张蕊，刘娜则显得圆滑老成，深谙人际关系，善于溜须拍马，一味地讨好营销主管，可是在具体策划及实际操作中，却始终"未出一计""未成一事"。后来刘娜解释："我一个新人，搞好人际关系就行了，重要工作有'老将出马'嘛！"结果，在年终考评时，张蕊和刘娜都被记了"黄牌"，被团队主管踢出团队，解职待聘。

张蕊和刘娜两个新人，性情不一，但本质上都是攀附依赖、坐享其成思想过重，结果，在团队工作中，都没能发挥出应有的效用。

思考题

1. 三个案例中的四个初入职场者，分别落入了怎样的心理误区？
2. 正确的做法是什么？分别说明。

三、见习举止

好的言谈举止表现出亲切、热情、讲礼貌、有理智、讲道德、守信用。日常待人接物，切忌狂妄自大，也忌妄自菲薄，即既不能傲气，也不能骄气，遇事不必太较真儿，要学会妥协，不要固执己见，以免碰硬钉子。

案例分析

小雯刚从学校毕业，做了一名公司的办公室秘书。小雯从上班第一天起，就认为自己所干的文秘工作就是"平时打打字，接接电话，复印几份材料，收发几份文件"，其他的事就不是她分内的了。

小雯原是学计算机的，没有经过秘书专业技能培训，也没有意识到秘书工作是如此琐碎，因此，她做事能少则少，对于其他的"分外事"，宁愿"多一事不如少一事"，从不跟着"瞎掺和"。

一日，一名中年男子急匆匆地走进来，问"经理在不在?"小雯正在打一份文稿，对中年男子将她的工作打断非常恼火，冷冷地抬了眼皮，看到那人站在那里，土里土气，于是不耐烦地说："你找哪个经理啊？这里的经理多着呢!"中年男子忙说："负责销售业务的。"小雯不耐烦地呵斥了一声："大厅那边。"

5分钟后，客人气急败坏地回来："这叫什么公司?"估计在大厅里再次遭受冷落。

这下小雯可不高兴了，心想：我招你惹你了吗？你冲我发脾气。她漠然地白了那个中年男子一眼。在中年男子看来，小雯一直阴沉着脸，总是冷嘲热讽，好像谁欠了她什么似的。于是中年男子找到了总经理，其貌不扬的他竟是公司的一位重要客户。后又不管总经理怎么解释赔罪，他坚决终止了与公司的销售代理合作，理由是公司的客服意识太差。

几十万的单子就这样泡汤了。公司总经理找来办公室主任狠狠地批评了一顿，要求解聘小雯。

（选自徐飙：《文秘实习实训教程》，高等教育出版社，2005）

思考题

小雯做错了什么？请一一指出。

四、见习态度

要放低姿态好好学习，把自己定位在学习者的角色上，正确对待他人的评价，善于在同他人的比较中发现自己的不足，能反省，能调整，能改善他人的评价。

五、见习作风

要了解企业文化，知晓企业发展目标，把自己的追求与企业的方向结合起来，在团队中发挥专长，不靠单枪匹马孤军奋战，依靠团队共同发展。

六、见习人际关系

要增进与上司、同事的协作，取得上司的支持和同事的帮助，要建立互相理解、互相支持的良好人际关系，这样才有利于成功。

思考题
1. 求职面试要做哪些准备？
2. 面试时，仪表和谈吐各有哪些礼仪规范？
3. 简历书写的总帽部分，有哪些技巧必须注意？
4. 见习期的人际关系很重要，有哪些实际操作可以训练礼仪行为？
5. 如何使用名片？如何行见面礼？

附录

附录一 古今称谓

1. 直称姓名

大致有三种情况：

(1)自称姓名或名。如："五步之内，相如请得以颈血溅大王矣""庐陵文天祥自序其诗"。

(2)用于介绍或作传。如："柳敬亭者，扬之泰州人"。

(3)称厌恶、轻视的人。如："不幸吕师孟构恶于前，贾余庆献谄于后"。

2. 称字

古人幼时命名，成年(男20岁，女15岁)取字，字和名有意义上的联系。字是为了便于他人称呼，对平辈或尊辈称字是出于礼貌和尊敬。如：称屈平为屈原，司马迁为司马子长，陶渊明为陶元亮，李白为李太白，杜甫为杜子美，韩愈为韩退之，柳宗元为柳子厚，欧阳修为欧阳永叔，司马光为司马君实，苏轼为苏子瞻，苏辙为苏子由等。

3. 称号

号又叫别号、表号。名、字与号的根本区别是：名、字由父亲或尊长取定，号由自己取定。号一般只用于自称，以显示某种志趣或抒发某种情感；对人称号也表示尊敬。如：陶潜号五柳先生；李白号青莲居士；杜甫号少陵野老；白居易号香山居士；李商隐号玉溪生；贺知章晚年自号四明狂客；欧阳修号醉翁，晚年又号六一居士；王安石晚年号半山；苏轼号东坡居士；陆游号放翁；文天祥号文山；辛弃疾号稼轩；李清照号易安居士；杨万里号诚斋；罗贯中号湖海散人；关汉卿号已斋叟；吴承恩号射阳山人；方苞号望溪；吴趼人号我佛山人；袁枚号随园老人；刘鹗号洪都百炼生。

4. 称谥号

古代王侯将相、高级官吏、著名文士等死后被追加的称号叫谥号。如：称陶渊明为靖节征士，欧阳修为欧阳文忠公，王安石为王文公，范仲淹为范文正公，王翱为王忠肃公，左光斗为左忠毅公，史可法为史忠烈公，林则徐为林文忠公。而称奸臣秦桧为"缪丑"则是一种"恶谥"。

5. 称斋名

指用斋号或室号来称呼。如：南宋诗人杨万里的斋名为诚斋，人们称其为杨诚斋；姚鼐因斋名为惜抱轩而被称为姚惜抱、惜抱先生。又如称蒲松龄为聊斋先生，梁启超为饮冰室主人，谭嗣同为谭壮飞（其斋名为壮飞楼）。

6. 称籍贯

如唐代诗人孟浩然是襄阳人，故而人称孟襄阳；张九龄是曲江人，故而人称张曲江；柳宗元是河东（今山西永济）人，故而人称柳河东；北宋王安石是江西临川人，故而人称王临川；明代戏曲家汤显祖被称为汤临川（江西临川人）；清初学者顾炎武是江苏昆山亭林镇人，被称为顾亭林；康有为是广东南海人，人称康南海；北洋军阀首领袁世凯被称为袁项城（河南项城人）。清末有一副饱含讥刺意味的名联："宰相合肥天下瘦，司农常熟世间荒。"上联"合肥"指李鸿章（安徽合肥人），下联"常熟"即指出生于江苏常熟的翁同龢。

7. 称郡望

韩愈虽系河内河阳（今河南孟州市）人，但因昌黎（今辽宁义县）韩氏为唐代望族，故韩愈常以"昌黎韩愈"自称，世人遂称其为韩昌黎。再如苏轼本是四川眉州人，可他有时自己戏称"赵郡苏轼""苏赵郡"，就因为苏氏是赵郡的望族。

8. 称官名

如"孙讨虏聪明仁惠""孙讨虏"即孙权，因他曾被授讨虏将军的官职，故称。《梅花岭记》有"经略从北来""谓颜太师以兵解，文少保亦以悟大光明法蝉脱"句，"经略"是洪承畴的官职，"太师"是颜真卿官职"太子太师"的省称，"少保"则是文天祥的官职。《与妻书》有"司马春衫，吾不能学太上之忘情也"，"司马"指白居易，因其曾任江州司马。把官名用作人的称谓在古代相当普遍，如：称贾谊为贾太傅；"竹林七贤"之一阮籍曾任步兵校尉，世称阮步兵；嵇康曾拜中散大夫，世称嵇中散；东晋大书法家王羲之官至右军将军，至今人们还称其王右军；王维曾任尚书右丞，世称王右丞；杜甫曾任左拾遗，故而被称为杜拾遗，又因曾任检校工部员外郎，故又被称为杜工部；刘禹锡曾任太子宾客，被称为刘宾客；柳永曾任屯田员外郎，被称为柳屯田；苏轼曾任端明殿翰林学士，被称为苏学士。

9. 称爵名

《训俭示康》有"近世寇莱公豪侈冠一时"，寇准的爵号是莱国公，莱公是省称。《梅花岭记》有"和硕豫亲王以先生呼之"，清代多铎被封为豫亲王。《柳敬亭传》有"宁南南下，皖帅欲结欢宁南，致敬亭于幕府"，宁南是明末左良玉爵号宁南侯的省称。诸葛亮曾封爵武乡侯，所以后人以武侯相称；南北朝诗人谢灵运袭其祖谢玄的爵号康乐公，故世称谢康乐；唐初名相魏徵曾封爵郑国公，故世称魏郑公；名将郭子仪在平定安史之乱中因功封爵汾阳郡王，世称郭汾阳；大书法家褚遂良封爵河南郡公，世称褚河南；北宋王安石封爵荆国公，世称王荆公；司马光曾封爵温国公，世称司马温公；明初朱元璋的大臣刘基封爵诚意伯，人们以诚意伯相称。

10. 称官地

指用任官之地的地名来称呼。如《赤壁之战》："豫州今欲何至？"因刘备曾任豫州刺史，故以官地称之。再如贾谊曾被贬为长沙王太傅，世称贾长沙；"建安七子"之一孔融曾任北海相，世称孔北海；陶渊明曾任彭泽县令，世称陶彭泽；骆宾王曾任临海县丞，世称骆临海；岑参曾任嘉州刺史，世称岑嘉州；韦应物曾任苏州刺史，世称韦苏州；柳宗元曾任柳州刺史，世称柳柳州；贾岛曾任长江县主簿，世称贾长江，他的诗集就叫《长江集》。

11. 兼称

如《游褒禅山记》有"四人者，庐陵萧君圭君玉，长乐王回深父，余弟安国平父、安上纯父"，前两人兼称籍贯、姓名及字，后两人先写与作者关系，再称名和字；《五人墓碑记》有"贤士大夫者，冏卿因之吴公，太史文起文公，孟长姚公也"，前两人兼称官职、字和姓，后一人称字和姓；《梅花岭记》有"督相史忠烈公知势不可为"，兼称官职与谥号，"马副使鸣騄、任太守民育及诸将刘都督肇基等皆死"，兼称姓、官职和名；《促织》有"余在史馆，闻翰林天台陶先生言博鸡者事"，兼称官职、籍贯和尊称。

12. 谦称

（1）表示谦逊的态度，用于自称。愚，谦称自己不聪明；鄙，谦称自己学识浅薄；敝，谦称自己或自己的事物不好；卑，谦称自己身份低微；窃，有私下、私自之意，使用它常有冒失、唐突的含义在内；臣，谦称自己不如对方的身份、地位高；仆，谦称自己是对方的仆人，使用它含有为对方效劳之意。

（2）古代帝王的自谦辞有"孤"（小国之君）、"寡"（少德之人）、"不谷"（不善）。

（3）古代官吏的自谦辞有"下官""末官""小吏"等。

（4）读书人的自谦辞有"小生""晚生""晚学"等，表示自己是新学后辈；如果自谦为"不才""不佞""不肖"，则表示自己没有才能或才能平庸。

（5）古人称自己一方的亲属朋友时，常用"家""舍"等谦辞。"家"是对别人称自己的辈分高或年纪大的亲属时用的谦辞，如家父、家母、家兄等。"舍"用以谦称自己的家或自己的卑幼亲属,前者如寒舍、敝舍,后者如舍弟、舍妹、舍侄等。

(6)其他自谦辞有:因为古人就座时尊长者在上,所以晚辈或地位低的人谦称"在下";"小可"是有一定身份的人的自谦,意思是自己很平常,不足挂齿;"小子"是子弟晚辈对父兄尊长的自称;老人自谦时用"老朽""老夫""老汉""老拙"等;女子自称"妾";老和尚自称"老衲";对别国称自己的国君为"寡君"。

附录二　100条电话营销礼仪

1. 电话开头语热情有礼貌。
2. 拿起电话报公司名称时简洁、有力、清晰。
3. 在电话铃响三次前接听电话。
4. 微笑接听电话。
5. 音调比平常说话音量稍微提高。
6. 电话铃响三声之后才接,应向对方道歉。
7. 左手拿听筒,右手准备记录。
8. 确认对方挂电话后再轻放话筒。
9. 打对方手机时应先征询对方是否方便。
10. 工作中尽量避免或尽快结束私人电话。
11. 代传电话时应记下对方的姓名、电话、公司及来电时间。
12. 通话效果不好时,确认对方是否听清。
13. 重要的信息或文字要重复说明并确认对方已明白。
14. 正确牢记客户的姓名。
15. 常用电话制成表格贴在电话旁。
16. 公司名称、地址、邮编、网址、电话、邮箱熟记在心,并可随时告诉对方。
17. 清楚知道到公司的交通路线。
18. 听不清对方的声音时应立即告诉对方。
19. 确认对方的身份,以免弄错。
20. 确认对方姓名、性别、职称,注意自己的表达方式。
21. 接打电话姿势正确。
22. 不可随便省略对方公司全称。
23. 对方要找的人不在时,不可过多透露信息。
24. 接听或拨打电话从深呼吸开始。
25. 知道对方打的是长途或使用手机时,询问是否需要回拨。
26. 自己无力解决的电话,交由上司处理。
27. 咨询电话,公司对外回答力求统一。
28. 处理抱怨或投诉电话,应诚恳倾听对方诉苦。
29. 咨询电话结束时要向对方道谢。
30. 电话或访客同时到来时,优先选择访客,约好时间回拨电话。

31. 电话意外中断，应主动回拨。
32. 商谈重要事情，事先要和对方约好时间。
33. 随时随地携带电话通讯簿。
34. 在外与上司联系力求语言简洁。
35. 延误拜访先电话道歉并告知对方。
36. 公务电话不宜使用口头禅。
37. 未能及时电话联系表示抱歉并说明原因。
38. 未能及时转接电话应取得对方的谅解。
39. 通知时间应告知日期并告知星期几。
40. 打家庭电话应在铃声响十声后才挂。
41. 拿起话筒不要马上讲话。
42. 晚上打电话征求对方同意。
43. 利用寒暄来润喉。
44. 不要影响他人讲电话。
45. 转接电话确认对方身份。
46. 专注于当前电话。
47. 适时终止电话，避免无谓的交谈。
48. 对方无法了解的事情应换一种说法解释。
49. 公共场合避免高声讲电话。
50. 出差时告知对方可以先找谁办理，并说明联系人全名和电话。
51. 问好时要贴切、适时、自然。
52. 通话时语速不宜太快。
53. 对方有事请人代接电话时，记住向代接者道谢。
54. 即使不是自己的电话，也要积极应对。
55. 打电话时，考虑对方的立场。
56. 约定的电话准时回拨。
57. 接听电话时，维护公司形象。
58. 讲电话时，即使内心焦急，也要提醒自己慢慢说。
59. 接打电话注意通话是否给对方造成压力。
60. 聆听电话声音便可判断对方的职务。
61. 要有"电话营销时就是和客户面对面"的服务意识。
62. 使用高度精确的标准措辞。
63. 越恐惧的电话越要尽早联络。
64. 避免在公司打私人电话。

65. 约人见面选择方便电话联络的地方。

66. 与上司通话应加上敬称。

67. 不管约定的事是否完成,都应与对方联络。

68. 用专门的电话记录表。

69. 爱护电话机,定时清洁电话机,并懂得一定的电话硬件知识。

70. 业务电话每人每天最低标准为 20 通。

71. 通话时不要与客户争论。

72. 尽量不要在他人桌上使用电话。

73. 重要电话,自己若不在可安排他人代办。

74. 不确认对方公司名称时,先查字典再打电话。

75. 手机随时充好电。

76. 电话谈判时,注意声音的使月。

77. 发短信时,留下自己的姓名。

78. 代传电话内容时,要及时准确。

79. 接打电话时,特别注重数字的准确性。

80. 早上接到电话时,说声"早上好"或"早安"比"您好"好。

81. 告诉对方要找的人不在时,要说"对不起""抱歉"。

82. 听不清对方公司的名称时,告诉对方。

83. 即使电话打错也应亲切应对。

84. 需要长时间商谈的事情事先声明。

85. 多留几个联络号码。

86. 避免在对方开车、开会时拨打电话。

87. 要找的人不能接电话时应告知缘由。

88. 准确无误代转电话。

89. 在电话中传达日期、时间时,应两次确定。

90. 对方回电话时一定要道谢。

91. 让对方等待不要超过一分钟,若用时较长应请对方过一会儿打过来或回拨。

92. 通话时应配合对方的年龄与地位。

93. 常使用"经常给您添麻烦/经常承蒙您的关照/久疏问候/实在太感谢您了"等语言。

94. 通话时,积极回应顾客。

95. 同事的住宅电话不可随便告知他人。

96. 借用他人公司的电话要注意措辞,用后致谢。

97. 注意通话的说话方式。
98. 商务电话的要点，在于敏捷扼要。
99. 电话中，女性的声音要甜美，男性的声音要浑厚。
100. 言行一致，承诺的事情一定要做到。

附录三　中国传统节日及礼俗

一、春节

春节代表着新的开始与新的希望。春节是中国民间传统中最为隆重和盛大的节日。历朝历代，无论是达官显贵，还是贩夫走卒，所有中国人都把春节看作喜庆团聚的好日子。

春节，古称元旦。据民间习俗，从腊月二十四日起到新年正月十五闹元宵止都称春节。现在，春节的庆祝活动一般从大年三十（二十九）开始。春节期间，家家户户清扫一新，贴春联、贴年画、守岁、放鞭炮、拜年等活动丰富多彩。

1. 扫尘：每年农历腊月二十三日起到除夕止的这段时间叫作"迎春日"，也叫"扫尘日"。扫尘就是年终大扫除，北方称"扫房"，南方叫"掸尘"。每逢春节来临，家家户户都要打扫环境，清洗各种器具，拆洗被褥窗帘，洒扫庭院，掸拂尘垢蛛网，疏浚明渠暗沟，到处洋溢着欢欢喜喜搞卫生、干干净净迎新春的气氛。

2. 办年货：一到腊月，人们都要上街采办过年的物品。

3. 吃团年饭：团年饭意为一家团圆。腊月的最后一天要全家团聚吃一顿丰富的年夜饭。在外地工作或学习的家人都会尽量赶回家团聚。这顿饭要吃得欢欢乐乐，菜肴吃食也具有吉利的象征意义，如鱼（年年有余）、整鸡（大吉大利）、青菜（清洁平安）、年糕（年年高）等。吃饭时，不能说丧气的、不吉利的话，不能失手打破碗碟杯盏，不能碰翻桌椅，因为这些被视为不吉利的征兆。

4. 守岁：除夕之夜，灯火通明，家人围坐一起畅谈，长辈要将事先准备好的压岁钱分给晚辈，"岁"与"祟"同音，晚辈得到压岁钱就可以平平安安度过一岁。除夕之夜，在我国北方，家家都要包饺子。

5. 鞭炮迎新：古代燃放鞭炮是为了驱鬼祛邪，而如今则表示节庆欢乐。

6. 拜年：新年伊始，人们走亲访友，登门拜年互致节日祝贺，联络感情。拜年的习俗各地并不相同，但一般初一上午不走亲访友。出去拜年要穿戴整洁。出门遇到熟人、朋友要恭贺新年，说些吉利话。走亲访友要携带礼物。

7. 过年时，招待宾客的食物有讲究，通常以谐音讨口彩，比如吃柿子苹果，喻义事事平安；吃年糕则意味着年年高升。

8. 春节期间，人们经常走上街头，参加舞狮子、耍龙灯、踩高跷、逛花会等娱乐活动。

春节期间也要注意喜庆有度。这一期间热闹的时候比较多，不应为了自己开心而打扰邻居休息。春节不仅要拜年，有时候也要恭喜他人喜迁新居。作为访客，参观前应该征得主人的同意，等待主人的邀请，而不要直接提出参观请求，令主人不好拒绝。如果受到主人邀请参观，也要跟在主人身后，不要自己打开房门，尤其是卧室和主卫的门。因为有很多城市不允许燃放烟花，有的人也没有放鞭炮的喜好，所以过年送礼最好不要送鞭炮。

二、元宵节

农历正月十五是一年中第一个月圆之夜，叫元宵节，又称上元节或灯节。自唐朝开始，民间就有元宵之夜观灯的风俗。现在元宵节有很多节俗活动。

吃元宵（或汤圆）是元宵节最主要的活动。元宵（或汤圆）的形状是圆形，又含着一个"元（圆）"字，象征着团圆、美满、吉祥、和睦，所以人们多取其意，这一天要吃元宵（或汤圆）。

灯会在夜间举行，一般从正月初十开始就行动起来，人人动手，家家户户扎花灯、点花灯，特别是到了元宵节的夜晚时分，更是举烛张灯，结彩为戏，供人观赏，所以元宵节又称"灯节"。明清时，花灯的样式最为繁多，数不胜数。现在，政府、民间都会组织大型灯会。

三、端午节

农历五月初五为端午节，又称端阳节、午日节、五月节、艾节、端午、重午、午日、夏节。相传爱国诗人屈原在农历五月初五这天投汨罗江自尽，两岸百姓知道后，纷纷划船打捞他的尸体，并向江中投放粽子，使鱼虾饱食后不吃他的尸体。此传说历代沿袭下来，演变成如今端午节吃粽子、赛龙舟的习俗。

1. 挂菖蒲、艾叶：民间特别是农村家庭，门窗上要挂菖蒲、艾叶，用以驱鬼辟邪保平安。虽然这是迷信，但因艾叶、菖蒲具有杀虫、祛寒、消毒之用，故这一习俗一直保留下来，城乡许多家庭都在这一日采集艾叶，以备常年家用。

2. 吃大蒜头，喝雄黄酒：端午节要备一桌比平日丰盛的饭菜，全家共享。这一餐习惯上要吃大蒜头煮肉，喝雄黄酒。大人会在不能喝酒的孩子额头上沾上雄黄，或画一个"王"字，祛病消灾。这种习俗在现代城市已逐渐被人遗忘。

3. 吃粽子：端午节吃粽子是我国民间长久盛行的习俗。早在1300多年前的唐朝，吃粽子已经流行。在湖南岳阳、益阳一带，端午还兴吃麻花，当地把它称为"油绞"，女婿去丈母娘家拜节，也要提一串麻花。据说，吃麻花也是为了纪念屈原。

4. 赛龙舟：当时楚人因舍不得贤臣屈原死去，于是有许多人借划龙舟驱散江中之鱼，以免鱼吃掉屈原的尸体。竞渡之习，盛行于吴、越、楚。

5. 佩香囊：端午节小孩佩香囊，不但有避邪驱瘟之意，而且有襟头点缀之风。香囊内有朱砂、雄黄、香药，外包以丝布，清香四溢，再以五色丝线弦扣成索，做成各种不同形状，结成一串，形形色色，玲珑小巧。

四、中秋节

农历八月正好在秋季的中间，古人谓"仲秋"，八月十五又在"仲秋"之中，所以称"中秋"，恰逢此日又与月有关的"中秋节"就有了"八月节""八月半""月节""月夕"等别称，继而引申为以圆月为象征的"团圆节"。人们邀请亲朋好友，夜饮赏月。

中秋晚上，我国大部分地区有烙"团圆"的习俗，即烙一种象征团圆、形似月亮的小饼子，即"月饼"。饼内包糖、芝麻、桂花和蔬菜等，外压月亮、桂树、兔子等图案。祭月之后，由家中长者将饼按人数分切成块，每人一块，如有人不在家即为其留下一份，表示阖家团圆。

五、重阳节

农历九月九日是我国传统的重阳节，又名重九节、登高节、菊花节、茱萸节。我国古代把九定为阳数，农历九月九日，月日并阳，两阳相重，两九相叠，故名"重阳"，又名"重九"。

每到这一天，人们出游登高，赏菊花，饮菊花酒，佩茱萸，吃重阳糕。时至今日，一些地区仍保留着这种风俗。政府还把重阳节定为"敬老节"，向老年人表达敬意之情并帮助他们解决困难等。

六、冬至与腊月

冬至是我国的一个重要节气，时间是12月22日或23日。过了冬至，我国大部分地区将进入最寒冷的时期。俗话说："冬至大如年。"古代，在这一天有祭天、祭祖、拜贺、食百味馄饨等习俗,现在人们也在这一天祭祀先祖。

腊月为腊月初八,有吃"腊八粥"的风俗。

附录四　花语大全

1. 玫瑰

玫瑰花是美神的化身，是爱情之花。玫瑰花象征爱情，高贵，爱与美，容光焕发，纯洁的爱，美丽的爱情，美好常在。不同的玫瑰也有不同的寓意。

白玫瑰：我足以与你相配。

蓝玫瑰：奇迹与不可能实现的事。

绿玫瑰：纯真简朴。

紫玫瑰：忧郁，高贵，浪漫真情和珍贵独特。

粉玫瑰：感动，爱的宣言，铭记于心，初恋。

黄玫瑰：表示纯洁的友谊和美好的祝福，但对于爱情表示嫉妒、失恋和消逝的爱。

香槟玫瑰：爱上你是我今生最大的幸福。

路易十四玫瑰：我只钟情你一个。

洛丽玛丝玫瑰：死的怀念。

2. 康乃馨

大部分康乃馨代表爱、魅力和尊敬之情。不同颜色的康乃馨有不同的意义。

白色：甜美而可爱、天真无邪、纯洁的爱、给女性带来好运气的礼物、纯洁、纯洁的友谊、活生生的爱情、吾爱永在、信念、雅致的爱、真情、尊敬。

粉色：我永远不会忘记你、美丽、年青、热爱、祝母亲永远年轻美丽；感动、亮丽、母爱、女性的爱、我热烈地爱着你。

红色：我的心为你而痛、赞赏、崇拜、迷恋、母爱、亲情、热烈的爱、热情、受伤的心、思念、相信你的爱、祝母亲健康长寿、祝你健康。

黄色：你让我感到失望、抛弃、藐视、长久的友谊、对母亲的感谢之情、拒绝、侮蔑、永远感谢、友谊深厚。

米红色：伤感深。

红色：热烈的爱。

桃红色：热爱着你。

杂色：拒绝你的爱。

紫色：任性、变幻莫测。

有斑纹的：拒绝、我不能和你在一起。

有条纹的：对不起。

3. 郁金香

郁金香代表爱的表白、荣誉、祝福永恒。不同颜色的郁金香有不同的含义。

红色：爱的宣言、喜悦、热爱。

粉色：美人、热爱、幸福。

黄色：高贵、珍重、财富。

紫色：无尽的爱、最爱。

白色：纯情、纯洁。

双色：美丽的你、喜相逢。

羽毛：情意绵绵。

4. 鸢尾

鸢尾代表优美。

德国鸢尾（深宝蓝色）：神圣。

小鸢尾（明黄色）：协力抵挡、同心。

鸢尾爱丽斯（紫蓝色）：好消息、使者、想念你。

鸢尾（黄色）：友谊永固、热情开朗。

鸢尾（白色）：纯真。

鸢尾（蓝色）：赞赏对方素雅大方或暗中仰慕；也有人认为代表宿命中的游离和破碎的激情，精致的美丽，可是易碎且易逝。

鸢尾（紫色）：爱意与吉祥。

5. 水仙

中国水仙：纯洁、吉祥。

西洋水仙：坚贞爱情、爱你、纯洁。

黄水仙：重温爱情。

山水仙：美好时光、欣欣向荣。

6. 山茶花

山茶花代表可爱，谦让，理想的爱，了不起的魅力。

白色：纯真无邪。

红色：天生丽质。

7. 菊花

菊花代表清净、高洁、我爱你、真情。

非洲菊（扶郎花）：神秘、兴奋。

雏菊（延命菊）：愉快、幸福、纯洁、天真、和平、希望、美人。

翠菊：追想、可靠的爱情、请相信我。

春菊：为爱情占卜。

六月菊：别离。

冬菊：别离。

法国小菊：忍耐。

瓜叶菊：快乐。

波斯菊：野性美。

大波斯菊：少女纯情。

万寿菊：友情。

矢车菊：纤细、优雅。

麦秆菊：永恒的记忆、刻画在心。

鳞托菊：永远的爱。

黑心菊：独树一帜的爱。

8. 风信子

风信子代表永远的怀念。

白色：恬适、沉静的爱（不敢表露的爱）。

蓝色：蓝色风信子是所有风信子的始祖，因此它的花语是生命。

紫色：悲伤、妒忌，忧郁的爱（得到我的爱，你一定会幸福快乐）。

红色：感谢你，让人感动的爱（你的爱充满我心中）。

黄色：幸福、美满，与你相伴很幸福。

粉色：倾慕、浪漫。

9. 石竹

石竹代表纯洁的爱、才能、大胆、女性美。

丁香石竹：大胆、积极。

五彩石竹：女性美。

香石竹：热心。

10. 百合

百合代表纯洁、清香、百年好合。

香水百合：纯洁、富贵、婚礼的祝福。

白百合：纯洁、庄严、心心相印。

葵百合：胜利、荣誉、富贵。

姬百合：财富、荣誉，清纯，高雅。

野百合：永远幸福。

狐尾百合：尊贵、欣欣向荣、杰出。
玉米百合：执着的爱、勇敢。
编笠百合：才能、威严、杰出。
圣诞百合：喜洋洋、庆祝、真情。
水仙百合：喜悦、期待相逢。

11. 其他

火鹤花：新婚、祝福、幸运、快乐。
小苍兰：纯洁、幸福、清新舒畅。
海芋：希望、雄壮之美。
剑兰：用心、长寿、福禄、康宁、幽会。
向日葵：沉默的爱（多指暗恋）。
牡丹：富贵。
金鱼草：爱出风头。
大理花：华丽、优雅。
满天星：真心喜欢。
圣诞红：祝福。
星辰花：永不变心。
桔梗花：无望的爱。
玛格丽特：暗恋。
迷迭香：回忆不想忘记的过去；纪念。
桃花：爱情的俘虏。
薰衣草：等待爱情。
三色堇：沉思、请想念我。
天竺葵：爱情安乐愉快。
芙蓉：纤细之美。
非洲堇：关怀我吧。
四叶草：幸运。
铃兰：把握幸福。
蒲公英：无法停留的爱。
龙胆花：喜欢看忧伤时的你。
莲花：信仰。
樱花：纯洁。
白罂粟：遗忘，初恋。
黑法师：诅咒、神秘。

曼珠沙华（红）：无尽的爱情，死亡的前兆，地狱的召唤。
曼陀罗华（白）：无尽的思念，绝望的爱情，天堂的回信。
紫荆花：亲情，兄弟和睦。
木兰：灵魂高尚。
黑色曼陀罗：无间的爱和复仇，绝望的爱，不可预知的死亡与爱。
蓝花楹：绝望中等待爱情，虽败犹荣。

附录五　颜色的寓意

1. 红色(red)

热情，活泼，张扬。容易鼓舞士气，同时也很容易生气，情绪波动较大，西方以此象征牺牲之意，东方则代表吉祥、乐观、喜庆之意；红色也有警示的意思。

红色的色感温暖，是一种对人刺激性很强的颜色。红色容易引人注意，也容易使人兴奋、激动、紧张、冲动，还是一种容易造成视觉疲劳的颜色。

在红色中加入少量黄，会使其热力强盛，趋于躁动、不安；在红色中加入少量蓝，会使其热性减弱，趋于文雅、柔和；在红色中加入少量黑，会使其变得沉稳，趋于厚重、朴实；在红色中加入少量白，会使其变得温柔，趋于含蓄、羞涩、娇嫩。

2. 橙色(orange)

时尚，青春，动感，有种让人活力四射的感觉。

如果在橙色中黄的成分较多，其性格趋于甜美、亮丽、芳香。在橙色中混入少量白，可使橙色的知觉趋于焦躁、无力。

3. 蓝色(blue)

宁静，自由，清新。欧洲为对国家之忠诚象征。在中国，海军的服装就是海蓝色的。深蓝色也可代表孤傲、忧郁、寡言，浅蓝色代表天真、纯洁。同时，蓝色也代表沉稳、安定。

蓝色的色感冷嘲热讽，性格朴实而内向，是一种有助于人头脑冷静的颜色。蓝色朴实、内向的性格，常为那些性格活泼、具有较强扩张力的色彩，提供一个深远、平静的空间，成为衬托活跃色彩的友善而谦虚的朋友。蓝色还是一种在淡化后仍然能保持较强个性的颜色。如果在蓝色中分别加入少量的红、黄、黑、橙、白等色，均不会对蓝色的性格构成较明显的影响力。

4. 绿色(green)

清新、健康、希望，是生命的象征。代表安全、平静、舒适之感，在四季分明的地方，如见到春天之树木有绿色的嫩叶，会使人产生新生之感。

绿色是具有黄色和蓝色两种成分的色。绿色将黄色的扩张感和蓝色的收缩感中和，将黄色的温暖感与蓝色的寒冷感抵消。因此，绿色的性格最为平和、安稳，是一种柔顺、恬静、满足、优美的色。

绿色中黄的成分较多时，其性格趋于活泼、友善，具有幼稚性；在绿色中加入少量黑，其性格趋于庄重、老练、成熟。在绿色中加入少量白，其性格趋于洁净、清爽、鲜嫩。

5. 紫色（purple）

有点可爱、神秘、高贵、优雅，也代表着非凡的地位。一般人喜欢淡紫色，有愉快之感；不喜欢青紫，不易产生美感。紫色有高贵高雅的寓意，神秘感十足，是西方帝王的服色。

紫色的明度在彩色的色料中是最低的。紫色的低明度给人一种沉闷、神秘的感觉。

紫色中红的成分较多时，其知觉具有压抑感、威胁感；在紫色中加入少量黑，其感觉趋于沉闷、伤感、恐怖；在紫色中加入白，可使紫色沉闷的性格消失，变得优雅、娇气，并充满女性魅力。

6. 黑色（black）

深沉、压迫、庄重、神秘、无情，是白色的对比色。让人感到黑暗，如和其他颜色配合，含有集中和重心感。在西方用于正式场合。

7. 灰色（gray）

高雅、朴素、沉稳，代表寂寞、冷淡、拜金主义。灰色使人有现实感，也给人稳重安定的感觉。

8. 白色（white）

清爽、无瑕、冰雪、简单、无情，是黑色的对比色。表纯洁、轻松、愉悦之感，浓厚的白色有壮大之感，有种冬天的气息。在东方，白色也有死亡与不祥之意。

白色的色感光明，性格朴实、纯洁、快乐。白色具有圣洁的不容侵犯性。在白色中加入任何其他色，都会影响其纯洁性，使其性格变得含蓄。

在白色中混入少量红，就成为淡淡的粉色，鲜嫩而充满诱惑；在白色中混入少量黄，则成为一种乳黄色，给人一种香腻的印象；在白色中混入少量蓝，使人感觉清冷、洁净；在白色中混入少量橙，有一种干燥的气氛；在白色中混入少量绿，给人一种稚嫩、柔和的感觉；在白色中混入少量紫，可诱导人联想到淡淡的芳香。

9. 粉红（pink）

可爱、温馨、娇嫩、青春、明快、浪漫、愉快。但不同的人感觉也不同。如果搭配得好，会让人感到温馨；如果搭配得不好，会让人感到压抑。最好不用粉色来装修客厅。

10. 黄色(yellow)

灿烂、辉煌，象征着照亮黑暗的智慧之光。黄色象征着财富和权力，是骄傲的色彩。

东方代表尊贵、优雅，是帝王御用颜色；西方基督教以黄色为耻辱象征。

黄色具有扩张和不安宁的视觉印象。黄色是所有色彩中，最为娇气的一种颜色。只要在纯黄色中混入少量其他色，其色感会发生较大的变化。

在黄色中加入少量蓝，会使其转化为一种鲜嫩的绿色，趋于一种平和、潮润的感觉；在黄色中加入少量红，则具有明显的橙色感觉，其性格也会从冷漠、高傲转化为一种有分寸感的热情、温暖；在黄色中加入少量黑，其色感和色性变化最大，成为一种具有明显橄榄绿的复色印象，其色性也变得成熟、随和；在黄色中加入少量白，其色感变得柔和，趋于含蓄，易于接近。

11. 棕色(brown)

代表健壮，与其他颜色不发生冲突。有耐劳、沉稳、暗淡之意，因与土地颜色相近，给人可靠、朴实的感觉。

12. 银色(silver)

代表尊贵、纯洁、安全、永恒，给人尊崇感，也代表着未来感。